TRAITÉ

DE

CORRESPONDANCE COMMERCIALE

PAR

EDMOND DEGRANGES

QUATORZIÈME ÉDITION

PARIS
LIBRAIRIE HACHETTE ET Cie
79, BOULEVARD SAINT-GERMAIN, 79

TRAITÉ

CORRESPONDANCE COMMERCIALE

COULOMMIERS

Imprimerie PAUL BRODARD.

TRAITÉ

DE

CORRESPONDANCE COMMERCIALE

PAR

EDMOND DEGRANGES

QUATORZIÈME ÉDITION

PARIS
LIBRAIRIE HACHETTE ET Cie

79, BOULEVARD SAINT-GERMAIN, 79

1896

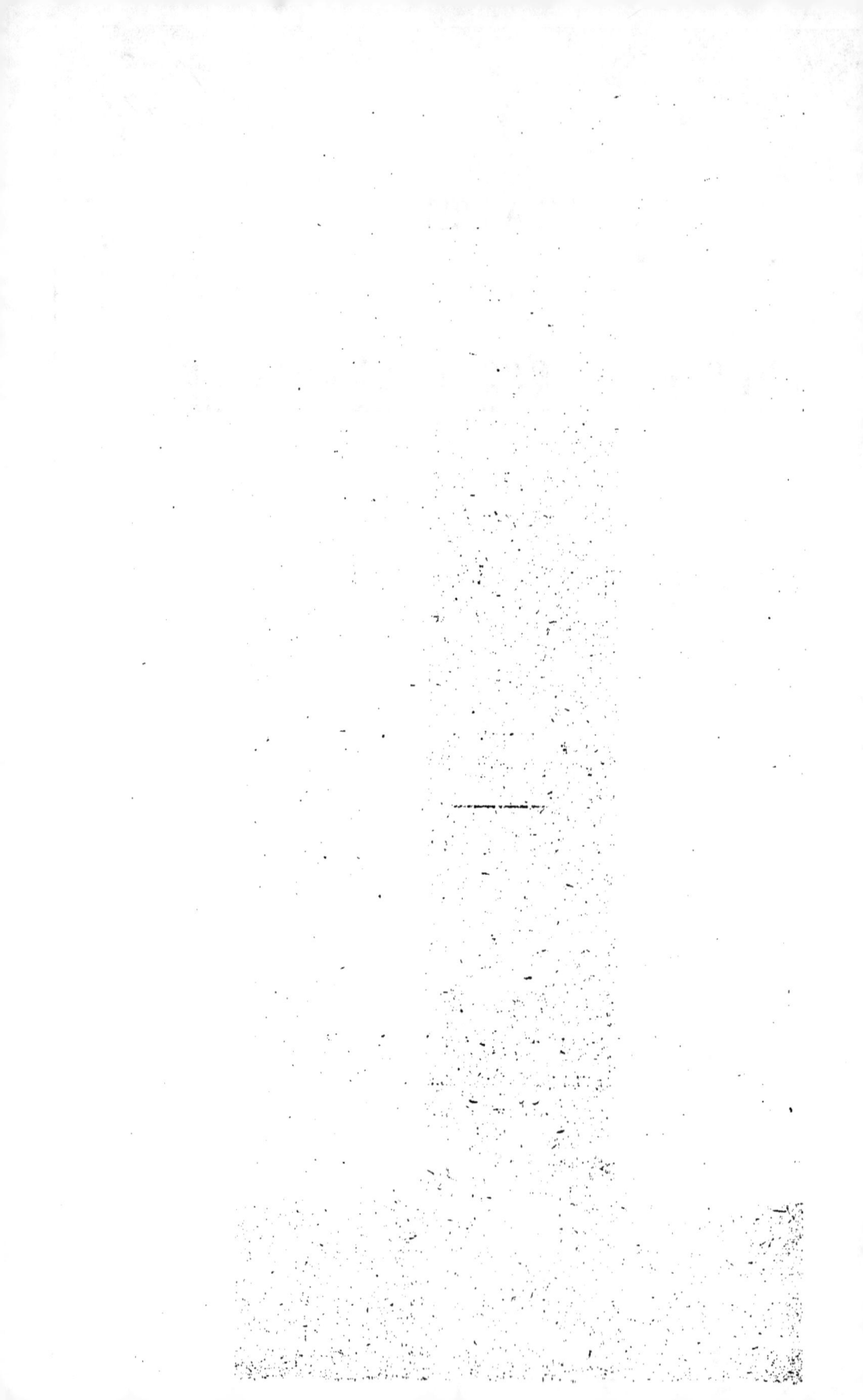

TRAITÉ

DE

CORRESPONDANCE COMMERCIALE

INTRODUCTION.

Les négociants, presque toujours séparés par de grandes distances, ne peuvent communiquer entre eux qu'à l'aide de la correspondance ; c'est elle qui leur donne les moyens de s'entretenir de leurs intérêts, c'est par elle qu'ils s'éclairent dans leurs opérations et puisent à des sources certaines les connaissances qui doivent en assurer le succès. Par la correspondance, ils s'instruisent des usages et des lois des différentes nations, apprennent à en connaître les besoins et les produits, nouent et resserrent leurs liaisons, étendent et activent leurs rapports.

Spéculations, achats, ventes ou traités quelconques, tout se négocie, se discute et se conclut par lettres.

La correspondance est donc l'âme du commerce ; elle influe essentiellement sur la prospérité des affaires d'une maison par la manière plus ou moins habile dont elle est tenue : négligée, elle refroidit les correspondants, laisse éteindre peu à peu les liaisons, et s'échapper bientôt des opérations qui sont confiées à des concurrents plus attentifs ; au contraire, une correspondance active, pressante, soutenue, réveille les commettants, provoque leurs ordres, et fait naître des affaires auxquelles ils n'eussent pas songé.

1

D'un autre côté, comme il n'est pas rare qu'on juge des hommes sur leur langage ou leurs dehors, il arrive aussi, dans le commerce, qu'on juge d'une maison par sa correspondance. On peut en effet, par une observation attentive, apprécier l'ordre et l'habileté qui président à ses affaires, comme on pourrait pressentir la négligence et le désordre qui s'y seraient introduits.

On ne saurait donc apporter trop de soins à cette partie importante, qui exerce une influence si grande, si directe sur la prospérité d'une maison de commerce, et dont le moindre mérite sera toujours de la faire juger favorablement au dehors.

Le meilleur moyen de se former à la correspondance commerciale est, sans contredit, de l'étudier dans le Copie de lettres des principales maisons de commerce, de celles, surtout, qui se livrent à des opérations très-variées. Mais, indépendamment de ce que peu de personnes ont ces livres à leur disposition, cette étude a toujours le grave inconvénient d'être faite sans méthode, sans analyse et sans préceptes. Or, les préceptes, nés de l'observation, indiquent les usages consacrés qui régissent la matière ; ils font mieux apprécier le mérite des lettres qu'on étudie, et dirigent plus sûrement dans les applications qu'on veut faire soi-même.

Isolés des préceptes, les meilleurs exemples ne seraient que d'une faible utilité, et les préceptes serviraient bien peu s'ils n'étaient appuyés de bons exemples.

Ces vérités, confirmées chaque jour par une longue pratique, comme négociant et comme professeur, nous ont conduit à penser qu'il pourrait être utile de publier un ouvrage qui ne fût pas seulement un recueil de lettres, mais encore un traité élémentaire et complet, où la règle précédât toujours l'exemple, et dans lequel on pût, à la fois, se pénétrer des principes généraux de la correspondance du commerce, et se former à son style.

On éprouve, il faut l'avouer, quelque embarras à traiter, sous un point de vue méthodique et général, la correspondance commerciale, sur laquelle influent tant de circonstances diverses, qui prend des tons si différents, et qui varie si fréquemment de couleur et de physionomie. Comment ramener à des principes fixes un sujet aussi indéterminé? Comment analyser avec précision une matière nécessairement aussi vague?

C'était là une difficulté sérieuse; nous n'avons espéré la surmonter qu'après avoir reconnu combien ces lettres si dissemblables qui, prises isolément, paraissaient n'avoir entre elles aucune analogie, avaient au contraire, considérées en masse et soumises à l'esprit d'analyse, des rapports communs, permettant de les classer méthodiquement en divisions générales.

Ainsi le commissionnaire, le négociant, le banquier, l'armateur ou le manufacturier, n'ont-ils pas tous également besoin de faire des offres de services, de s'informer de la solidité de leurs correspondants, de transmettre des ordres, de donner des avis, d'adresser des réclamations ou des plaintes? Quelle que soit donc la diversité des genres de commerce qui nous ont fourni nos exemples, ils seront également utiles à toutes les classes de commerçants dont les besoins sont, au fond, les mêmes, quoique leurs opérations semblent varier en raison des différentes espèces de denrées ou de valeurs qui font l'objet de leurs transactions.

Par ces motifs, nous avons divisé notre livre en autant de chapitres qu'il y a de sujets généraux de correspondre, et nous les avons intitulés : *Offres de services, Circulaires, Entrées en relations, Renseignements, Commandes, Plaintes, Avis, Lettres de crédit, de recommandation,* etc.

Chacun de ces chapitres est précédé d'un préambule renfermant quelques indications utiles, les usages admis, ce qu'il y a enfin de bien déterminé sur l'espèce de lettres dont le chapitre est l'objet.

Tel est le plan suivi dans ce traité; il nous a paru le plus propre à présenter l'instruction d'une manière méthodique et à rassembler, sous un point de vue facile à saisir, la théorie ou l'esprit de la correspondance commerciale.

On objectera peut-être que ce Traité ne peut enseigner à écrire que des lettres courantes et d'un constant usage; mais ce sont là précisément les plus nombreuses, et par conséquent les plus utiles. Quant à ces lettres exceptionnelles, que de rares incidents font naître, il n'y a pas à s'en occuper ici, puisque, quelque modèle qu'on donnât sur des sujets aussi vagues, chaque rédacteur se trouverait encore réduit à les traiter selon sa capacité naturelle ou son degré d'éducation.

Au surplus, ces lettres qu'on ne saurait classer, ne devaient point trouver place dans ce traité, où l'on n'a prétendu donner que l'analyse des principes de l'art épistolaire du commerce, et rapprocher dans un volume les parties essentielles qui le constituent.

Ce qui ajoute à l'intérêt de notre livre, c'est que nous avons préféré pour exemples des lettres *réelles,* dont les *originaux* existent entre nos mains. Nous avons cru nécessaire de publier ces documents comme une fidèle exposition de ce qui a lieu dans la réalité des affaires.

Nous nous estimerons heureux si notre expérience ne nous a pas fait défaut dans l'exposé de nos préceptes, et si ce livre est de quelque utilité pour nos jeunes successeurs dans la carrière honorable et difficile du commerce.

REGISTRE DES COPIES DE LETTRES.

Le livre auxiliaire, où l'on copie les lettres que l'on écrit, est nominativement prescrit par le Code. Cette prescription témoigne de l'importance qu'y attache le législateur.

L'article 8 stipule : « *Tout commerçant est tenu de mettre en liasse les lettres missives qu'il reçoit, et de copier sur un registre* (1) *celles qu'il envoie.* »

Si l'on a dit que la conscience du négociant était écrite dans ses livres, c'est sans doute au Copie de lettres qu'on a voulu faire allusion ; car c'est, en effet, là qu'il se montre à découvert, qu'il parle, qu'il agit ; c'est là que sa conduite apparaît dans toute sa vérité.

Le Copie de lettres est, sans contredit, le plus important des livres auxiliaires, en le considérant sous le rapport de la comptabilité, du droit et des relations commerciales.

1° Sous le rapport de la comptabilité, la Copie de lettres

_____

(1) Le livre de copie de lettres n'est pas soumis à la formalité du parafe et du visa comme le journal et le livre d'inventaire.

A l'époque de la promulgation du Code, on n'avait pas encore inventé la presse mécanique à copier. Depuis qu'on obtient, par ce moyen, la copie exacte des lettres, on conserve en main un véritable titre dont l'adversaire, en cas de litige, ne peut contester la fidélité, puisque c'est la reproduction absolument identique de la lettre qu'on lui a écrite.

peut servir à dresser, d'une manière complète, le compte courant d'un correspondant; car il est de règle de l'informer exactement, dans les lettres qu'on lui adresse, des sommes dont on débite ou crédite son compte. Il suffit donc de parcourir la série des lettres écrites à un même correspondant, et d'en extraire les articles de comptabilité pour obtenir son compte.

Dans quelques maisons de commerce, les comptes courants sont, d'abord, dressés de cette manière sur la correspondance, puis on les collationne ensuite avec ceux inscrits sur le grand-livre. Cette marche établit un contrôle et ne laisse échapper aucune erreur essentielle.

2° Sous le rapport du droit, le Copie de lettres devient une arme puissante contre la mauvaise foi, car, en cas de difficultés, il fait preuve entre commerçants devant leurs tribunaux.

3° Enfin, sous le rapport des relations commerciales, le négociant retrouve dans ce livre l'historique de toutes ses opérations; il peut, en parcourant la suite des lettres qui lui furent adressées (1) et de celles qu'il a écrites, revoir

---

(1) **DU RÉPERTOIRE.** On dresse un répertoire à la fin du Copie de lettres pour retrouver plus promptement toutes celles écrites à chaque correspondant.

Le nom de chacun est placé à son ordre alphabétique, et on le fait suivre, à mesure qu'on lui écrit une lettre, du folio ou numéro de la page où elle est copiée. La série de numéros qui en résulte, à la suite du nom de chaque correspondant, fait retrouver avec facilité toutes les lettres qu'on lui a écrites.

Après avoir porté le folio au répertoire, on écrit sur le Copie de lettres, en marge de la lettre que l'on vient de copier, *Répertoire*, ou simplement un *R*, lettre que l'on fait suivre du numéro de la page, sur laquelle est copiée la dernière lettre que l'on a écrite. Ces numéros forment un enchaînement qui abrège considérablement les recherches.

DES LIASSES. Pour mettre en liasse les lettres reçues, on les plie en deux dans leur longueur; on inscrit sur le dos, en haut, la date de la lettre, au-dessous le nom du correspondant, enfin la date de la réponse.

On met successivement les lettres les unes dans les autres, dans leur ordre naturel de date, aussitôt après qu'on y a répondu, ce qui forme pour chaque correspondant un paquet qu'on range à sa lettre initiale dans un casier portant, sur ses vingt-cinq cases ou cartons, les lettres de l'alphabet. Ces lettres y restent ainsi pendant toute l'année à portée d'être consultées; mais, dans les premiers mois

les affaires traitées avec chacun de ses correspondants, et, s'il veut recommencer une spéculation heureuse, il y retrouve les données qui l'ont anciennement guidé, et qui peuvent servir à le diriger de nouveau (1).

de l'année suivante, on fait vingt-cinq liasses enveloppées et ficelées, réunissant chacune tous les paquets de lettres rassemblés sous la même initiale, et de l'ensemble on fait un seul paquet intitulé : Correspondance de l'année 18...

(1) Quelques commerçants négligent de copier beaucoup de lettres qu'ils regardent comme insignifiantes, ou ne les font copier que par extraits ; on ne saurait trop blâmer cette marche vicieuse et contraire à la loi.

QUELQUES CONSEILS

SUR

LE STYLE COMMERCIAL.

———

La lettre de commerce doit contenir tout simplement ce qu'on dirait de vive voix et de plus concis sur une affaire.

La concision et la clarté sont donc les qualités essentielles de ce genre de lettres.

L'art de correspondre en affaires n'exigerait peut-être aucune étude, sans la nécessité de connaître quelques principes généraux, d'éviter certains écueils, et d'apprendre plusieurs usages spéciaux auxquels il est convenable de se conformer.

Beaucoup de commerçants ont exclu déjà de leur correspondance tout ce qui la rendait autrefois obscure ou ridicule. Il est temps de compléter cette réforme, en rejetant définitivement ces phrases triviales, ces expressions impropres, cette espèce de jargon de mauvais goût, qui faisaient des lettres commerciales un juste objet de dérision.

Maintenant que le commerce, cette source féconde de la prospérité publique, commence à être en France de plus en plus honoré; maintenant qu'il grandit et s'élève chaque jour dans l'ordre social, il convient d'en relever aussi le langage, et de supprimer ces tournures incorrectes, ces termes étranges et ces locutions barbares, que conservent quelques anciens commerçants, persuadés encore que, pour être vraiment commercial, tout style doit être semé de ces insupportables défauts.

Toutefois, en évitant d'être trivial, il ne faut pas tomber dans le défaut contraire et devenir prétentieux ou recherché, car toute affectation dans le style serait ici un véritable contre-sens. Il suffit d'être simple et pur, d'avoir assez de jugement pour dire tout ce qui est nécessaire, et assez de goût pour l'écrire convenablement.

Le cérémonial trouve rarement place dans la correspondance du commerçant, et depuis longtemps on a supprimé ces vaines formules, qui n'ont d'importance que pour ceux qui ont le loisir de se créer des devoirs inutiles ; mais l'affabilité et la politesse y sont toujours indispensables. Une correspondance affectueuse attache et retient les correspondants, et le soin de se rendre agréable par ses lettres n'est pas plus à négliger que les moyens de plaire par ses rapports personnels.

La nécessité de dire beaucoup de choses en peu de mots dispense de tout préambule et de la recherche des transitions ; les lettres peuvent donc se composer de paragraphes détachés, traitant chacun d'affaires différentes, et sans aucune liaison.

La correspondance de deux négociants formant entre eux une véritable chaîne, dont les lettres échangées sont comme les anneaux, il faut, dès le premier paragraphe, annoncer la réception de la dernière lettre, ou confirmer la dernière que l'on a écrite, si elle est restée sans réponse. Par cette précaution utile, les lettres composent une suite non interrompue, facile à parcourir, et dont aucune ne peut s'égarer.

Dans les affaires litigieuses ou difficiles, il faut revoir avec le plus grand soin les lettres précédemment écrites pour se bien pénétrer de l'état de la discussion ; il faut surtout ne pas oublier, quand on écrit une lettre sur un semblable sujet, que c'est un titre qu'on va donner contre soi-même, et qu'il est indispensable d'en peser tous les mots, afin de n'y prendre que les engagements qu'on veut s'imposer.

Il convient, en général, d'écrire avec un certain décorum, et sans termes ambigus, les lettres même les plus confidentielles, parce que le hasard, ou des circonstances de force majeure, les produisant quelquefois au grand jour, on s'exposerait à les voir incriminer pour des détails innocents au fond, mais échappés à l'irréflexion.

On sent aussi qu'il est des choses qu'il faut laisser entendre ou deviner, des choses, en un mot, qui se disent quelquefois, mais qui ne s'écrivent jamais.

Les événements politiques influent directement sur les affaires commerciales ; on est donc obligé d'en entretenir quelquefois ses correspondants, mais ce doit être avec réserve. Il faut annoncer les événements sans réflexions, si l'on veut éviter de heurter par ses propres sentiments les opinions politiques de ses correspondants, et de voir par là se refroidir des rapports qu'il s'agit, au contraire, d'animer par des sujets qui leur soient agréables.

CHAPITRE PREMIER.

CIRCULAIRES OU AVIS GÉNÉRAUX.

Une circulaire est une lettre dont on adresse la copie à beaucoup de personnes pour leur donner un même avis ; c'est ce qui fait qu'on imprime toujours les circulaires.

La circulaire a communément pour objet de faire part de l'établissement d'un commerce, de la formation ou de la dissolution d'une société, de quelque changement survenu dans une maison, d'une nouvelle signature sociale, de la retraite ou du décès d'un associé, etc., etc. ; enfin, son but est de donner aux correspondants un avis général ou de leur faire part d'un événement quelconque.

Une circulaire, par ce seul fait qu'elle est adressée à un grand nombre de personnes, n'offre qu'un intérêt secondaire à celui qui la reçoit, bien qu'elle soit d'une utilité indispensable pour celui qui l'écrit ; aussi est-il admis qu'on peut, sans être taxé d'impolitesse, la laisser sans réponse.

Les circulaires les plus essentielles sont celles qui contiennent des offres de services, et dans lesquelles tout en annonçant la fondation d'un établissement, on cherche à se créer des correspondants.

Cette espèce de lettres circulaires diffère peu des lettres d'offres de services auxquelles nous avons consacré le chapitre suivant.

Il faut d'abord, dans toute circulaire, faire connaître le genre de commerce qu'on se propose d'exercer, la raison sociale de la maison, la signature de chacun des associés ; exposer ensuite les divers avantages de nature à mériter la préférence : tels que des capitaux considérables, les connaissances spéciales qu'on a pu acquérir, la position sur les lieux de production ou toute autre circonstance qui puisse nous faire distinguer de nos rivaux (1).

Mais ceux qui ne peuvent s'appuyer de ces avantages positifs, y suppléent le mieux possible en protestant de leur zèle ou de leur activité ; enfin, la circulaire est terminée par les signatures différentes des divers associés, avec invitation de n'ajouter foi qu'à elles seules.

Dans le passage des lettres où l'on fait l'offre de ses services, on comprend qu'il faut s'exprimer avec beaucoup de liant et d'urbanité, mais cependant sans affectation : car, ce que la circulaire renferme de flatteur et de poli étant imprimé pour tout le monde, ne peut être considéré que comme une espèce de formule dont il est de bon goût d'user avec mesure.

C'est seulement, dans les lettres d'offres de services écrites à la main, et destinées à une seule maison, qu'il est

---

(1) On écrit de doubles circulaires, lorsque le chef d'une maison de commerce cède la suite de ses affaires à un successeur ; l'un écrit pour remercier ses correspondants de la confiance qu'il en a obtenue, et leur recommander son successeur ; celui-ci écrit pour réclamer la continuation de cette confiance et faire l'offre de ses services particuliers.

Souvent encore on ajoute à la circulaire imprimée, faisant part du principal objet qui la motive, une lettre écrite à la main sur la seconde feuille, lettre plus intime où l'on donne des avis spéciaux, et où l'on entre en propositions particulières avec certaines maisons.

On fait aussi timbrer les circulaires pour pouvoir les envoyer sous bande par la poste, les affranchir, et profiter ainsi de la grande modicité du prix du port.

permis de se répandre en offres affectueuses et pleines d'aménité.

Il y a dans ces lettres bien des nuances à observer, selon le rang plus ou moins élevé de la maison qui les écrit, ou la position relative des commerçants auxquels on les adresse.

Quelques négociants, pour donner plus de poids aux offres de services qu'ils adressent à des maisons dont ils ne sont pas connus, font accompagner ces offres d'une *référence*, indiquant le nom des maisons généralement estimées dans le commerce, et sous le patronage desquelles ils se placent. Cette précaution, si elle était généralement adoptée, donnerait aux offres faites par lettres circulaires un caractère plus recommandable, et leur assurerait de la part du destinataire une attention qu'on refuse souvent aux offres de maisons inconnues ou non recommandées.

Paris, le... 18...

Monsieur,

J'ai l'honneur de vous faire part que, pour témoigner à mon fils aîné ma satisfaction de ses services éclairés et du zèle dont il a fait preuve auprès de moi depuis plusieurs années, je me suis déterminé à l'associer au commerce que j'exerce sous la raison *B. Lupin et Cie*.

Je vous remercie de la confiance dont vous avez honoré mon ancienne maison, et vous prie de vouloir bien en favoriser la nouvelle, qui fera tous ses efforts pour la mériter.

Notre nouvelle société prendra la raison *B. Lupin père, fils et Cie*.

Vous avez ci-dessous nos signatures respectives, dont veuillez bien prendre note pour n'ajouter foi qu'à elles seules.

Madame Lupin continuera de signer par procuration.

Veuillez accueillir, Monsieur, l'assurance de notre parfaite considération

B. LUPIN et Cie.

Notre sieur Lupin père signera : .....
Notre sieur Lupin fils signera : .....
Madame Lupin signera : .....

Mexico, le... 18...

Monsieur,

Nous avons l'honneur de vous prévenir qu'à dater du 1er janvier prochain nous formerons dans cette ville une maison de commerce, sous la raison *Fornachon, Escher et Cie.*

Nous nous occuperons essentiellement de la vente en commission de toute espèce de marchandises.

Veuillez prendre note de nos signatures, et agréer, Monsieur, avec l'offre de nos services, nos salutations respectueuses.

FORNACHON, ESCHER et Cie.

Notre sieur Ch.-Alex. Fornachon signera : .....
Notre sieur Lucien Escher signera : .....

RÉFÉRENCES.

MM. Adoue frères, à Mexico et Vera-Cruz.
Bernier et Prom, } à Tampico.
Levi et Briavoine, }
Kohn, Daron et Cie, } à New-Orleans.
Frank Perret et Gally, }
Jeanrenaud et Beguin, à New-York.

MM. Balguerie et Cie, au Havre et à Bordeaux.
J.-F. Maiz, à Bordeaux.
H.-L. Muller, } au Havre.
Jules Mathey, }
C.-G. Oppermann, à Paris.
Ant. Fornachon, à Neuchâtel (Suisse).

Paris, le... 18...

Monsieur,

Nous avons l'honneur de vous annoncer que, par suite de la perte douloureuse que nous venons de faire de notre sieur Martin d'André père, notre société est arrivée à son terme.

Notre sieur Auguste Martin d'André fera notre liquidation.

Recevez, Monsieur, nos remerciements pour la confiance dont vous avez bien voulu nous honorer, et l'assurance de notre considération distinguée.

MARTIN D'ANDRÉ fils.

Paris, le... 18...

Monsieur,

La circulaire ci-contre vous fait part de la perte irréparable que je viens de faire de mon respectable père; ce triste événement nécessite la dissolution de notre société.

Mais mon intention étant de continuer les affaires sous mon nom seul, je vous prie de prendre note de ma signature.

J'espère qu'en suivant les principes dont l'exemple m'a été donné pendant 27 années, je saurai répondre à la confiance dont on voudra bien m'honorer.

Agréez, Monsieur, l'offre de mes services, et comptez sur mon empressement à vous témoigner ma haute considération.

AUG. MARTIN D'ANDRÉ.

Paris, le... 18...

Monsieur,

Nous avons l'honneur de vous prévenir qu'à dater de ce jour, notre raison de commerce sera sous les noms de *Gros, Davillier, Odier et Cie*.

Notre sieur Odier étant l'un de nos plus anciens associés gérants, le changement que nous vous annonçons n'en apporte aucun dans la nature de nos affaires, ni dans les raisons de commerce de nos autres établissements.

Ci-bas vous trouverez la signature de chacun de nous.

Nous avons l'honneur de vous saluer.

GROS, DAVILLIER, ODIER et Cie.

Signatures de notre sieur F. Gros père : .....
      de notre sieur J.-A.-J. Davillier : .....
      de notre sieur A. Odier : .....
      de notre sieur J. Roman : .....
      de notre sieur Gros fils aîné : .....

Paris, le... 18...

Monsieur

Nous avons l'honneur de vous informer que des convenances particulières engagent notre sieur Vernes à se retirer de notre société. Il vous instruira de ses nouveaux arrangements, qui n'apportent aucune altération à l'amitié qui nous lie.

Nous resterons chargés de la liquidation.

M. Bourceret, qui déjà avait un intérêt dans notre maison, devient notre associé gérant; veuillez prendre note de sa signature.

Nous vous saluons, Monsieur, avec une parfaite considération,

PILLET WILL et Cⁱᵉ.

M. Vernes cessera de signer : .....
M. Bourceret signera : .....

Paris, le... 18...

Monsieur,

Nous avons l'honneur de vous prévenir que notre sieur Alexandre Delessert, désirant quitter les affaires, se retire à dater de ce jour, de notre maison. Sa retraite, en nous laissant le vif regret d'être privés de sa coopération et de ses lumières, n'apporte d'ailleurs aucun changement dans nos affaires, ni dans l'amitié qui nous a toujours unis.

Nous vous présentons l'assurance de notre considération.

DELESSERT.

Naples, le... 18...

Monsieur,

J'ai l'honneur de vous prévenir qu'à dater de ce jour, j'associe à mon commerce mon ami M. F. A. Sepolina, et je forme avec lui un établissement sous la raison L. Delessert et Sepolina.

La nouvelle société prend la suite de mes affaires commerciales, et suivra ma liquidation.

Les connaissances que M. Sepolina a acquises sur cette place pendant plusieurs années qu'il y a géré, par procuration, les maisons de MM. Jourdain frères, négociants en draperie, de MM. Merian et Kœchlin, et Nicolas Lœchlin frères, l'augmentation de fonds et nos moyens réunis me permettent de donner plus d'extension à mes affaires et de mieux soigner les intérêts qui me seront confiés; j'ose donc espérer, en faveur de ma nouvelle société, la continuation de la confiance dont vous m'avez honoré.

J'ai l'honneur de vous saluer.

L. DELESSERT.

Signature de M. L. Delessert : .....
Signature de M. F. A. Sepolina : ....

Paris, le... 18...

Monsieur,

Nous avons l'honneur de vous prévenir que, notre société étant arrivée à son terme, nous en avons formé une nouvelle sous la même raison : *J.-C. Davillier et Cie.*

Pour donner une preuve de notre attachement à M. Auguste Davillier, fils de notre sieur Jean-Charles, et à M. Alexandre Sanson, qui travaille dans notre maison depuis douze ans, nous leur accordons un intérêt dans cette nouvelle société; le premier aura la signature, le second signera par procuration.

Nous continuerons les mêmes affaires et conserverons ici le dépôt des cotons filés de notre filature de Gisors; cet établissement sera géré par nos sieurs J. Lombard et Auguste Davillier, sous la raison *Davillier, Lombard et Cie.*

Veuillez, Monsieur, prendre note de nos signatures, et agréer l'assurance de notre parfaite considération.

J.-CH. DAVILLIER et Cie.

Paris, { Notre sieur J. Ch. Davillier continuera de signer : .....
{ Notre sieur Auguste Davillier signera : .....
{ Notre sieur Alexandre Sanson signera : .....

A Gisors, { Notre sieur J. Ch. Davillier continuera de signer : .....
{ Notre sieur Jacq. Lombard continuera de signer : .....
{ Notre sieur Auguste Davillier signera : .....

Bazeilles, près Sedan, le... 18...

Monsieur,

L'expérience nous ayant démontré que les intérêts pour lesquels nous avions formé une société sous la raison *Devillez, Bodson et Cⁱᵉ* devaient être centralisés, nous avons résolu, d'un commun accord, de dissoudre cette société, et de céder l'ensemble de nos opérations à M. F.-A. Seillière, qui reste seul chargé de la liquidation; en conséquence, les pouvoirs conférés à nos gérants MM. Pognon et Fiéron cessent à dater de ce jour.

Nous avons l'honneur de vous faire part de cette nouvelle disposition, qui n'apportera aucun changement à l'exploitation des usines; M. F.-A. Seillière vous en informe personnellement par la circulaire ci-jointe.

Nous avons l'honneur de vous saluer avec considération.

DEVILLEZ, BODSON et Cⁱᵉ.

Paris, le... 18...

Monsieur,

Par la circulaire ci-incluse, vous avez vu que je reste seul chargé de la liquidation et de la suite des affaires de la société connue sous le nom de *Devillez, Bodson et Cⁱᵉ*; j'ai l'honneur de vous informer que cette disposition ne change rien aux anciennes relations de cette société.

MM. Henry et Louis Devillez ne cessent pas de donner leurs soins à l'importante exploitation des usines.

M. E. Schneider, mon fondé de pouvoirs, sera seul chargé de la gestion nouvelle, sous la dénomination de *Directeur des Forges de Bazeilles*; ci-dessous sa signature, que j'accrédite auprès de vous, tant pour ladite liquidation que pour la suite des affaires.

J'espère que vous voudrez bien continuer à ces établissements une confiance que tous mes efforts chercheront à justifier.

J'ai l'honneur de vous saluer avec considération.

F.-A. SEILLIÈRE.

Le Directeur des forges de Bazeilles,
SHNEIDER jeune.

Paris et le Havre, le ... 18..

Monsieur,

Nous avons l'honneur de vous prévenir que notre associé, M. Auguste de Gourcuff, se trouvant appelé à remplir les fonctions de Directeur de la Compagnie d'Assurances générales, notre société, arrivée à son terme, n'existera plus que pour sa liquidation.

Notre sieur R. Vassal est chargé du soin de cette liquidation, qu'il opérera en conservant la signature de la raison sociale. Il aura l'honneur de vous faire part de la nouvelle société qu'il vient de contracter.

Agréez nos salutations empressées.

VASSAL et Cie.

M. Aug. de Gourcuff cessera de signer : .....

Paris et le Havre, le... 18..

Monsieur,

Nous avons l'honneur de vous faire part que nous venons de contracter une nouvelle société en commandite, sous la raison *Vassal et Cie*.

Notre capital obligé et effectif est de deux millions cinq cent mille francs.

Nos deux établissements à Paris et au Havre continuent de ne former qu'une seule maison. Leurs intérêts sont communs.

M. Louis Henry, qui depuis quatre années gère avec succès notre établissement du Havre, devient notre associé; il a la signature.

Nous continuerons de nous occuper de la Commission en Banque et en Marchandises, des armements, et de tout ce qui est relatif aux opérations maritimes.

Nous espérons que vous voudrez bien nous conserver la même confiance; nous ferons tous nos efforts pour la justifier.

Nous avons l'honneur de vous saluer.

VASSAL et Cie.

Messieurs R. Vassal et L. Henry signeront à Paris et au Havre.

R. Vassal : .....
L. Henry : .....

Paris, le... 18.

Monsieur,

Nous avons l'honneur de vous informer que nous venons de transférer à Paris la maison de commerce que nous avions établie à Colmar sous la raison *Javal frères.*

Les preuves de capacité et de loyauté que M. Schlumberger nous a données dans la gestion de sa maison dont nous étions commanditaires, nous ont portés à l'adjoindre comme associé à nos affaires générales.

La signature de notre maison Javal frères n'existera plus que pour sa liquidation.

Vous trouverez d'autre part la circulaire qui annonce ces nouvelles dispositions.

Recevez, Monsieur, l'assurance de notre parfaite considération.

JAVAL Frères.

Paris, le ... 18..

Monsieur,

Par suite de la société en nom collectif que notre sieur Schlumberger vient de contracter avec MM. Javal frères, nos commanditaires, notre maison Schlumberger et Cie se trouve dissoute à dater de ce jour et notre signature ne subsistera que pour sa liquidation.

Veuillez en prendre note, et agréer l'assurance de notre considération distinguée.

SCHLUMBERGER et Cie.

Paris, le... 18..

Monsieur,

Nous avons l'honneur de vous faire part de la société que nous venons de former sous la raison *Javal frères et Schlumberger.*

Elle est composée de :

     MM. Javal aîné.
        J. Javal jeune,
        J. U. Schlumberger.

Nous nous occuperons d'affaires de banque et de commerce.

Nous vous prions de prendre note de nos signatures respectives, et de recevoir l'hommage de notre parfaite considération.

JAVAL FRÈRES ET SCLHUMBERGER.

Signature de notre sieur Javal aîné : .....
Signature de notre sieur Javal jeune : .....
Signature de notre sieur Schlumberger : ....

Paris, le... 18..

Monsieur,

Nous avons l'honneur de vous prévenir que la société qui existe entre nous sera dissoute à compter du 31 de ce mois.

Notre sieur Martin Didier désirant, après un long travail, prendre quelque repos, se retire des affaires, que notre sieur Delamarre, son gendre, continuera en son propre nom et pour son compte particulier, sous la raison *Delamarre Martin Didier*, ajoutant à son nom celui de sa femme.

Nous vous sommes reconnaissants de la confiance dont il vous a plu de nous honorer, et nous en réclamons la continuation pour notre sieur Delamarre, dont les efforts tendront à la mériter de plus en plus. Les fonds que notre sieur Martin Didier lui laisse et sa fortune particulière, joints à son expérience acquise depuis qu'il gère notre maison, lui permettront de suivre avec la même aisance les opérations que nous traitons habituellement.

Veuillez vous adresser à lui pour tout ce qui aura rapport à la liquidation, dont il reste chargé, et prendre note de sa circulaire que vous avez ci-jointe.

Nous avons l'honneur de vous saluer.

MARTIN DIDIER ET DELAMARRE.

Paris, le... 18..

Monsieur,

Comme vous l'annonce la circulaire d'autre part, j'ai l'honneur de vous prévenir qu'à dater du 1er janvier prochain, je continuerai pour mon compte particulier et dans la même maison que j'habite avec M. Martin Didier, mon beau-père, le même genre d'affaires et les mêmes opérations que je traitais conjointement avec lui, et qui sont les recouvrements sur les départements et l'étranger, ainsi que les payements à domicile.

Je maintiendrai, rigoureusement et sans exception, l'ancien usage de notre maison de ne donner aucune acceptation, et de ne faire aucun payement à découvert.

Des capitaux suffisants, la prudence et l'activité dont je continuerai de me faire une loi, seront, comme par le passé, mes titres à votre confiance.

Veuillez prendre note de ma signature ainsi que de celle de ma femme, à qui je donne ma procuration, et n'ajouter foi qu'à elles seules.

J'ai l'honneur de vous saluer.

DELAMARRE MARTIN DIDIER.

Madame Delamarre signera :

Par procuration de Delamarre Martin Didier,

••••••

————————

Mareuil-sur-Aÿ, le... 18..

Monsieur,

J'ai l'honneur de vous prévenir que, par suite d'un arrangement que je viens de faire avec mon frère, le duc de Montebello, je me suis spécialement chargé de l'exploitation de ses vignes de Champagne.

Ces vignes, situées sur les meilleurs coteaux d'Aÿ, Mareuil-sur-Aÿ, Bourg, etc., composaient l'ancien vignoble de la famille d'Orléans qui possédait autrefois le château de Mareuil-sur-Aÿ.

Jusqu'ici le produit des récoltes annuelles avait été cédé en cercles aux premières maisons de commerce de Champagne, mais les nombreuses demandes adressées directement au propriétaire et le désir de maintenir l'ancienne réputation d'un des crus les plus renommés du pays m'ont décidé à prendre moi-même la direction du tirage de ces vins et à les livrer en bouteilles au commerce.

Toutes les bouteilles porteront l'empreinte du cachet du duc de Montebello.

Vous trouverez là, Monsieur, une garantie des soins que j'apporterai à justifier la confiance que vous voudrez bien m'accorder, et si vous jugez à propos de me faire quelques demandes, veuillez me les adresser au château de Mareuil-sur-Aï, département de la Marne.

Vous trouverez ci-joint la note du prix des différents vins.

Agréez, Monsieur, l'assurance de ma considération distinguée.

ALFRED DE MONTEBELLO.

RÉHABILITATION.

Paris, le... 18..

Monsieur,

Victime des événements de 1813 et 1814 qui ont été si funestes au commerce, j'ai eu la douleur de me voir forcé, à cette époque, d'arrêter mes payements et de signer un concordat avec mes créanciers.

Loin de me laisser abattre par un revers aussi cruel, je me suis armé d'un nouveau courage, persuadé qu'avec de l'activité, et aidé de la confiance qu'on avait bien voulu me conserver, je parviendrais à indemniser mes créanciers des pertes considérables que les circonstances m'avaient fait éprouver.

Mes vœux ont été couronnés d'un entier succès, je suis arrivé au but que je désirais atteindre, et j'ai l'inexprimable satisfaction de vous annoncer, Monsieur, que la Cour royale de Paris, dans son audience solennelle du 8 courant, a prononcé ma réhabilitation.

Heureux d'avoir pu justifier la confiance qu'on m'avait accordée, j'ose en solliciter aujourd'hui la continuation, en vous assurant, Monsieur, que mes efforts tendront à m'en rendre digne.

J'ai l'honneur d'être, Monsieur,

Votre très-humble et très-obéissant serviteur,

L.

Paris, le... 18..

Monsieur,

Nous avons l'honneur de vous prévenir qu'à partir de demain 1er janvier, M. Alexandre Gouin, ancien ministre du commerce, membre de la chambre des députés, l'un des chefs de la maison de banque *Gouin frères*, de Tours, succède à M. Jacques Laffîte comme gérant de la Caisse générale du commerce et de l'industrie.

La société sera en conséquence administrée par MM. Gouin, A Lebaudy et J. Roussac.

La raison de commerce sera désormais *A. Gouin et Cie*.

Ce changement de raison sociale, nécessité par le décès de M. Jacques Laffîte, a été sanctionné le 28 décembre par une assemblée des actionnaires de l'établissement.

Par décision de la même assemblée, le capital social, qui était représenté par:

> 5,000 actions de fr. 1,000, libérées en totalité,
>
> 10,000 actions de fr. 5,000, sur lesquelles un cinquième seulement avait été versé.

est fixé à vingt millions de francs, qui seront représentés par 20,000 actions de fr. 1,000, libérées en totalité.

Les anciens titres seront échangés et l'émission des 5,000 actions de nouvelle création est confiée aux soins des gérants.

La circulaire d'autre part vous fait connaître les signatures des trois gérants.

Veuillez agréer nos salutations empressées.

J. LAFFITE et Cie

Paris, le ... 18..

Monsieur,

Nous référant à la circulaire d'autre part, nous avons l'honneur de vous soumettre nos signatures, vous priant de vouloir bien en prendre note pour n'ajouter foi qu'à elles seules.

Nous vous présentons nos salutations empressées.

A GOUIN et Cie.

M. Alexandre Gouin signera: .....
M. Adolphe Lebaudy signera: .....
M. Jean Roussac signera: .....
M. Paul Leroy, mandataire général, signera: .....

Bordeaux, le ., 18..

M. R., à Roanne.

Nous avons l'honneur de vous prévenir que, par suite de la dissolution de la maison Fauziet Daval et Cⁱᵉ, nous formons un nouvel établissement sous la raison *J.-C. Daval et Cⁱᵉ*.

Ce changement n'en apporte aucun ni dans notre genre d'affaires, ni dans l'importance de nos capitaux; nous nous flattons qu'il ne s'en opèrera pas non plus dans les témoignages de confiance que vous nous avez donnés jusqu'ici; nous redoublerons de soins et de zèle pour en mériter la bienveillante continuation.

Notre sieur J.-C. Daval a seul la signature.

Dans l'espoir de voir naître bientôt quelque occasion de vous être utiles, nous avons l'honneur, Monsieur, de vous saluer.

J.-C. DAVAL ET Cⁱᵉ.

Paris, le... 18..

Monsieur J. G., à Paris.

Nous avons l'honneur de vous faire part de la dissolution de la société en commandite que nous avions formée avec M. A.-C. Ollivier. M. Ardoin demeure seul chargé de la liquidation, et c'est avec lui que vous aurez à vous entendre pour les affaires qui s'y rapportent.

Nous vous annonçons, en même temps, qu'à partir de ce jour, nous formons une nouvelle société avec M. Hubbard jeune, sous la raison *Ardoin, Hubbard et Cⁱᵉ*. MM. Ardoin et Hubbard auront seuls la signature.

Cet arrangement, que l'extension de nos affaires a rendu nécessaire, et auquel M. Ollivier a bien voulu se prêter, n'apportera aucun changement dans nos rapports avec nos amis. Un accroissement de surveillance et de capitaux, un zèle et une activité soutenus, tels sont les titres que nous présentons à leur confiance.

Veuillez prendre note de nos signatures respectives et agréer l'assurance de notre haute considération.

ARDOIN, HUBBARD ET Cⁱᵉ.

Signature de M. Ardoin : .....
Signature de M. Hubbard : .....

Francfort-s.-M., le... 18..

Monsieur,

Nous avons l'honneur de vous adresser notre circulaire, et de vous accuser réception de vos lettres des 9 et 15 septembre de l'année dernière. Bonne note a été prise de vos lettres de crédit, de :

Fr. 20,000 en faveur de M. le chevalier Pierre Maoni.

«   1,000 « « de M. E. Roque.

Nous vous réitérons l'offre de notre ministère, que nous serons toujours charmés de vous rendre utile, et nous vous saluons, Monsieur, bien sincèrement.

FRÈRES BETHMANN.

Francfort-s.-M., le... 18..

Monsieur J.-G., à Paris.

Nous avons l'honneur de vous informer que Monsieur Charles-Frédéric Pfeffel, et Monsieur Jean-Auguste Ehrmann ont cessé de faire partie de notre maison, à la fin de l'année qui vient de s'écouler : leurs signatures sociales ayant, en conséquence, atteint leur terme, veuillez en prendre note.

C'est à regret que nous voyons ces Messieurs renoncer à des rapports qui ont duré si longtemps, et pendant lesquels ils ont acquis des droits ineffaçables à notre estime et à notre sincère attachement.

Du reste, cette retraite n'apporte d'autre changement dans notre maison que celui des signatures.

Nous ferons tous nos efforts pour conserver la confiance dont nous avons été honorés jusqu'à ce jour, et vous réitérons l'assurance de notre parfait dévouement.

FRÈRES BETHMANN.

M. Charles-Frédéric Pfeffel cessera de signer : .....

Paris, le... 18..

Monsieur D., à Dijon.

Nous avons l'honneur de vous prévenir qu'à partir de ce jour, nous associons à nos affaires M. Jean André, fils aîné de notre sieur André, et que nous adoptons, par la suite, la raison de commerce *André et Cottier.*

Veuillez, Monsieur, prendre note de nos trois signatures ci-bas, et recevoir l'assurance de notre parfaite considération.

D. ANDRÉ ET F. COTTIER.

Notre sieur Dominique André signera : .....
Notre sieur François Cottier signera : .....
Notre sieur Jean André signera : .....

Paris, le... 18...

Monsieur J. B., à Paris.

J'ai l'honneur de vous prévenir que, pour reconnaître l'attachement et les bons offices de Monsieur de Muralt, qui travaille depuis quinze ans dans ma maison, où il avait un intérêt, j'augmente cet intérêt et lui donne ma signature; vous la trouverez au pied de cette lettre; veuillez y ajouter foi comme à la mienne propre.

Je vous renouvelle, Monsieur, les assurances de ma parfaite considération.

ROUGEMONT DE LOWEMBERG.

Signature de M. J. de Muralt : .....

Paris, le... 18..

Monsieur L., à Strasbourg.

Nous avons l'honneur de vous prévenir que nous avons donné à Monsieur Rivet, intéressé dans notre maison, notre procuration générale. Vous avez au bas de la présente la signature de M. Rivet, et nous vous prions d'y ajouter foi comme à la nôtre.

Nous vous présentons, Monsieur, l'assurance de toute notre considération.

FERRÈRE LAFFITE.

M. Rivet signera : .....

Paris, le... 18..

Messieurs S., à Lyon.

Après avoir travaillé quinze années dans les meilleures maisons de commission de Marseille, de Bordeaux et de Paris, et, en dernier lieu, chez MM. ...., je viens, avec leur assentiment, et sous leurs auspices, de fonder une maison de commerce dans cette ville. Je me propose d'y faire spécialement le commerce de tous les articles qui se fabriquent à Paris.

Des capitaux suffisants me permettent d'accorder, pour le payement, toutes les facilités convenables, et les connaissances que j'ai pu acquérir par une longue pratique vous garantissent l'exécution intelligente des ordres que je sollicite de votre part.

Je serais charmé, Messieurs, qu'il vous convînt de commencer nos relations en m'adressant une demande; je puis vous assurer que vous n'aurez qu'à vous louer de la confiance dont vous aurez bien voulu m'honorer.

Entièrement à vos ordres, j'ai l'honneur de vous saluer.

LESCOT.

Bordeaux, le... 18..

Monsieur J., à Laon.

Je prends la liberté de vous annoncer que je viens de fonder en cette ville une maison de commerce dont l'objet exclusif sera la commission pour les productions du Midi et les provenances de nos colonies et des pays étrangers.

La connaissance approfondie de ces marchandises, que je crois avoir acquise par une laborieuse expérience dans les premières maisons de cette place, des capitaux suffisants, et surtout la ferme résolution de mettre le plus grand soin dans les rapports avec mes correspondants, m'inspirent la confiance de vous adresser l'offre de mes services, et de solliciter votre bienveillance.

La commission que je prélève est de 2 p. 0/0; les intérêts réciproques seront calculés à 5 p. 0/0 sur mes avances, dont je me rembourserai en traites à trois mois, à partir de la date de mes factures.

Quant aux affaires de banque et aux divers intérêts dont il vous conviendrait de me charger, je ne prendrai que la commission de 1/2 p. 0/0. Si l'offre de mes services vous est agréable, veuillez me donner vos ordres, et comptez sur mon zèle et mes soins à les remplir, de manière à réaliser mes promesses.

J'ai l'honneur de vous saluer avec considération.

BERNIARD.

(Sur le verso, est écrit à la main.)

Ayant le plus vif désir de me lier d'affaires avec une maison aussi hono rable que la vôtre, Monsieur, j'ai pris la liberté de vous adresser ma circu- laire. Veuillez la prendre en considération, et me faire une petite demande pour essai; vous pourrez juger de ma manière d'opérer, et vous reconnaî- trez, aux soins que je mettrai à l'exécuter, combien je désire vous compter au nombre de mes correspondants.

LEDIT.

Dunkerque, le... 18..

Monsieur,

J'ai été attaché, pendant dix années consécutives, à des maisons recom- mandables de Rouen et de Bordeaux, dont je puis me flatter d'avoir l'es- time et la bienveillance. Si une expérience de longues années, passées au sein des affaires commerciales, et la confiance que m'ont accordée des mai- sons honorables sont un titre pour obtenir la vôtre; si enfin les relations nombreuses que je me suis créées, tant en France qu'à l'étranger, pendant le cours de mes voyages, peuvent vous présenter quelque avantage pour vos débouchés, j'ose espérer que vous voudrez bien encourager l'établissement que je forme sur cette place, avec un associé dont le zèle s'unira au mien pour mériter votre confiance.

Ci-joint notre circulaire, que j'ai l'honneur de vous adresser en vous pré- sentant mes civilités respectueuses.

ARSÈNE VASSE.

Dunkerque, le... 18..

Monsieur,

Nous avons l'honneur de vous informer que nous venons d'établir à Dun- kerque, rue Royale, n° 40, sous la raison *Vasse et Bretocq*, une maison de commerce dont le genre d'affaires principal sera la commission et tout ce qui s'y rattache.

Des capitaux suffisants, l'expérience des affaires, de l'activité, de l'ordre et une stricte économie dans les opérations qui nous seront confiées, tels sont les titres et les garanties que nous offrons à nos commettants. Nous avons l'intime persuasion que si vous entamez avec nous quelques relations, vous n'aurez qu'à vous louer de notre zèle et de notre exactitude.

Veuillez bien, Monsieur, prendre note de nos signatures et agréer, avec l'offre de nos services, nos très-respectueuses salutations.

VASSE et BRETOCQ.

Notre sieur Arsène Vasse signera : .....
Notre sieur A. Bretocq signera : .....

Lyon, le... 18..

Monsieur D., à Avignon.

Votre circulaire du 1er juin et la lettre du 21 courant qui l'accompagnait me sont bien parvenues.

Je suis très sensible à l'offre obligeante de vos services; je rechercherai avec empressement les occasions de les utiliser et d'établir entre nous des relations qui ne peuvent que devenir agréables et productives.

Nous regrettons de n'avoir pas en ce moment une occasion favorable de commencer immédiatement nos rapports; mais, dès qu'il s'en offrira une, croyez bien, Monsieur, que nous la saisirons avec plaisir.

Recevez nos bien affectueuses salutations.

GIRARD-ISAAC MOLL.

Paris, le... 18..

Messieurs T. et C., au Havre.

J'ai reçu votre circulaire du 1er juin, ainsi que la lettre qui l'accompagnait.

Je vous félicite du parti que vous avez pris de former une maison de...

et j'augure bien du succès de vos entreprises; soyez certain que je ferai ce qui dépendra de moi pour y contribuer à l'occasion.

Voici, ci-dessous, un petit ordre pour l'exécution duquel je m'en rapporte entièrement à vous.

Agréez, Monsieur, mes salutations empressées.

P. FOURTAULT.

Bordeaux, le... 18..

Messieurs T. et C., à Lyon.

Votre circulaire du 1er juin nous est bien parvenue. Nous avons pris bonne note de votre signature pour faire usage au besoin de vos offres de services.

Nous ne demandons pas mieux, Messieurs, que de nous lier d'affaires avec votre maison; notre place offre, vous le savez, un débouché considérable et avantageux pour toutes les productions de vos contrées, et notamment pour les huiles, qui sont ici fort recherchées et obtiennent des prix élevés.

Nous serions presque certains d'en placer une vingtaine de tonnes au prix de... qui est le cours du moment. Nous pensons que ce prix vous présentera assez d'avantage pour nous en envoyer une partie; afin de vous fixer positivement sur les frais, nous vous remettons ci joint un compte de vente simulé, et nous y joignons le prix courant de nos propres articles.

Nous désirons, Messieurs, que cette proposition vous paraisse une occasion favorable pour commencer nos relations; nous en serons charmés, et nous ne négligerons rien pour les activer de plus en plus.

Nous avons l'honneur de vous saluer,

GRIPPON, RIGAUD et Cie.

Châlon-s.-S., le .. 18 .

Messieurs T. et P., à Paris.

Nous avons reçu en son temps la lettre de votre sieur Thomas, en date du 18 juillet dernier, qui n'exige pas de réplique. Depuis nous est parvenue votre circulaire du 1er novembre, nous faisant part de votre association et de votre nouvelle raison de commerce, dont nous avons pris bonne note, ainsi que de vos signatures.

Croyez bien que si quelque occasion se présente d'établir des relations avec vous, Messieurs, nous la saisirons avec plaisir. Il nous serait également fort agréable de pouvoir vous être utiles sur notre place, et de vous voir employer plus fréquemment notre ministère, soit pour les recouvrements, soit pour toute autre affaire.

Veuillez disposer de nous sans réserve et agréer nos salutations sincères.

Par procuration de P. Serre et fils,

FEMME P. SERRE.

Paris, le... 18..

Messieurs T. et V., à Lyon.

Nous avons reçu la circulaire que vous nous avez fait le plaisir de nous adresser, et la lettre qui l'accompagnait, en date du 21 juin dernier. Bonne note a été prise de votre signature.

Nous vous remercions bien sincèrement de vos offres de services, qui nous sont très-agréables, et dont nous ne manquerons pas de profiter à la première occasion.

Croyez, Messieurs, que nous ne négligerons rien de ce qui pourra contribuer à nous lier d'affaires; nous verrions avec le plus grand plaisir que, de votre côté, vous pussiez utiliser l'offre que nous vous faisons à notre tour de nos services sur cette place.

Nous avons l'honneur de vous saluer avec considération.

BREFORT ET GARNIER.

CHAPITRE II.

OFFRES DE SERVICES.

La lettre où l'on fait pour la première fois l'offre de ses services à une maison de commerce avec laquelle on veut entrer en rapports, doit contenir, autant que possible, le nom des amis sous les auspices desquels on fait cette démarche.

C'est la meilleure manière d'entrer en relations; elle prouve le désir de se lier avec un commerçant qu'on estime, par le soin même que l'on prend à s'en ménager les moyens.

Il suffit quelquefois de se recommander simplement du nom d'un négociant renommé ou du premier ordre, avec lequel on est depuis longtemps en relation d'affaires, surtout s'il habite la même ville, le même pays, et s'il est connu de la maison qu'on sollicite.

Beaucoup de personnes trouvent un prétexte convenable et suffisant d'introduction dans le plus léger motif, dans la première occasion que le hasard présente, et ils le saisissent avec empressement.

Au reste, il est admis que, sans invoquer d'auspices, sans faire valoir aucune recommandation, ou même sans le moindre prétexte, les commerçants adressent leurs offres de services à des maisons qui ne leur sont connues que de réputation.

Dans ce cas, ils entrent tout simplement en matière. Après un préambule flatteur pour la maison dont ils sollicitent la correspondance, ils font connaître le cours des marchandises et droposent des affaires de nature à exciter les demandes (1).

Quant à la forme à donner à ces lettres, on verra qu'elles ont beaucoup de rapports avec les circulaires, dont elles diffèrent, cependant, en ce point, qu'elles sont écrites à la main et pour une seule maison. Aussi, est-ce une occasion, plus convenable que dans les circulaires imprimées, de faire des offres plus obséquieuses. On peut y donner un libre cours à ses témoignages d'estime, à ses assurances de dévouement, se montrer enfin plus empressé; ces efforts, qu'on suppose ne s'adresser qu'à un seul correspondant, paraissent en avoir plus de prix et de sincérité.

Ces lettres de premières offres de services sont délicates et difficiles à rédiger, car il faut y conserver une sorte de dignité, tout en faisant preuve d'empressement. L'écueil à éviter est la flatterie outrée ou trop de servilité; il faudrait y montrer une aisance facile, une élocution presque recherchée, afin de pallier sous l'élégance de la forme ce que le fond a de vulgaire.

On doit y exposer sa manière de traiter, le mode de paiement, le terme du crédit ou les diverses conditions que l'on a établies avec ses autres correspondants.

En résumé, pour atteindre le but qu'on se propose, le secret est de s'adresser aux intérêts du commerçant en lui fournissant dans la lettre même, par une proposition avantageuse, une occasion naturelle et lucrative de répondre utilement aux prévenances dont il est l'objet.

---

(1) Il est utile de dire ici que les offres de marchandises, faites ainsi par lettres individuelles, engagent légalement beaucoup plus que par circulaires, et sont considérées comme une proposition sérieuse de vendre; de telle sorte que si la lettre de demande de ces marchandises suit immédiatement celle des offres, il y a engagement, et l'on ne peut plus se refuser à livrer sous le prétexte qu'on aurait vendu dans l'intervalle.

Il faut donc, pour ne pas être trop longtemps lié, exprimer que la proposition n'est faite que sous la réserve que la marchandise proposée ne sera pas vendue au moment de la réception de la demande.

Lille, le... 18..

Monsieur F., à Lyon.

Nous avons l'avantage de vous présenter, sous ce pli, le taux de nos re-couvrements pour les effets sur les villes qui y sont relatées ; nous désirons qu'il vous engage à nous remettre vos valeurs sur nos environs ; nous vous en couvrirons en papier à votre convenance, au pair, valeur à l'échéance, sans commission ni ports de lettres.

Nous pensons que l'examen de notre tarif vous engagera, par la modé-ration de nos conditions, à nous accorder une préférence dont beaucoup de maisons de notre ville nous ont déjà honorés.

Nous avons l'honneur de vous saluer avec considération.

CHARVET et Cie.

Pour fixer votre opinion sur la confiance que vous pouvez nous accorder, nous vous prions de vous adresser aux maisons ci-après, de qui nous sommes parfaitement connus.

Perrégaux, Laffite et Cie	J.-P. Chevals.
O. Worms de Romilly.	Guérin de Foncin et Cie.
Oppermann, Mandrot et Cie.	

Bordeaux, le... 18..

Monsieur C. D., à Paris.

Mon ancienne maison ayant été dissoute d'un commun accord, le 31 du mois dernier, j'ai l'honneur de vous faire part que le 1er de ce mois, j'ai formé, sous la raison de *Ch.-E. Bethman et Cie*, un nouvel établissement qui continuera, avec une augmentation de capitaux, les affaires de ma so-ciété précédente. J'avais compté vous adresser, le 1er janvier, la circulaire contenant l'annonce de ce changement ; mais l'absence de l'un de mes as-sociés actuels m'empêche de vous l'envoyer, et je ne pourrai le faire proba-blement que dans le courant de février.

J'espère, Monsieur, que vous accorderez à notre nouvelle maison la même confiance dont vous avez toujours honoré celle qui vient de se dissoudre. Vous savez tout le prix que j'attache à nos relations avec vous, et rien ne pourrait m'être plus agréable que de les rendre de plus en plus fréquentes. C'est avec le dévoument le plus sincère que je vous offre mes services pour toutes les affaires que vous pourrez avoir sur notre place, et je vous prie de croire, qu'en recourant au ministère de ma maison, vous n'aurez jamais qu'à vous louer de son zèle pour vos intérêts.

Les affaires sont toujours sans mouvement chez nous; les achats en marchandises se bornent aux besoins de la consommation, et il ne se fait que peu de chose en change; je vous fournis ci-joint la note.

J'appelle surtout votre attention sur le papier sur Madrid qui est très-abondant et sans preneurs. Il ne paraît pas susceptible d'une hausse prochaine, parce que beaucoup de maisons s'en sont surchargées pour répondre aux besoins que faisait prévoir l'emprunt d'Espagne.

Londres, Amsterdam et Hambourg n'offrent point de papier et sont recherchés depuis quelque temps.

Recevez, Monsieur, l'assurance de ma considération la plus parfaite.

Ed. BETHMAN.

Lorient, le... 18..

Messieurs T. N., à Paris.

J'ai reçu la lettre que vous m'avez fait l'honneur de m'écrire, le 21 courant, me rappelant les opérations de l'année dernière sur lesquelles nous marchons d'accord. Je me félicite comme vous, Messieurs, de n'être pour rien dans les calamités qui viennent d'affliger le commerce; la prudence et la circonspection vont être plus que jamais à l'ordre du jour.

Vous voulez bien me manifester le désir de renouveler quelques affaires; je le partage bien sincèrement, et je verrais avec le plus grand plaisir qu'il vous convînt de disposer de mes services.

Soyez persuadés, Messieurs, que vous trouverez chez moi, outre la plus scrupuleuse exactitude, toutes les facilités compatibles avec nos intérêts réciproques.

Quelle que soit la nature des opérations que vous voudrez bien me confier, comptez que nul autre correspondant, soit de cette place, soit de toute autre, n'y apportera plus de zèle et de désintéressement.

J'ai l'honneur de vous saluer bien affectueusement.

Jh. FOURCHON.

Londres, le... 18..

Monsieur M., à Paris.

Nous avons l'honneur de vous annoncer que, d'ordre et pour compte de notre ami commun, M. Declc Heman, de Lille, nous avons pris la liberté de tirer sur vous une traite de fr. 5,500, à trois mois d'échéance, à l'ordre de M. S. Guestier; nous recommandons cette disposition à votre bon accueil.

Nous saisissons avec empressement cette occasion de vous faire l'offre de nos services; nous serions flattés que vous pussiez trouver de fréquentes occasions d'en faire usage.

Nous vous soumettons notre cote ci-jointe et vous saluons bien sincèrement.

P. DE CHAPEAUROUGE et Cie.

Rouen, le... 18..

Messieurs D. C., à Paris.

J'ai l'honneur de vous remettre ci-joint mon tarif de recouvrements; je serais charmé qu'il vous présentât des avantages et que vous fussiez disposés à m'honorer de votre confiance en m'adressant de préférence toutes vos valeurs sur les départements; il me serait également agréable de recevoir votre papier sur Paris de deux à quatre mois, au taux de 4 p. 0/0, en petits effets ou gros coupons.

Désirant que mes propositions puissent vous convenir, et dans l'attente de vos favorables nouvelles,

Je vous présente, Messieurs, mes salutations les plus distinguées.

DE MIANAY.

Rouen, le... 18..

Messieurs J.-J. C., à Paris.

Je vous fais mes offres de service pour vos effets sur province; je puis m'en charger à un taux très-modéré. Si ma proposition vous est agréable.

Je vous prie de me favoriser d'une réponse, et je vous ferai passer une note de recouvrement qui vous présentera de grands avantages.

S'il vous convient de m'envoyer du papier sur Paris et Rouen, long ou court, je le recevrai avec plaisir ; je vous couvrirai de vos envois en Paris échu.

Jamais mes retours ne se feront attendre.

Dans l'espoir de vos nouvelles, je vous présente mes salutations sincères.

REMY CABAN fils.

Rouen, le... 18..

Monsieur R., à Paris.

M'occupant depuis bien des années de banque et de recouvrements sur la province, je viens, Monsieur, vous offrir mes services pour le placement des valeurs que vous auriez à recouvrer sur toute la France.

Je vous adresse inclus un tarif de recouvrement où la modicité des prix vous engagera, je l'espère, à me remettre de fréquents bordereaux ; vous en serez couvert par le retour du courrier.

J'ai l'honneur de vous saluer.

F. GRENET.

Paris, le... 18..

Monsieur R., à Caen.

Lors de la visite que j'ai eu l'honneur de vous faire, il y a quelques jours, vous m'avez demandé quels seraient mes prix de recouvrement pour les principales places de la Normandie. Je vous en donne l'indication par la note ci-jointe, et j'ai l'espoir que sa modération vous engagera à faire un fréquent usage de mon ministère.

J'ai l'honneur de vous saluer.

DELAMARRE MARTIN DIDIER.

Paris, le... 18..

Monsieur T., à Paris.

Je suis chargé par MM. Jacques de Ron et fils, à Stockholm, de vous offrir la partie de fer arrivée à Nantes, de 997 barres, s'élevant, suivant la facture incluse, à 4,107 b. 34 à 23 1/4, fr. 8,480 43 c. Si cette partie vous convient, vous aurez à me payer fr. 8,480 43 c. le 13 février, plus ma commission de banque et frais; en outre le montant des frais d'assurance, fret, frais de décharge, et commission à Nantes; enfin tous les frais quelconques pour que nos amis puissent être reconnus net de fr. 8,480 43 c.

Si cette offre ne peut vous convenir, veuillez me retourner ma facture.

En attendant votre réponse, j'ai l'honneur de vous assurer de mon dévouement.

ROUGEMONT DE LOWEMBERG.

Bruxelles, le... 18..

Monsieur J. C., à Paris.

Conformément à la lettre que vous nous avez fait l'honneur de nous écrire le 26 courant, nous venons de payer au sieur Renette, sur sa quittance incluse, la somme de fr. 3,100. Nous vous prions, Monsieur, de verser cette somme, pour notre compte, chez MM. J. Laffitte et Cie, de votre ville.

Nous sommes sensibles aux offres de services que vous voulez bien nous faire; s'il se présente une occasion de les utiliser à notre mutuel avantage, nous la saisirons avec empressement.

Nous vous présentons, Monsieur, nos bien sincères salutations.

D. DANOUT FILS ET Cie.

Lorient, le... 18..

Messieurs T. N., à Paris.

J'ai reçu, Messieurs, la circulaire que vous m'avez fait l'honneur de m'adresser le 12 courant.

Il me sera bien agréable, ainsi que je vous l'ai déjà manifesté, d'être honoré de votre confiance pour les recouvrements que vous pourriez avoir à effectuer dans ces cantons. Mais votre sieur P. a pu se convaincre par lui-même de l'extrême difficulté qu'on éprouve à se procurer du papier pour opérer les retours. Cette difficulté semble augmenter journellement. Le papier sur Paris se place couramment à quarante et quarante-cinq jours contre espèces, encore en trouve-t-on rarement.

D'après cela, Messieurs, vous concevez qu'il m'est impossible de rien changer aux conditions que je vous proposais par ma lettre du 17 mai, savoir :

Commission de recouvrement 1/2 p. 0/0.
Bonification sur mes remises, trente jours à mon bénéfice.
    Id.   sur les recettes en billon 3 p. 0/0.
Compte d'intérêt de mes avances à 1/2 p. 0/0 par trente jours.

Si les affaires reprenaient un peu d'activité et qu'il devînt possible de modifier ces arrangements, je serais le premier à vous en prévenir et vous me verriez disposé à faire toutes les concessions possibles pour conserver avec vous, Messieurs, des relations auxquelles j'attache infiniment de prix.

De toutes les places sur lesquelles vous pouvez me remettre, Quimperlé est celle qui entraîne le plus de frais ; il n'y a aucun mouvement de banque entre cette ville et Lorient.

J'ai l'honneur de vous saluer.

JH. FOURCHON.

———————

Prague, le... 18.,

Monsieur R., à Paris.

J'ai reçu la lettre que vous m'avez fait l'honneur de m'écrire le 16 courant par laquelle vous me confirmez le transport que MM. les frères B., à Francfort-sur-le-Mein, ont fait chez moi de votre lettre de crédit circulaire de fr. 10,000 en faveur de M....; vous m'avisez, en outre, votre lettre de crédit circulaire de fr. 3,000 en faveur de M. le comte de S...

J'ai pris bonne note de ces deux lettres de crédit, pour y faire le meilleur accueil, et je me rembourserai sur vous de mes payements en vous remettant des reçus.

Je vous remercie, Monsieur, des offres obligeantes de services que vous avez bien voulu me faire; j'y aurai recours au besoin, et je vous assure, de mon côté, que je serai charmé de vous voir faire un usage fréquent de mon ministère sur notre place.

Agréez, Monsieur, l'assurance de ma haute considération.

LÉOPOLD LAMEL.

Bordeaux, le... 18...

Monsieur C., à Paris.

Nous avons reçu la lettre que vous nous avez fait l'honneur de nous écrire, Monsieur, le 8 de ce mois. Elle nous annonce l'arrivée chez vous de la boîte de vanille que nous vous avions envoyée pour M. G. J. A., à qui vous alliez la réexpédier, elle nous fait part aussi du bon accueil que vous réserviez, mais sous notre garantie, à la traite que nous avions pris la liberté de fournir sur vous pour compte dudit ami, de fr. 3,417 55 c. au 4 janvier, quoique M. G. J. A. ne nous eût accrédités chez vous que pour 2 à 3 mille fr.

Nous sommes flattés, Monsieur, de cette marque d'attention, et vous faisons nos sincères remerciments d'avoir accueilli notre signature. Nous espérons que, depuis lors, M. G. J. A. vous aura autorisé à accepter définitivement notre traite pour son compte, et nous ne doutons pas que par votre prochaine vous ne nous releviez de l'obligation contractée envers vous.

Nous saisirons avec plaisir la première occasion de faire usage de vos offres obligeantes de service; nous vous réitérons les nôtres, et nous référons à la cote plus bas de nos changes.

Nous vous saluons, Monsieur, bien parfaitement.

DUSSUMIER et Cie.

Bordeaux, le... 18...

Monsieur R., à Paris.

Nous avons reçu, Monsieur, la lettre que vous nous fîtes l'honneur de nous écrire le 31 janvier dernier. Elle doit avoir été retardée à la poste, car elle ne nous est parvenue qu'avant-hier, de sorte que nous étions déjà prévenus de votre demande par nos amis communs, MM. Jacques Laffitte et Cie, à qui nous devons des remerciements pour la complaisance qu'ils ont eue de vous donner notre adresse.

M. V. D., trésorier de l'administration des hospices, ne s'est pas encore présenté chez nous, mais nous sommes prêts à lui payer à présentation, les vingt-cinq mille francs dont vous l'avez accrédité. Selon vos désirs, nous vous enverrons ses reçus au fur et à mesure de nos payements, et nous nous en rembourserons sur vous à courte ou longue échéance, selon ce qui nous paraîtra le plus favorable à vos intérêts.

Nous vous remercions infiniment, Monsieur, des offres de services que vous nous faites pour les affaires de banque ou de commission. Notre commerce, presque uniquement basé sur la spéculation de nos grands vins destinés à la consommation de l'Angleterre, ne nous permet pas d'espérer de mettre vos bonnes dispositions à profit. Elles n'en sont pas moins flatteuses pour nous, et nous vous prions de nous les conserver, en demeurant convaincu, à votre tour, que nous saisirons avec empressement toutes les occasions qui pourront se présenter de vous témoigner la réciprocité des sentiments de considération et de dévouement avec lesquels

Nous avons l'honneur d'être, Monsieur,

Vos très-humbles et très-obéissants serviteurs,

NATH. JOHNSTON ET FILS.

Rochefort, le... 18...

Messieurs Th. N., à Paris.

Depuis plusieurs années, les fers dont vous vous occupez essentiellement avaient été livrés à notre port, au moyen de marchés particuliers. Aujourd'hui, le ministre de la marine, se rendant à des représentations propres à favoriser l'industrie et la concurrence, a décidé que cette fourniture ne serait donnée que par adjudications sur soumissions cachetées.

Dans l'espoir de vous être agréables, nous avons l'honneur de vous prévenir que l'adjudication des fers de toute espèce, nécessaires au port de Rochefort, pendant 27 mois à partir du 1er octobre, aura lieu ici le 13 septembre prochain.

Comme il pourrait vous convenir de concourir à cette adjudication, nous vous offrons nos services pour vous représenter et stipuler en votre nom. Si vous le désirez, nous vous adresserons une copie du cahier des charges:

il vous fera connaître les clauses et conditions au moyen desquelles devra être exécutée cette fourniture de fers. Cette partie nous est assez familière pour que nous soyons certains de bien servir les intérêts qui nous seront confiés, près d'une administration qui nous honore de sa bienveillance.

Il serait bien que vous vinssiez ici deux à trois jours avant l'époque fixée pour l'adjudication, afin de recueillir tous les renseignements que vous croirez nécessaires pour établir vos offres. Si vous ne pouvez vous absenter, nous ferons en sorte d'y suppléer par la correspondance.

Cette fourniture sera composée de fers plat, carré, rond, feuillard et en verge. Le minimum pour chaque année sera de 200,000 kil., et le maximum, pour chaque année, sera de 400,000 kil.

Pour nous faire connaître de vous, Messieurs, nous nous recommandons des maisons respectables André et Cottier, Mallet frères et Cie, et F. Carette et Minguet à Paris, qui vous renseigneront sur notre compte.

Nous avons l'honneur de vous saluer avec une parfaite considération.

IMBERT et AYRAUD.

P. S. Le cahier des charges doit être déposé au ministère de la marine où vous pourriez en prendre connaissance.

Rochefort, le .. 18...

Messieurs Th. N., à Paris.

Nous recevons, Messieurs, votre lettre du 22 courant.

Suivant vos désirs, et dans l'incertitude où nous sommes si le cahier des charges pour la fourniture des fers qui sera mise en adjudication en notre port le 13 septembre prochain a été déposé au ministère de la marine, nous vous en adressons une copie.

Quant aux craintes que vous pourriez concevoir sur les moyens d'exécuter les livraisons ici, vous devez les écarter dans cette confiance que doivent inspirer, d'abord l'intention où vous êtes de bien fournir, et puis ensuite l'utile expérience que nous avons acquise dans cette partie des approvisionnements de la marine pour compte d'amis, notamment pour MM. Aubertot père et fils aîné, de Vierzon (aujourd'hui retirés des affaires), et dont les intérêts majeurs ont été dirigés par nos soins à leur entière satisfaction.

Habitués à ces sortes d'affaires, nous savons ce qu'il convient de faire pour arriver à de bons résultats, et vous devez bien croire que rien ne saurait être négligé pour seconder les vues de nos commettants. Ainsi, Messieurs, comptez sur notre zèle et notre appui.

Si, comme nous le pensons, vous vous déterminez à nous adresser votre soumission dans la forme exigée, à moins que vous ne préfériez venir ici deux ou trois jours à l'avance pour faire présenter vous-même cette soumission à l'autorité maritime, vous pourrez nous y établir comme vos cautions. Quant à la commission à nous payer pour la réception et livraison de vos envois, elle sera de 1 0/0.

En attendant votre réponse, Monsieur, nous avons l'honneur de vous saluer.

IMBERT et AYRAUD.

Établissez dans votre soumission les prix les plus modérés, parce que nous présumons qu'il y aura une sérieuse concurrence.

———————

Paris, le... 18...

Messieurs J. et P , à Rouen.

Sous les auspices de nos amis communs, Messieurs Vautier frères, de cette ville, j'ai l'honneur de vous faire l'offre de mes services.

Ayant le plus vif désir d'entrer en relation avec votre estimable maison, je vous ferai, Messieurs, toutes les concessions compatibles avec mes intérêts pour vous déterminer à m'accorder la préférence, ou du moins une partie de vos ordres.

En attendant une réponse favorable, j'ai l'honneur de vous saluer avec considération.

MITRAUD TERRIER.

———————

Newcastle upon Tyne, le... 18...

Monsieur,

Sachant combien nos nombreux amis en France désirent être fixés sur les droits d'exportation de nos charbons, qu'on avait annoncé devoir être diminués, nous nous empressons de les informer que notre gouvernement vient de rejeter toutes les pétitions tendant à obtenir une réduction sur le droit; en sorte que, pour la présente année, tout restera comme par le passé.

Comme il est probable que la présente parviendra à quelques maisons qui ne tiennent pas nos combustibles, nous jugeons à propos, pour leur gouverne, d'annexer des factures simulées, ainsi que le cours actuel de toutes nos productions locales; nous désirons bien vivement qu'on y trouve assez d'avantages pour nous transmettre des ordres.

Nos relations avec la France étant très-étendues, toutes les fois que des navires français ont été dirigés sur notre port, nous leur avons toujours procuré un fret : si donc, quelques armateurs jugeaient convenable de nous adresser leurs navires, nous espérons être toujours en état de les affréter immédiatement pour un port de France, et nous devons vous assurer, qu'en semblable occurrence, nous considérerions les intérêts de nos amis comme s'ils étaient les nôtres. Pour plus ample gouverne, nous joignons à la présente circulaire le cours de nos frets, sur lequel nous nous baserions pour fréter tout navire français qui viendra ici.

Nous avons l'honneur de vous saluer,

JOHN RENWICK et Cie.

RÉFÉRENCES.

MM. Le Chevalier Ridley et Cie, nos banquiers, ici.

W. et T. Raikes et Cie, nég., à Londres.

G. et J. Abel et Cie, négociants, à Londres.

Sewel et Necks, nég., à Londres.

Zwinger et Cie, nég., à Londres.

J. Cazenove et Cie, nég., à Lond.

Le baron Hottinguer et Cie, banquiers, à Paris.

Mallet frères et Cie, nég., à Paris.

Ve B. P. Lecoulteux, nég., à Rouen.

P. Leborgne, nég., à Bordeaux.

Foache père et fils, négociants, au Havre.

MM. Dubois fils, négociants, à Nantes.

Christ. Matth. Schroder et Cie, négociants à Hambourg.

S. Labouchère et Cie, nég., à Rotterdam.

Insinger et Cie, négociants, à Amsterdam.

Riberg et Cie, négociants, à Copenhague.

D. Erskine et Cie, négociants, à Stockholm.

W. M. Simonds et Cie, nég., à Pétersbourg.

Schmid et Balfour, négociants, à Dantzig.

Comming, Fenton et Cie, nég, à Riga.

Rouen, le... 18...

Monsieur S ; au Havre.

J'ai l'honneur de vous adresser par les Messageries royales, une caisse marquée C. B Nº 47, que notre ami commun, M..., m'a chargé de vous faire parvenir. Vous la recevrez dans trois jours.

Permettez-moi, Monsieur, de saisir cette occasion de vous faire l'offre de mes services. Si je puis vous être de quelque utilité, vous pouvez compter sur mon zèle et mon exactitude à remplir les ordres qu'il vous conviendrait de me transmettre.

Dans cet espoir, j'ai l'honneur d'être, avec estime, votre dévoué serviteur.

D'ARTOIS FILS.

———————

Nantes, le... 18...

Messieurs T. et Cie, à Marseille.

Je vous suis infiniment obligé, Messieurs, de vos offres de services, et je regrette beaucoup de ne pouvoir en faire usage, m'étant interdit de faire aucune opération pour mon compte. Je n'en suis pas moins sensible à la confiance dont vous m'honorez, et je désirerais trouver l'occasion de vous en témoigner toute ma reconnaissance, par les soins que je mettrais moi-même à vous être utile ou agréable dans tout ce dont il vous conviendrait de me charger.

J'ai l'honneur d'être votre dévoué serviteur.

J. THOMPSON.

———————

Nantes, le... 18...

Monsieur,

Je vous remercie sincèrement des offres de services que vous avez la bonté de nous faire relativement à vos denrées du Midi, mais nous ne sommes pas ici convenablement placés pour faire ce genre de commerce. D'ailleurs, nous nous bornons exclusivement à la commission. Si, dans la suite, vous avez besoin vous-même de traiter quelque affaire sur notre place, veuillez disposer de nous sans réserve. Vous nous trouverez toujours disposés à servir vos intérêts.

Agréez nos civilités empressées.

GRANDVILLE.

Bordeaux, le... 18.

Monsieur,

Nous avons reçu la lettre que vous nous avez fait l'honneur de nous écrire le 15 de ce mois, avec le prix courant de vos articles.

Nous vous remercions, Monsieur, des détails dans lesquels vous avez bien voulu entrer pour nous signaler les articles les plus recherchés. Nous n'en avons remarqué aucun qui pût nous présenter pour le moment un réel avantage. L'indigo Bengale est le seul qui eût attiré notre attention, mais il ne laisse pas encore assez de marge.

Si les prix sur cette teinture viennent à s'élever un peu sur notre place, nous pourrons faire un essai.

De votre côté, si nos services ici pouvaient vous être utiles, veuillez disposer de nous et recevoir nos bien sincères salutations.

FOURTAUD BERNIARD et Cie.

Nice, le... 18..

Monsieur D., à Paris.

Nous vous remercions, Monsieur, des offres obligeantes que vous nous faites par votre lettre du 29 du mois passé. Nous avons l'avantage de connaître votre maison de réputation. L'apostille de M. Worms de Romilly ajoute infiniment au désir que nous avons d'entrer en correspondance avec vous, Monsieur. Nous souhaitons que les circonstances s'améliorent, et qu'il nous soit permis de donner la première impulsion à nos rapports. Ce sera, comme vous nous le proposez, aux mêmes conditions qui existaient entre notre dit ami M. Worms de Romilly et nous. Voici le cours actuel de nos changes.

L'argent est abondant, et le papier sur France vivement demandé. L'Italie faible, Gênes excepté ; cette devise paraît devoir se soutenir. Disposez à l'occasion de nos services, étant bien sincèrement à vos ordres.

Vos très humbles serviteurs,

AVIGDOR L'AINÉ ET FILS.

Vienne, le. . 18..

M. D., à Paris.

Nous sommes en possession, Monsieur, de la lettre fort obligeante que vous nous avez fait l'honneur de nous écrire le 23 mai dernier, et nous vous prions, avant tout, d'agréer nos remerciements des gracieuses offres de services que vous avez bien voulu nous faire.

C'est avec bien du plaisir, soyez-en convaincu, que nous en profiterons et que nous aurons recours à votre ministère, lorsque nous en trouverons l'occasion. — Pour le moment cependant, la stagnation, toujours croissante des affaires en banque, nous met hors d'état de commencer nos relations ; car, étant souvent embarrassés pour soutenir les liaisons nombreuses que nous avons depuis bien des années dans votre ville, nous ne saurions trouver d'éléments pour en alimenter de nouvelles.

Nous espérons que cet état de choses venant à changer bientôt, nous serons à même de vous prouver notre empressement à nous prévaloir de vos services.

Permettez-nous, Monsieur, de vous offrir réciproquement les nôtres, et de vous assurer qu'ils vous sont parfaitement dévoués.

Nous vous soumettons notre cote, et vous saluons, Monsieur, avec la plus parfaite considération.

ARTNSTEIN ET ESCELES.

Vera-Cruz, le... 18...

Monsieur,

Vous confirmant notre lettre du 22 juin, nous venons vous renouveler l'offre de nos services, et nous vous remettons une note des articles convenables au marché de nos pays. Nous serions charmés qu'elle pût vous être utile et vous déterminer à commencer nos relations.

Nous prenons la liberté de vous assurer que les intérêts confiés à nos soins seront toujours traités avec le zèle qui nous a, jusqu'à présent, mérité l'approbation de nos correspondants.

Nous vous saluons respectueusement.

MAROTTE, JETE, HARGOUS et Cie.

Indiennes françaises couleurs vives, 5 à 6 réaux la var.

Satin, 9 à 10 réaux.

Taffetas couleurs vives, 6 à 7 réaux.

Bas de soie pour hommes, couleur argent, 16 à 22 piastres la douzaine.

Idem pour femmes, 15 à 20 piastres.

Velours de soie couleurs vives, 6 à 7 piastres 1/4 à 1/3 la var.

Ruban satin frangé, n° 12 à 4, couleurs vives, 7 à 8 réaux.

Bretagne française large, 5 à 5 1/2 piastres la pièce.

L'eau-de-vie blanche, preuve trois-six, est très-rare et vaut de 27 à 82 piastres, avec apparence qu'elle soutiendra son prix pour longtemps.

Cochenille, 66 à 70 piastres.

Inférieure idem, 63 à 65 piastres.

Havre, le... 18...

Monsieur T., à Paris.

D'après l'entretien que nous eûmes avec Monsieur P. lorsqu'il nous honora de sa visite, et quoique nous n'ayons aucun arrivage nouveau de l'article qui vous intéresse, nous venons soumettre à votre examen la note d'une partie de 300 milliers de fer anglais provenant de prises; le détenteur qui la tient en entrepôt demande fr. 350 des mille kilogrammes; mais il y a lieu de croire qu'il réduirait ses prétentions si on faisait une offre pour la partie entière. Quelle serait la vôtre?

4

Nous désirons, Monsieur, que ces renseignements vous soient de quelque utilité et nous mettent à même de commencer avec votre honorable maison des rapports que nous recherchons depuis longtemps.

En attendant de vos agréables nouvelles, nous vous prions de croire à notre parfait dévouement.

CHEVALIER neveu et ALLAIS.

—————

Paris, le... 18...

Monsieur C., à Lyon.

Par suite de la liquidation de la maison R., de notre ville, nous avons acheté la plus grande partie des papiers qui restaient dans ses magasins. Cette acquisition, faite en bloc, nous permet de vous offrir, avec de grands avantages, quelques-unes des sortes que vous employez habituellement.

812 rames carré, 8 kilogr. 50, beau blanc. . . . . . fr.	9 50 c.
241 — carré double, 15 kil. forts, beau blanc. .	16 50
197 — cavalier, 9 kilog. 75, beau blanc.	10 75
370 — raisin, 10 kil. (beau choix), beau blanc.	12 »
114 — jésus, 18 kil. forts, beau blanc.	21 »
72 — jésus, 60 kil. (taille douce), beau blanc .	70 »
407 — raisin de couleur (assorties), 15 k. . . .	17 »

Nous serions heureux que la modicité de ces prix vous engageât à nous faire une forte commande ; nous mettrons tous nos soins à l'exécuter à votre entière satisfaction.

Vos bien dévoués serviteurs,

LARRUETTE et SEGOND.

—————

Lyon, le... 18...

Messieurs B. et G., à Paris.

Monsieur Étienne Morin, notre voyageur, nous annonce que, s'étant présenté chez vous sous les auspices de Messieurs C. G. Barillon, de l'île de France, il a eu l'honneur de vous offrir nos services, et que vous lui avez laissé quelque espoir de les utiliser, lorsque vous y verrez convenance. Permettez-nous de vous réitérer directement tout ce qu'il a pu vous dire à cet égard, et de vous témoigner nous-mêmes le désir que nous avons d'entrer en affaires avec votre maison.

Notre place fort calme en ce moment, à l'exemple de votre capitale et de Bordeaux, offre peu de ventes importantes à citer.

En indigos, les qualités les plus désirées sont les Bengales ordinaires, les bleus et les fins violets pour l'Italie. Quant au prix, nous nous référons à notre cote aussi exacte que possible. Il y a fort peu d'indigos d'Espagne. Les beaux saffranum d'Égypte sont rares à fr. 200, prix auquel nous avons placé nous-mêmes. Ceux d'Espagne en première fleur manquent presque absolument à fr. 380.

Il s'est fait des ventes de bois de Campêche au prix de notre cote. Il y a des bois jaunes, mais pas en quantité. La cochenille grise est offerte à fr. 45.

Recevez, Messieurs, l'assurance de notre entier dévouement.

L. PONS ET Cie.

Bayonne, le... 18...

Messieurs M. C. et Cie, à Paris.

Nous avons l'avantage de connaître déjà depuis quelque temps votre maison honorable et comme le genre des affaires que nous traitons pourrait peut-être conduire à des rapports suivis et profitables, nous prenons la liberté de vous entretenir de la situation actuelle de notre marché, en vous désignant les articles qui nous paraissent présenter aujourd'hui le plus d'avantage.

La diminution considérable qu'éprouve le bois de réglisse vient fort à propos pour l'approvisionnement du printemps; nous avons acheté aujourd'hui la première qualité, très-sec et gros, à fr. 45, et d'autre bonne marchandise un peu menue, à fr. 44; en général, le bois que nous avons vu jusqu'à présent est très-beau cette année.

Il n'y a pas de saffranum d'Espagne sur place; le dernier qui s'est vendu, quoique récent, était d'une couleur pâle, et malgré cela il fut payé fr. 3, 75. La récolte en ayant manqué sur les lieux, le peu qui pourra peut-être encore arriver se vendra au même prix, sinon plus; car cette fleur paraît très-demandée.

Nous avons ici quelques arrivages des États-Unis; l'un, la goëlette le *Spencer*, de Philadelphie, avec 190 balles et 8 matelas coton, et l'autre, la goëlette l'*Atlas*, de Philadelphie, chargée de 429 caisses sucre, 293 sacs et

27 barils café, 53 balles coton et 2 tonneaux bois de Campêche. En outre, il vient d'entrer dans notre port le brick français *Marie-Louise*, venant de Batavia, et qui nous apporte :

550 canastres	⎫	1050 paquets rotins des Indes.
711 basquettes	⎬ sucre.	152 balles café.
462 sacs.	⎭	1 dito poivre.
45 caisses macis.		2 basquettes sucre candi.

Nous référant à notre prix courant inclus, et désirant que vous y trouviez matière à alimenter nos rapports, nous vous prions d'agréer l'assurance de nos très-sincères salutations.

DANGEL et VEIGLET.

Ostende, le... 18...

Messieurs C. B. et G., à Paris.

C'est sous les auspices de mon ami M. P. G. Coste, d'Anvers, que j'ai l'honneur de vous écrire, pour vous faire part du prix de quelques drogueries qui sont à vendre sur cette place, et je vous envoie échantillon du semen-contra, que cet ami m'a dit vous intéresser particulièrement, et m'a recommandé de vous faire tenir. Son dernier prix est de fr. 4 50 le 1/2 kilogr.

Si vous avez des vues sur cet article, je serais charmé de recevoir vos ordres, que je m'efforcerai toujours de remplir à votre satisfaction.

Indigo Bengale, belle qualité, de fr. 22 à 23 le kilogr.; thé Congo, fr. 10; castoréum, fr. 210; huile de Palma-Christi, fr. 10 la bouteille.

Il vient d'arriver encore un chargement de Londres, dont ci-joint la note que je soumets à votre inspection.

J'ai l'honneur, Messieurs, de vous saluer avec toute considération.

A. L. MALFETON.

Chargement de l'Harmonie, capitaine Eleman, de Londres.

288 futailles huile de morue		36 barils rocou.
88 pièces	⎫ huile de baleine.	190 barriques potasse.
1 baril	⎭	
		2000 cuirs secs en poil.

CHAPITRE III.

ENTRÉE EN RELATIONS.

PREMIÈRE DEMANDE DE MARCHANDISES.

Dans la première lettre qu'on adresse à une maison de commerce dont on n'est pas connu, pour faire une demande ou donner un ordre, il est convenable d'annoncer d'abord quels sont les commerçants qui l'ont recommandée, afin que cette maison puisse se procurer les informations de solvabilité qu'il est d'usage de prendre sur un correspondant nouveau, avant de lui accorder un crédit.

Les commerçants hors ligne, et qui sont considérés comme jouissant d'une réputation de solvabilité à l'abri de toute épreuve, négligent quelquefois cette précaution, laissant à ceux qu'ils favorisent de leurs ordres le soin de s'enquérir sur leur compte, comme ils le jugent à propos et où bon leur semble.

Si le commencement de relations a été provoqué par l'envoi d'un prix courant ou d'une circulaire de la maison à laquelle on adresse une demande, quoique ce soit un motif de supposer qu'elle a pris des informations préalables, il n'en faut pas moins lui indiquer les correspondants auprès desquels elle pourra se renseigner encore.

En ce qui touche l'ordre à donner ou la demande de marchandises, et toutes les précautions ou prescriptions à ce sujet, il en sera traité dans le chapitre suivant consacré aux ordres d'achat, ou demandes de marchandises.

———————

Anvers, le... 18..

Monsieur L., à Paris.

Sous les auspices de notre ami commun, J. L., de cette ville, je viens vous prier, Monsieur, de vouloir bien me donner vos conditions pour les opérations de banque que je me propose d'effectuer incessamment à l'occasion d'achats de marchandises dans quelques ports de France, qui nécessiteront mes traites sur Paris, au terme d'un à quatre mois.

Quand vous aurez pris sur ma maison les renseignements nécessaires, je vous prierai de vouloir bien me dire : 1° quelle serait la commission de banque que vous prélèveriez sur le montant de vos acceptations et payements de mes traites ; 2° quel serait le taux des intérêts réciproques sur lequel nous établirions notre compte.

L'opération dont je m'occupe doit s'élever de 60 mille à 100 mille francs. Ces deux questions me paraissent les principales, veuillez me fixer à leur sujet et y joindre les observations que vous jugerez convenables.

Agréez, Monsieur, mes sincères salutations.

VANDEVIN-MANS.

———————

Anvers, le... 18..

Monsieur J., à Paris.

Je dois l'honneur de connaître votre maison à MM. V. de....., qui ont bien voulu se charger quelquefois de vous remettre pour moi diverses premières à l'acceptation. C'est sous leur recommandation que je prends la liberté de vous écrire pour vous demander si les opérations suivantes pourraient vous convenir.

Donnant parfois des ordres en marchandises en Portugal ou dans quelques ports de France qui n'ont point de change sur notre ville, je désirerais indiquer à mes amis un remboursement sur votre maison, sous condition qu'ils vous adresseraient, endossés à votre ordre, les connaissements que vous garderiez en mains, jusqu'à ce que vous soyez couvert, en bonnes remises à votre convenance, du montant de vos acceptations pour mon compte.

Il est entendu que, dans tous les cas, mes remises devront vous parvenir avant l'échéance des traites que vous aurez acceptées pour moi ; c'est sur ces bases que je travaille avec mes amis de Londres et d'Amsterdam.

Veuillez bien me marquer, Monsieur, si ce genre d'opérations vous conviendrait, quels commission et frais j'aurais à vous bonifier, et si vous me tiendriez compte des intérêts sur les remises que je vous ferais par anticipation.

Recevez, Monsieur, l'assurance de ma parfaite considération.

G.-J. DUBOIS.

———

Anvers, le... 18..

Monsieur J., à Paris.

Je suis favorisé, Monsieur, de votre lettre du 13 courant, et vois avec plaisir que vous accédez aux propositions que je vous ai faites, et sur lesquelles nous sommes entièrement d'accord. Je vous prie, en conséquence, de vouloir bien prendre note que je viens de donner à Monsieur André Durrieu, à Lisbonne, l'ordre de se prévaloir sur votre maison du montan du coût et frais de 3000 caisses nankin, si, toutefois, il peut les acheter dans mes limites d'environ fr. 6,75 à bord. Il disposera sur vous, si le cours du change sur Paris doit m'être plus avantageux que celui sur notre ville ou sur Amsterdam, et il devra vous remettre le connaissement, endossé à votre ordre.

Voici, pour la régularité, sa signature.

En accueillant pour mon compte les traites de cet ami, vous pouvez compter sur mon exactitude à vous en couvrir de la manière dont nous sommes convenus.

Agréez, Monsieur, l'assurance de ma considération.

G.-J. DUBOIS.

———

CORRESPONDANCE COMMERCIALE.

Paris, le... 18..

Monsieur N. B., à Amsterdam.

J'ai reçu en son temps la lettre que vous m'avez fait l'honneur de m'écrire le 26 novembre dernier, sous les auspices de M. Staëdel, notre ami commun; j'ai laissé cette lettre sans réponse immédiate, faute de motifs pour utiliser ma correspondance avec votre maison.

Aujourd'hui qu'il se présente une occasion de recourir à votre obligeance, je viens vous prier, si vous pouvez obtenir, à 50 florins courant le quintal, le galanga, en belle marchandise, de m'en adresser 1,500 à 2,000 kilogr. par mer, entremise de M. Lambert, à Rouen, et de faire assurer cet envoi.

Je ne doute pas que je ne sois satisfait de cet essai, et qu'il ne m'engage à vous faire de nouvelles demandes.

Je verrai avec plaisir que vous me teniez constamment au courant des variations des marchandises sur votre place.

Veuillez recevoir, Monsieur, mes salutations respectueuses.

ALEX. GARNIER.

———————

Cadix, le... 18..

Monsieur R., à Paris.

Nous venons, Monsieur, de recevoir votre honorée du 17 novembre dernier, accompagnée d'une missive d'introduction de nos amis communs, MM. André et Cottier, de votre ville. Nous leur sommes très-reconnaissants de nous avoir procuré le plaisir de nouer des relations avec votre respectable maison, et nous tâcherons de justifier leur recommandation, en portant à ce qui nous viendra de vous, tout le zèle et le dévouement possibles.

Bonne note est prise de votre lettre de crédit pour la somme de fr. 1,500, en faveur de M. G., et de tout ce que vous dites à l'égard de celle remise par M. J.-J. Yriarte; nous suivrons en tout vos instructions.

Nous avons le plus grand plaisir à vous obliger en assistant M. G. dans les affaires dont il est chargé, et nous ferons, pour lui être utile, tout ce qui dépendra de nous.

Nos conditions de banque se réduisent à la commission de 1/2 p. 0/0,

avec règlement réciproque des intérêts, à 5 p. 0/0 l'an. Nous serons charmés qu'elles vous soient agréables et que les circonstances vous offrent l'occasion de recourir à notre ministère.

Vous assurant d'avance que vos intérêts seront soignés par nous comme
s'ils nous étaient propres, et tout dévoués à vos ordres, nous avons l'honneur de vous saluer très-sincèrement.

D.-A. JORDAN ONET ET Cie.

Rouen, le ... 18..

Monsieur T., à Lyon.

Sachant que vous êtes en rapport avec l'Italie, je me permets de vous
adresser sous ce pli un appoint de fr. 1,028, échu le 10 courant sur Livourne, avec prière de vouloir bien en opérer le recouvrement au mieux
possible et remettre la note du net produit.

J'ai en portefeuille 850 livres autrichiennes, sur Milan, au 15 avril prochain, pourriez-vous aussi vous en charger ? Vous m'obligerez, dans ce cas,
en me disant à quel taux il vous convient de les admettre.

Je profite de cette occasion pour vous rappeler que je suis ici entièrement
à votre service et que je serais tout à fait enchanté d'établir des rapports avec votre honorable maison ; vous me ferez donc grand plaisir de
m'adresser de préférence toutes vos valeurs sur notre ville, ainsi que les
départements. Vous pouvez compter en recevoir la couverture par le même
courrier.

Dans l'espoir que vous répondrez à mes désirs, j'ai l'honneur de vous
présenter, Monsieur, mes salutations empressées.

DEURIOU.

Rome, le ... 18..

Monsieur S., à Paris.

Favorisé de votre lettre du 7 courant, nous avons vu avec plaisir que
notre sieur Freeborn a eu l'honneur de faire votre connaissance person-

nelle, et nous sommes charmés d'apprendre votre bonne intention d'établir des rapports avec nous.

Nous avons pris note des conditions fixées avec ledit sieur Freeborn pour un compte à demi, auquel nous donnerons volontiers commencement lorsque les matières d'or seront ici plus abondantes ; maintenant elles sont rares, et c'est seulement dans l'hiver que notre place reprend un peu d'activité.

Notre sieur Freeborn vous aura dit que nous nous occupons particulièrement des lettres de crédit et de la commission en général. Si, en attendant, vous avez occasion de profiter de nos services, nous espérons que vous le ferez sans réserve.

Nous vous adressons le cours de nos changes, et avons l'avantage de vous saluer respectueusement.

FREEBORN et SMITH.

Menin, le ... 18..

Monsieur J. G., à Paris.

J'ai reçu en son temps votre honorée du 17 mai dernier, à laquelle était jointe la recommandation de nos anciens amis Worms de Romilly et Cie ; j'aurais utilisé vos offres obligeantes, si d'une part je n'avais été lié depuis longtemps avec une maison dont je n'ai qu'à me louer, et si, d'autre part, mes affaires sur votre place étaient assez importantes pour les partager.

Mes amis sont intervenus, à ce qu'il paraît, pour de *faux besoins* mis sur quelques effets venant de Lille ; par ce motif, ils nous mandent que, désormais, ils cesseront d'intervenir pour tous leurs correspondants, et, malgré l'observation que je leur ai faite, que jamais une telle mésaventure ne leur était arrivée pour moi, parce que j'avais soin d'accompagner mes besoins de mon timbre sec, tel que vous l'avez ci-dessous, ils persistent dans leur refus. Je viens donc vous demander, Monsieur, s'il vous convient de les remplacer ; en ce cas, veuillez, je vous prie, me faire connaître vos conditions les plus modérées. Voici, pour votre gouverne, les affaires en banque que je traite ordinairement : lorsque les cours offrent de l'avantage, je fais quelques achats de livres sterling et de florins sur la Hollande à l'occasion, je désigne quelques remboursements ou dispositions de 90 à 100 jours, et tire quelques mandats ; enfin, j'indique des besoins, et je tiens à avoir la certitude qu'ils seront bien accueillis. Voilà, Monsieur, les opérations qui feraient l'objet de nos relations; je désire que vous trouviez moyen d'y donner suite.

Recevez mes sincères salutations.

PLAIDEAU FILS AÎNÉ.

Montpellier, le ... 18..

Monsieur F., à Paris.

Animés du désir d'étendre nos relations et d'entrer en rapports d'intérêt avec vous, nous avons l'honneur, Monsieur, de vous offrir nos services en banque, et de vous demander sous quelles conditions il pourrait vous être agréable de nous ouvrir chez vous un compte courant, où seraient portés nos recouvrements sur la capitale, le payement de nos traites sur vous et la négociation des valeurs que nous vous remettrions sur diverses places.

Nous ne sollicitons aucun crédit de caisse, ayant l'habitude de faire précéder de nos remises l'acquit de nos traites ou autres dispositions.

Si, comme nous avons lieu de l'attendre, vos conditions sont favorables, nous nous plaisons à croire que nos relations seront réciproquement avantageuses.

Dans l'espoir d'être bientôt honorés d'une réponse, nous avons l'honneur de vous saluer.

DIMAL ET SAGINES.

Bordeaux, le ... 18..

Monsieur L., à Paris.

J'ai négligé jusqu'à ce jour de répondre aux offres obligeantes que vous m'avez faites, Monsieur, parce que je ne voyais aucune marge pour entreprendre quelque opération; bien que la situation des affaires n'ait nullement changé, le désir de me lier avec votre honorable maison, m'engage à vous prier de vouloir bien m'adresser de temps en temps la cote raisonnée de vos changes, et principalement le cours du papier sur notre place.

Si vous pouviez, Monsieur, réduire votre commission à 1/4 p. 0/0 j'aurais recours à votre ministère, mais les retours laissent si peu de bénéfice qu'une réduction dans la commission pourrait seule me permettre de tenter quelque opération.

J'ai l'honneur de vous saluer.

E. LOPEZ DIAS.

Nancy, le.....

Messieurs S. F. et Cie, à Paris.

Pour accroître le nombre de nos correspondants en votre ville, nous avons réclamé de nos amis, MM. R*** et Cie, l'indication de quelques maisons les plus dignes de confiance. C'est donc sur leur désignation et sous leurs auspices que nous venons, Messieurs, vous faire l'offre de nos services pour toutes les affaires que vous aurez à traiter sur notre place. Nous vous accorderons les conditions que nous faisons à nos amis les plus favorisés.

Vous pouvez prendre des informations sur notre maison connue depuis longtemps, et nous nous flattons que personne ne vous en donnera de défavorables. Si vous voulez bien mettre à l'épreuve notre bonne volonté, nous vous promettons, Messieurs, que vous reconnaîtrez, aux soins particuliers mis à l'exécution de vos ordres, tout le désir que nous avons de vous compter au nombre de nos meilleurs correspondants.

Agréez, Messieurs, l'assurance de notre entier dévouement.

FABRICIUS PITRE et Cie.

Lubeck, le... 18..

Messieurs B. R. frères, à Paris.

En vous adressant ma circulaire d'autre part, et sous les auspices de notre ami commun, Monsieur Georges-Henri Koch, de Cologne, je prends la liberté de vous prier, Messieurs, de vouloir bien me dire s'il pourrait vous convenir de m'accorder un crédit de banque jusqu'à concurrence de 12 à 15,000 fr. pour en disposer à l'occasion, soit en mes propres traites sur vous à deux ou trois mois de date, soit en accréditant chez vous d'autres maisons. Je vous ferais les fonds un mois après les échéances de mes dispositions.

Si vous êtes dans l'intention de répondre à mes ouvertures, veuillez me faire part de vos conditions, et compter sur tous mes soins à me rendre digne de la confiance dont vous m'aurez honoré.

Agréez, en attendant, Messieurs, l'assurance de la considération distinguée avec laquelle j'ai l'honneur d'être votre dévoué serviteur.

G.-J. KOSTER.

Havre, le... 18..

M. N , à Paris

Nous avons reçu la lettre que vous nous avez fait l'honneur de nous écrire le 26 du courant, et nous y voyons avec plaisir que vous avez accueilli les propositions que renfermait notre précédente. Bonne note est prise de vos conditions, sur lesquelles nous sommes bien d'accord, et il nous reste à vous remercier de la manière flatteuse dont vous répondez à nos ouvertures. Pour vous prouver avec quel empressement nous chercherons, de notre côté, les moyens de donner à notre correspondance toute l'extension dont elle est susceptible, nous nous chargerons, sans commission, de l'encaissement de vos petites remises sur le Havre, qui figureront simplement dans notre compte courant à l'intérêt convenu de 5 p. 0/0; bien entendu que de votre côté vous ne ferez pas supporter de commission à nos contrevaleurs, et que les ports de lettres relatifs à ces articles seront à votre charge.

Nous avons de nouveau accepté à votre domicile un effet de fr. 27,480 32, traite de F. Delacroix et fils, de la Pointe-à-Pitre, du 25 octobre, à six mois de vue, ordre de Chaix et Penet, sur nous dans Paris, payable le 28 juin. Veuillez en prendre note à notre débit.

Nous avons l'honneur de vous saluer bien cordialement.

Ve HOMBERG, HOMBERG FRÈRES ET Cie.

Montpellier, le...18..

Monsieur C., à Paris.

Honoré de la confiance de la Compagnie Royale, dont je remplis les fonctions d'agent général depuis plusieurs années, je prends la liberté de réclamer aussi la vôtre comme agent de change, et de vous faire l'offre de mes

services pour tous les recouvrements et encaissements de vos remises sur
cette ville ou sur celles des départements du Midi, depuis Marseille jusqu'à
Toulouse ; j'aurais soin de vous en faire exactement les retours, soit en papier sur Paris, soit en bons effets sur les principales villes de France ou de
l'étranger, que vous m'auriez indiquées.

Nous fixerions le change de place des remises que vous m'adresseriez, et
celui de mes retours, ainsi que le taux de l'intérêt d'un compte courant à
ouvrir entre nous.

C'est à la recommandation de Messieurs F. Durand et fils, Martin Porta-
lès, Michel Gayral, C. Coulet et Cie, que je dois ma nomination d'agent général de la Compagnie Royale ; son conseil d'administration, dont vous
êtes membre, m'a témoigné plusieurs fois sa satisfaction sur mon exactitude
et le zèle que j'apporte dans mes fonctions.

Je serais très-flatté, Monsieur, de pouvoir entrer en relation avec votre
respectable maison, et je ferais tous mes efforts pour justifier votre confiance, si vous me faisiez l'honneur de me l'accorder.

Agréez, Monsieur, l'assurance de ma considération la plus distinguée.

SALZE FILS, agent de change.

Cologne, le... 18..

Messieurs Ch. B. et G., à Paris.

D'après votre honorée du 12 de ce mois, par laquelle vous avez bien
voulu me donner les prix de vos diverses marchandises, je suis disposé à
faire un essai, espérant qu'il m'engagera à vous transmettre des ordres
plus importants.

Je vous prie donc de m'expédier par roulage accéléré :

15 quintaux anis vert, beau, dernière récolte.
10   —   colophane jaune à 90 fr. les 100 kilogr.
4 kilogr.   cochenille belle argentée.

Vous aurez soin de choisir la première qualité de colophane jaune, d'anis
et de cochenille : qu'elle soit bien argentée et sans poussière : vous voudrez
bien arrêter le prix de la voiture au plus bas, et fixer le terme de la livraison.

En attendant de vos nouvelles, avec facture, j'ai l'honneur d'être votre
serviteur.

GERMAIN J. ESSINGLE.

Madrid, le... 13...

Monsieur J.-G. C., à Paris.

Nous avons l'honneur de vous faire part de notre établissement dans cette ville, et de vous témoigner notre désir d'être mis à même de vous donner des preuves de notre dévouement. Jusqu'à présent, les circonstances ne nous avaient pas paru favorables pour nous rappeler à votre souvenir. Aujourd'hui que l'horizon s'est éclairci, nous croyons le moment venu de vous renouveler l'offre de notre ministère. La tranquillité parfaite qui règne ici, le calme qui paraît rétabli dans toute la péninsule et la confiance renaissante, laisseront au spéculateur un champ libre pour faire ses combinaisons, et lui donneront toute sécurité dans ses entreprises.

C'est, pénétrés de cet espoir, Monsieur, que nous venons vous prier de permettre que de temps en temps nous vous entretenions des mouvements divers de notre marché; peut-être y trouverons-nous réciproquement le motif de quelques relations utiles; nous en serions charmés, et certes nous ne négligerions pas d'y contribuer autant qu'il pourrait dépendre de nous.

Nous nous référons à notre cote d'autre part, et vous prions, Monsieur, d'agréer, avec l'assurance de notre considération, nos salutations bien affectueuses.

ARDUIN, GARCIA et Cie.

Bordeaux, le... 18...

Monsieur J. G., à Paris.

J'ai été favorisé, Monsieur, de votre lettre du 27 courant, par laquelle, répondant aux ouvertures bienveillantes qu'a bien voulu vous faire M. Lavareille jeune, vous me manifestez vos intentions d'entrer en rapports avec moi, et de vous charger de mes affaires dans votre ville. J'ai, Monsieur, la plus grande obligation à mon recommandant de m'avoir mis à même de me lier d'affaires avec votre respectable maison.

Les affaires pour lesquelles j'ai sollicité l'obligeante intervention de notre ami commun, ont trait principalement à des dispositions que je suis fréquemment dans la nécessité de fournir sur votre ville. C'est donc un crédit sur une maison recommandable de Paris que j'ai désiré; bien entendu que son obtention et son importance seraient subordonnées aux renseignements qu'on prendrait sur moi auprès de quelques maisons honorables de Bordeaux. J'en userai particulièrement en tirant moi-même ou faisant tirer du dehors sur votre maison, jusqu'à la somme limitée par vous, et selon les circonstances. Mes diverses dispositions, favorablement accueillies et acceptées par vous, seraient toujours, avant l'échéance, couvertes en vos mains par des valeurs connues et de toute satisfaction.

Comme vous le fixez vous-même, Monsieur, l'intérêt réciproque de notre compte courant serait à 4 p. 0/0, et votre commission, pour acceptations ou endossements, serait à 1/2 p. 0/0, ports de lettres et autres frais à ma charge.

Je dois vous demander, Monsieur, si, pour les valeurs où vous n'apposeriez pas votre signature, votre commission serait également de 1/2 p. 0/0.

Vous ayant exposé à peu près, Monsieur, quelle serait la nature de mes relations avec votre maison, je vous prie de me dire s'il vous conviendrait de vous charger de mes affaires sur votre place, et dans ce cas quelle serait l'importance du crédit que vous m'accorderiez.

En attendant, Monsieur, votre réponse, et vous priant d'agréer toute ma gratitude pour les bonnes dispositions dont il vous a plu de me favoriser,

J'ai l'honneur de vous saluer avec une parfaite considération.

J. MONRIBOT jeune.

Strasbourg, le... 18...

Monsieur D., à Paris.

Nous avons reçu en son temps la lettre amicale que vous nous avez fait l'honneur de nous adresser le 17 du mois dernier.

MM. Worms de Romilly et Cie, de notre ville, qui, à notre regret, s'abstiennent de faire des affaires dans ce moment, ont eu la bonté de vous donner notre adresse et vous ont engagé à nous faire des offres de service pour le genre d'opération que nous traitions habituellement avec ces amis. Nous ne pouvons, Monsieur, que nous féliciter de trouver l'occasion d'entrer en relations avec une maison aussi respectable.

Nous acceptons vos offres avec plaisir, et prenons note que nos conditions avec MM. Worms de Romilly et Cie, formeront la base des relations qui vont s'établir entre nous.

Nous saisirons toutes les occasions pour vous prouver Monsieur, combien est grande la satisfaction que nous éprouvons de confier nos intérêts à vos soins.

Dans l'espoir d'un prochain commencement d'affaires, nous vous prions d'agréer l'assurance de la considération avec laquelle nous avons l'honneur d'être vos très-dévoués,

RUEF et BUARD.

Saint-Malo, le... 18...

Monsieur C., à Paris.

A mon passage à Paris, j'eus le plaisir de faire votre connaissance, et nous convînmes qu'à mon arrivée je vous écrirais au sujet de la liaison d'intérêts que je désirais former avec vous. Je m'acquitte d'autant plus volontiers de ma promesse que vous m'avez témoigné des dispositions favorables. Si vous êtes toujours dans les mêmes intentions, ayez la complaisance de me le faire connaître.

Je voudrais un crédit de fr. 20 ou 30,000, pour lequel je vous garantis d'avance que vous ne serez jamais à découvert.

Je me rappelle que vous m'avez dit ne pouvoir en ce moment tenir compte d'aucun intérêt sur les fonds que je laisserais en vos mains; ainsi, pour l'instant ce serait une chose entendue.

Quelle commission me prendrez-vous pour l'encaissement de certificats de prime, pour introduction de morue sèche dans nos colonies? Plusieurs maisons de chez vous font ces sortes d'affaires, et créditent du montant de ces certificats, à partir du jour de la remise en leurs mains, moyennant un agio; vous savez comme moi qu'on n'éprouve aucune difficulté à recouvrer ces certificats, le gouvernement désirant donner de l'essor aux armements pour la pêche, qui est l'école où se forment nos meilleurs matelots.

En attendant votre réponse, agréez, je vous prie, l'assurance de ma parfaite considération.

DUJARDIN-PINTEDEVIN fils aîné.

Bordeaux, le... 18...

Monsieur G., à Paris.

Les relations que vous avez avec mon collègue, Monsieur F., m'ont fait supposer que le taux de la commission, assez modéré sans doute, lui permet de trouver quelque avantage dans ses opérations avec Paris. S'il en est ainsi et que vous vouliez bien, Monsieur, me faire profiter des mêmes faveurs, je serais bien aise de connaître vos conditions, pour vous charger, à l'avenir, de la négociation de quelques valeurs sur l'étranger. Je n'ai pas besoin de vous faire remarquer que, faisant uniquement le papier, ce n'est que de la plus grande économie qu'il me faut attendre quelque bénéfice.

Nous établirons un compte courant dont vous déterminerez vous-même le taux de l'intérêt, mais je vous fais observer que je ne veux avoir à m'occuper ni de courtages, ni de ports de lettres.

Je ne vous demanderai jamais aucun crédit, en sorte que vous ne vous trouverez, dans aucun cas, à découvert. Quant au papier que je vous enverrai à la négociation, il sera toujours en premières valeurs, parce que je n'ai ici, en ma qualité d'agent de change, des relations qu'avec des maisons méritant une confiance illimitée.

Vous me ferez des retours sur Bordeaux ou autres places quelconques, mais, lorsque le papier manquera, je fournirai sur vous à courts jours pour le produit approximatif de mes remises. Cependant, je n'en prends pas l'engagement, parce qu'il pourrait arriver que je ne trouvasse pas assez d'avantage à tirer sur Paris ; dans ce cas, vous garderiez l'argent jusqu'à ce qu'une occasion plus favorable se présentât.

Je suis suffisamment connu pour ne pas être obligé de vous écrire sous les auspices de quelques maisons respectables de cette ville. Vous pouvez, Monsieur, vous en assurer auprès de vos correspondants.

J'ai l'honneur de vous saluer bien cordialement.

CHARLES, agent de change.

Paris, le... 18...

Messieurs M. et L., à Rio-Janeiro.

MM. Mitraud, Terrier et Cⁱᵉ ont dû vous faire part, Messieurs, qu'ils venaient de me céder tout récemment la suite de leurs affaires d'armement.

Déjà, je leur ai fait donner de nombreuses consignations pour leur navire *le Courrier du Brésil*, n° 2, en charge à Bordeaux pour Lima ; il était trop tard pour procurer les mêmes avantages à leur *Courrier du Brésil*, n° 1, destiné pour Rio. Mais je me propose de donner tous mes soins au prochain navire qu'ils expédieront à cette destination.

Comme il est difficile de déterminer nos fabricants à envoyer des marchandises pour leur compte, je vous engage à me remettre le plus tôt possible la note raisonnée des articles qu'il serait le plus avantageux d'importer, afin que je puisse les faire préparer avant l'arrivée du navire.

Vous voudrez bien aussi vous expliquer avec clarté sur l'importance des avances que vous avez l'intention de faire ; c'est un moyen très-influent pour obtenir des consignations. Dans tous les cas, je ne ferais usage des fonds que vous mettriez à ma disposition qu'après avoir échoué dans les demandes de consignation pure et simple.

Je verrai avec le plus grand plaisir, Messieurs, s'établir entre nous des rapports très-suivis. Je ne négligerai rien de ce qui pourra dépendre de moi pour les activer et les rendre de plus en plus utiles.

Veuillez agréer mes salutations empressées.

Ch. RAYMOND.

Paris, le... 18...

Messieurs V. et Cie à Granville.

Je me propose, Messieurs, d'envoyer un de mes navires prendre un chargement de morue à Saint-Pierre de Miquelon, et je désirerais traiter avec une maison de votre place, qui fît les armements de pêche au banc de Terre-Neuve, pour un chargement complet, livrable sur les lieux vers le mois d'août. Je désirerais aussi qu'on donnât un fret de sel à mon navire pour la même destination, à un prix qui serait déterminé d'avance.

On m'a désigné, Messieurs, votre maison comme se livrant à ce genre d'armement. Si ce renseignement est exact, veuillez bien me faire connaître sur quelles bases vous pourriez traiter cette affaire, et, dans le cas contraire, ayez la bonté de m'indiquer l'armateur avec lequel vous croyez qu'il conviendrait de nouer une semblable opération.

Je vous prie d'agréer, Messieurs, l'assurance de ma parfaite considération.

EDMOND DE GRANGES.

Paris, le... 18...

Monsieur **J. G.**, banquier, à Paris.

Ce n'est que hier matin, Monsieur, qu'on m'a remis votre lettre du 11 février. Sans ce retard, vous auriez déjà reçu ma réponse.

C'est de grand cœur, et avec un véritable empressement, que je m'efforcerai de seconder toujours vos intentions, et que je rechercherai les occasions d'établir des relations commerciales entre ma maison de Bayonne et la vôtre. Je vous engage, Monsieur, à mettre au plus tôt à l'épreuve ces sentiments bien sincères, en usant sans réserve de tout ce que je pourrais être à portée de faire pour votre service.

Je joins ici la lettre d'introduction que vous avez bien voulu me demander; et par le courrier de demain, je ferai connaître directement à ma maison tous les droits que vous avez à son entière confiance et à son dévouement le plus zélé.

Recevez, Monsieur, l'assurance de tous les sentiments personnels d'estime et de considération distinguée avec lesquels j'ai l'honneur d'être,

Votre très-dévoué serviteur,

BASTARRÈCHE.

Bayonne, le... 18...

Monsieur **J.-G. C.**, banquier, à Paris.

Nous avons reçu, Monsieur, la lettre que vous nous avez fait l'honneur de nous adresser le 16 de ce mois pour nous remettre la signature de M. le comte S., ambassadeur de Sardaigne en Espagne, à qui vous avez fourni une lettre de recommandation à notre adresse.

Nous accueillerons S. Exc. avec le plus grand empressement, et indépendamment de la somme de deux mille francs que vous nous autorisez à lui compter, nous lui rendrons tous les services possibles. Veuillez vous en rapporter à nous à ce sujet.

Ainsi que vous l'a exprimé notre sieur Bastarrèche, de qui vous nous remettez une lettre, nous vous assurons, Monsieur, que quand bien même nous n'aurions reçu que votre missive, votre but n'aurait pas moins été rempli, parce que nous connaissons votre nom justement considéré dans le commerce.

Nous **vous remercions** des offres obligeantes que vous avez la bonté de nous faire, et nous vous prions de croire que, dès que les circonstances le permettront, nous éprouverons une vraie satisfaction à vous recommander des affaires de quelque importance. En attendant, recevez l'assurance de notre entier dévouement et du désir que nous avons de vous voir faire usage de notre ministère.

Nous vous soumettons la cote de nos changes, à laquelle nous nous référons, et nous vous saluons, Monsieur, avec la plus parfaite considération.

BASTARRECHE Frères et Cie.

Marseille, le... 18..

Messieurs Ch. B. et A., à Paris.

Sous les auspices de mon ami particulier, M. Martin, je prends la liberté d'entrer en correspondance avec vous, pour vous prier de me transmettre le cours des denrées coloniales sur votre place ; s'il y a dans votre cote quelques articles à ma convenance, je pourrai vous transmettre mes demandes.

En attendant, s'il vous est possible de me procurer une caisse d'environ 80 kilogr. thé hyson, belle qualité, au prix de 15 fr. le kilogr., je vous serai obligé de la remettre le plus tôt possible à la diligence pour qu'elle me parvienne de suite, car j'en ai grand besoin.

Vous voudrez bien prendre votre remboursement sur moi de la manière qui vous conviendra le mieux, ou bien je vous ferai des remises pour le montant en papier sur Paris.

Dans l'attente de vos prompts envoi et réponse, j'ai l'honneur de vous saluer affectueusement.

M. DROMEL NEVEU.

Coblentz, le... 18..

Messieurs C. B. et A. G., à Paris.

J'ai bien reçu votre lettre circulaire du 1er juillet et celles du 5 avril, contenant les prix de divers articles ; elles étaient adressées toutes les deux aux héritiers de feu J.-D. Herdegen, dont j'ai pris la suite des affaires.

Depuis les derniers événements, il peut arriver, en effet, que votre place offre de temps en temps des avantages qu'il ne faut pas laisser échapper.

Je suppose que la crise actuelle a dû influer en baisse sur vos prix ; c'est dans cette espérance que je vous prie de vouloir bien me donner le cours du borax raffiné, de la cochenille, du bois des îles et du vif-argent. Peut-être la baisse sera-t-elle assez marquée pour me décider à en profiter.

Pour mieux me fixer dans ma spéculation et mes calculs, vous pouvez m'envoyer par la diligence un petit assortiment de quelques kilogrammes de chacun de ces articles, dont vous me coterez les prix les plus modérés. Accordez-moi tous les avantages dont vous faites jouir vos correspondants les plus favorisés ; si je les juge satisfaisants, je vous transmettrai mes ordres, dont l'importance pour l'avenir se réglera selon votre manière de les exécuter.

Les maisons indiquées au bas de la présente pourront vous fixer sur ma solvabilité.

Recevez, Monsieur, mes salutations empressées.

CHRÉLA-LOUIS ARNOLD.

Suchard, banquier, dans votre ville.
Bizot et Vachat, à Lyon.
Boyer et Cie, à Marseille.
Van Leleu et Cie, à Amsterdam.

CHAPITRE IV.

--- --- ---

ORDRES D'ACHAT OU DE VENTE.

DEMANDES DE MARCHANDISES, COMMANDES EN FABRIQUE, ETC.,
CONTRE-ORDRES.

Lorsqu'on adresse une demande de marchandises à une maison de commerce, une commande à un fabricant, ou un ordre d'achat à un commissionnaire, on doit spécifier avec soin la quantité, l'espèce et le prix, sans négliger les indications suffisantes pour diriger l'expéditeur dans l'exécution de sa demande.

Il faut aussi se souvenir que cette lettre sera consultée en cas d'erreur, et fera décider quelle est la partie contractante qui doit en subir les conséquences.

C'est surtout avec les maisons dont on ignore la manière d'opérer, qu'il est utile d'entrer dans de nombreux détails, si l'on veut prévenir les méprises, ou les contestations toujours si fâcheuses.

On sait qu'il est de principe que la marchandise, une fois remise à l'intermédiaire chargé du transport, voyage aux risques et périls de l'acheteur. Il faut donc indiquer la voie de terre ou d'eau par laquelle on veut que les marchandises soient dirigées, et prescrire les conditions particulières à insérer dans la *lettre de voiture* (1), dans le **connaissement** (2), ou dans la *charte-partie* (3), s'il s'agit du chargement complet d'un navire.

Les déclarations en douane, les droits, les assurances donnent souvent lieu à des instructions de la part du demandeur qui, pour les rivières et les canaux, doit prévoir aussi les époques probables des glaces, des crues ou des chômages d'eau.

On sent bien que toutes ces précautions ne sont pas constamment nécessaires, et qu'en certains cas, seulement, elles sont utiles et d'une sage prévoyance. L'expéditeur est embarrassé quelquefois dans l'exécution d'un ordre par une circonstance qui semblait ne pas devoir l'arrêter; c'est là ce qu'il faut prévenir par des explications complètes. Il est même des gens qui vont jusqu'à prescrire certains soins de confectionnement pour le mode d'emballage, surtout dans les expéditions lointaines ou d'outre-mer.

La demande de marchandises correspond à la vente, qui est l'acte de commerce le plus essentiel, puisque toutes les opérations se réduisent à vendre ou à acheter. Or, celui qui reçoit un ordre, devant se conformer exactement aux instructions qu'il renferme, sous peine de devenir responsable

(1) On sait que la lettre de voiture est l'acte qui règle les conditions de transport, et qu'elle doit être datée, exprimer la nature, le poids, les marques et numéros des objets transportés, le prix de la voiture, le *délai* du transport, l'*indemnité due* pour cause de retard, les nom et domicile du voiturier, enfin l'adresse du destinataire: elle est timbrée et doit être signée par l'expéditeur, ou le plus souvent par un commissionnaire de roulage; elle peut être à *ordre*, à personne *dénommée* ou *au porteur* (Voir *modèle* à la fin du volume).

(2) *Le connaissement*, dans les transports par mer, tient lieu de la lettre de voiture pour les transports par terre; il peut aussi être à *ordre* au *porteur* ou à personne *dénommée*. Chaque connaissement doit être fait en quatre originaux au moins; un pour le chargeur, un pour le destinataire, un pour le capitaine et un pour l'armateur du navire.

Il y a des clauses spéciales méritant attention; la clause *qui dit être*, celle des *jours de planche*. (Voir à la fin du volume un *modèle de connaissement*.)

(3) On sait que l'on donne le nom de *charte-partie* au contrat de louage d'un navire ou du chargement de marchandises. Autrefois les conventions relatives au louage d'un navire étaient écrites sur un parchemin qu'on divisait en deux parties, l'une pour le fréteur, l'autre pour l'affréteur; on les réunissait à l'arrivée pour connaître la teneur de l'acte; de là vient le mot de charte-partie.

de tout ce dont il s'en est écarté, il faut mettre du soin à s'exprimer clairement sur ce qu'on désire, et le dire sans incertitude. On se ménage par là le moyen de n'être pas victime des erreurs graves, ou des fautes de l'expéditeur ; car muni de la lettre de demande, on peut valablement laisser la marchandise pour son compte.

Paris, le... 18..

Monsieur T., à Paris.

Je vous prie de prendre note de vendre sur mon compte les 2,500 piastres qui restent sur l'engagement que je vous ai remis ce jour, de M. Arcos, pour 25,000 fr., ainsi qu'il suit :

1,000 pias. le 27 courant,
1,000 pias. le 28   d°   } en liquidation au mieux de mes intérêts.
500 pias. le 29   d°

J'ai l'honneur de vous saluer.

A. AGUADO.

Paris, le... 18..

Monsieur H., à Stockholm.

Nous avons l'honneur de vous confirmer, Monsieur, notre lettre du 2 de ce mois, et venons, par celle-ci, vous prier d'ajouter à nos diverses demandes :

100,000 kilogr. de fer, dont ci-joint les dimensions, pour être dirigés sur Calais avec connaissement à ordre. Veuillez, Monsieur, prendre note de ces échantillons, et profiter du premier navire que vous trouverez pour ce port à un fret raisonnable.

Faites, Monsieur, pour ce chargement, comme pour les autres, c'est-à-dire pour le mieux de nos intérêts, et apportez la plus grande attention au beau choix de ces fers.

Agréez nos salutations empressées.

THOMAS NODLER et PIVENT aîné.

Metz, le... 18..

Monsieur A. S., à Paris.

Monsieur G. me remet à l'instant les deux échantillons de sucre raffiné dont vous avez bien voulu le charger pour moi, ainsi que la petite note que vous m'adressez sous la date du 30 mai dernier, dans laquelle vous me donnez quelques renseignements sur les sucres pour l'Étranger.

La qualité de vos échantillons me paraît convenable, et je viens, par la présente, vous prier de m'expédier les quatre ou cinq milliers qui vous restent dans ces deux qualités. Je pense que vous m'en avez coté le plus bas prix. Monsieur G. me dit que vos conditions ordinaires sont de vous faire couvrir en papier sur Paris à un mois de date de la réception de la facture, sous escompte de 2 1/2 p. %. Je me conformerai, à cet égard, à vos usages.

J'espère, Monsieur, que cette première affaire sera l'occasion d'autres demandes plus importantes, et je me féliciterai de voir des relations actives s'établir entre ma maison et la vôtre, qui est connue ici sous les rapports les plus honorables.

Ne devez-vous pas déclarer par quel bureau sortiront ces sucres pour en faire l'expédition? Je ne pourrais vous donner aujourd'hui cette indication; mais, pour éviter un retard, veuillez demander à l'administration des douanes de faire l'envoi de ces tonneaux, *sur l'entrepôt des douanes de Metz.* Cette autorisation ne vous sera point refusée.

Veuillez profiter du bon marché de la voiture pour me diriger cet envoi dont je vous adresserai le montant dès la réception de la facture. — Je compte sur 4 p. 0/0 de papier.

M. G. me charge de vous présenter ses hommages respectueux.

Recevez, Monsieur, l'assurance de ma parfaite considération.

GAUTIER FILS.

Strasbourg, le... 18..

Monsieur V., à Paris.

Je vous prie de m'envoyer, par entremise de MM. Chapuis et Herbillon, six barriques mélasse aux prix et conditions usités dans votre maison.

Vous m'obligeriez, Monsieur, si vous pouviez me les faire parvenir vers la fin de février prochain.

Après réception, j'aurai soin de vous faire remise de suite en papier courant sur votre place.

. Comme je n'ai pas l'honneur d'être connu de vous, Monsieur, vous pourrez prendre des informations sur mon compte soit chez M. Chapuis de votre ville, mon compatriote et ancien ami, qui vous fixera sur le degré de confiance que je mérite, soit chez MM. Turckheim et Cie, ou toute autre maison de votre ville.

En attendant votre réponse et votre facture, je vous prie de recevoir l'assurance de ma parfaite considération.

TH. FUNCK.

Paris, le... 18..

Monsieur D., à Londres.

Veuillez, Monsieur, faire acheter pour mon compte, à Londres, quatre-vingt-cinq mille roubles métalliques en 5 p. 0/0 russe, mais sans dépasser le prix de 104 1/2, et marquer à votre correspondant de s'en rembourser sur vous à trois jours de vue. Je vous en ferai les fonds avant l'échéance de ces traites. Vous voudrez bien en outre faire inscrire mes noms sur les inscriptions qu'il devra vous envoyer. Après leur arrivée, j'aviserai aux moyens de les faire parvenir à Saint-Pétersbourg, pour en faire inscrire le montant sur le grand-livre de la dette publique.

J'ai l'honneur de vous saluer.

LE MARQUIS DE N., PAIR DE FRANCE.

Paris, le... 18..

Monsieur L., à Paris.

Nous avons reçu la lettre que vous nous avez fait l'honneur de nous écrire le 25 de ce mois, et qui nous commande, pour échantillon, 7,250 kil. martinets doux, première qualité, de notre usine de Souppes. Ces fers vous seront livrés dans le courant de décembre prochain, et payables au terme de six mois fixe, du jour de la remise, au prix de soixante-six francs les cinquante kilog., mais pris à Paris, et non rendus dans votre magasin, comme cela a été dit verbalement.

Certains de la qualité supérieure de nos fers, nous ne doutons point que ce premier essai ne vous engage à donner suite à vos demandes : aussi les remplirons-nous toujours de manière à vous prouver combien nous sommes flattés de votre confiance, et combien nous éprouvons de plaisir d'être entrés en liaison d'affaires avec vous. C'est dans cette disposition que nous avons l'honneur de vous saluer.

Par procuration de Guibert et Lafont,

G. GUIBERT.

Paris, le... 18..

Messieurs Th. et Cie, à Paris.

J'accepte la vente des deux cargaisons de charbon d'Aniche, que vous m'offrez par votre lettre de ce jour. Vous m'annoncez que ces deux bateaux contiennent deux mille sept cent quarante hectolitres combles; cette quantité m'est garantie par vous, d'après le mesurage qui en sera fait.

Le prix est et demeure fixé à quatre francs dix centimes par hectolitre comble, pris sur les bateaux, les frais de mesurage à ma charge, payables en mes billets à votre ordre, à six mois de date du 12 mai prochain.

Les jours de planches étant sur le point d'expirer, je m'oblige à effectuer le déchargement d'ici au 6 mai prochain, pour tout délai.

Agréez, Messieurs, les salutations de votre tout dévoué serviteur.

DEHAYNIN.

Colmar, le... 18..

Madame veuve A. S. et Fils.

J'ai reçu vos lettres des 22 et 25, et vous ai crédités d'après le contenu de la première de :

Fr. 514,65 c. mandat sur Opperman au 21 juin.

Veuillez mettre tous vos soins, si vous m'expédiez des mélasses, à ce qu'elles soient bien épaisses, de parfaite qualité surtout, et que les futailles soient en bon état, afin d'éviter le déchet.

Ci-inclus :

Fr. 2,446, sur J. Laffitte et Cie au 31 mai.

Veuillez, je vous prie, en créditer mon compte.

J'ai l'honneur de vous saluer.

DIDION Fils.

Vendredi, co... 18..

Je prie Monsieur H. de vendre pour mon compte les rentes de Naples ci-après, livrables en liquidation de ce mois, savoir :

500 Cinq cents ducats au premier cours, qui se fera (point au-dessous de 88).

500 Cinq cents ducats à 89.

1,000 En tout mille ducats, en certificats de la compagnie Falconnet.

Le présent ordre valable pour le courant de la Bourse de ce jour, si je n'y apporte verbalement aucune modification.

Mille civilités affectueuses.

J.-P. CHEWALS.

Bourges, le... 18..

Le receveur général à Monsieur C., banquier à Paris.

L'activité que je mets, au commencement de chaque année, à opérer mes recouvrements, éprouve un ralentissement dans la saison où nous entrons ; elle est d'ailleurs l'époque la moins favorable, dans ce département, pour la rentrée des fonds, et cependant c'est alors que les besoins de la place sont beaucoup plus considérables. D'après ces motifs, je viens vous proposer l'opération suivante.

Vous m'adresseriez, sur les différentes demandes que je pourrais vous faire, du *numéraire* par la voie des diligences ; les frais occasionnés par le transport seraient à ma charge, ainsi que les risques du voyage. Je vous accorderai un intérêt de 5 p. 0/0 l'an. Je regrette de ne pouvoir y joindre une commission, mais les frais ne me le permettent pas. Vous serez toujours couvert à l'avance de vos envois en bon papier sur Paris.

Si ces conditions vous conviennent, vous pouvez m'ouvrir un compte particulier, sous la dénomination de : *compte de négociations;* vous débiterez le compte que j'ai déjà chez vous du montant du reliquat en ma faveur, par le crédit de ce nouveau compte, et vous commencerez l'opération par un envoi. Sur l'avis que vous me donnerez, je vous ferai de suite de nouvelles remises de papier sur Paris ; enfin je désire être toujours créditeur dans mes deux comptes chez vous. Bien entendu que ceci ne changera rien aux bases du premier compte.

Toujours dans l'hypothèse de votre acceptation, je vous adresse ci-joint, sous cachet volant, une lettre pour MM. les administrateurs des Messageries. Veuillez la leur faire remettre et vous entendre avec eux pour les remises à leur faire, dont vous aurez soin de tirer un reçu, après avoir fait enregistrer sur leurs livres les sommes remises.

J'ai l'honneur, Monsieur, de vous saluer avec la considération la plus distinguée.

DUPLAS.

Paris, le... 18..

Messieurs T. et C., à Bordeaux.

Nous sommes honorés de vos lettres du 22 courant, nous annonçant l'expédition de nos 50 surons, achetés pour notre compte le mois dernier.

Vous nous informez ensuite, Messieurs, que, suivant notre entretien avec M. L., votre représentant, vous avez acheté de nouveau pour notre compte 200 surons quinquina kalyssaya plat, sans épiderme, au prix de 3 fr. le demi-kilog. E. (1), sous 3 p. 0/0 d'escompte et cinquante jours de réglement; vous nous prévenez aussi que vous prendrez livraison de cet achat dans les premiers jours de mars prochain.

Vous ajoutez qu'il est bien entendu et compris que vous vous rembourserez sur nous, en nous remettant facture, et que ce remboursement sera par quart: le premier fin mai, le second fin juin, le troisième fin juillet, et enfin le quatrième fin août, au mieux de nos intérêts.

Nous vous confirmons pleinement, Messieurs, les conditions d'achat qui vous ont été transmises pour nous par M. L., et nous prenons note de cet achat fait pour notre compte, en vous remerciant de la confiance que vous voulez bien nous accorder, et vous priant d'être assurés que nos engagements seront exactement remplis.

Vous voudrez bien laisser ces 200 surons à l'entrepôt, pour nous être expédiés au fur et à mesure de nos besoins.

Une circonstance fort importante pour nous, c'est que le quinquina soit de bonne qualité, c'est-à-dire *lourd et cassant net*. Comme il est destiné à la fabrication du sulfate de quinine, nous ne saurions trop vous recommander d'apporter le plus grand soin dans le choix de cette écorce.

Nous partageons entièrement votre opinion sur le rôle que le quinquina est appelé à jouer; nous pensons aussi que cette opération aura des résultats

(1) E, veut dire : *en entrepôt*; au contraire, A, signifierait que les droits à acquitter sont à la charge du vendeur.

avantageux, et sera, nous l'espérons bien, le prélude de relations fréquentes entre nos deux maisons.

Veuillez agréer, Messieurs, nos salutations cordiales.

A. GARNIER et Cⁱᵉ.

— — ——————— — —

Paris, le... 18..

Messieurs C , oncle et neveu, à Marseille.

Cédant au désir de lier une affaire avec vous, Messieurs, et de vous témoigner ma reconnaissance pour les renseignements que vous avez eu l'obligeance de me donner à diverses reprises, je viens vous commettre en entier mon ordre pour les articles que j'ai à faire fournir, par Marseille, aux divers hôpitaux de marine, et dont l'état est ci-inclus.

La note des prix que vous avez adressée à M. Leroux, votre représentant, et qu'il m'a communiquée, n'indiquant pas tous les articles, j'ai porté les prix qui m'étaient cotés par les maisons Colin et Chancel de votre ville. J'ai pensé que vous pourriez faire aussi bien que ces messieurs, et d'ailleurs il n'était pas convenable, ainsi que vous le comprendrez aisément, de distraire ce peu d'articles de mon ordre pour les leur demander en particulier.

Je vous ferai observer que, pour le suc de réglisse, je ne tiens nullement à la marque, et qu'il suffit de le choisir de bonne qualité. Je m'en rapporte à vous à cet égard.

Quant à la manne en sorte nouvelle, vous pouvez livrer une caisse entière d'origine, de 50 à 80 kilog., et pour la gomme adragante, vous la prendrez sur celle qui est chez vous à ma disposition. Notez bien, Messieurs, qu'il n'y a aucun inconvénient à ce que les quantités qu'on demande soient un peu excédées, mais qu'il est important de ne pas expédier moins.

Je vous rappelle qu'il est bien entendu que la qualité de ces marchandises est à vos risques et périls, c'est-à-dire qu'elle devra être agréée par la commission, ou remplacée par vous en cas de refus.

Je vous serai très-reconnaissant, Messieurs, de faire la plus grande diligence pour ces expéditions aux adresses ordinaires, et de me faire parvenir, aussitôt, les connaissements pour Brest et Rochefort, la portion destinée à Toulon devant être expédiée par terre.

J'ai l'honneur d'être, Messieurs, votre très-humble serviteur.

A. DELONDRE.

Paris, le... 18..

Monsieur P. D., capitaine du navire l'*Asie*, à Calcutta.

Ami intime de MM. S., de Bordeaux, c'est sous leurs auspices, d'après leurs conseils, et en suivant même ceux de Monsieur votre frère, courtier de commerce en cette même ville, que je vous transmets un ordre, pour une opération d'essai que je veux tenter à Calcutta.

Mon intention est de répéter chaque année cette petite spéculation, et de vous charger de mes intérêts tout le temps que vous continuerez vos voyages au Bengale.

Ci-inclus 4,500 roupies, du 26 août à 60 jours, sur la Compagnie des Indes, dont vous voudrez bien opérer l'encaissement à mon crédit, et que vous emploierez comme à-compte de payement sur un achat d'indigo de 50,000 fr. environ, pour lequel je vais vous donner mes prescriptions; quant au surplus de la somme, dont cet à-compte n'est environ que le cinquième, je vous autorise à le tirer sur moi à 10 mois, suivant l'usage adopté pour ces achats.

Vous voudrez bien choisir dans les indigos d'un prix moyen, c'est-à-dire que, si les qualités fines sont tenues de 150 à 160 roupies, je désire en avoir dans les prix de 115 à 120 roupies; si même vous pouvez vous en procurer une partie en indigos de qualité ordinaire, au prix de 80 à 100 roupies, cela me conviendrait parfaitement. Toutefois, et dans tous les cas, les indigos que vous achèterez pour mon compte, devront être bien secs, de couleur vive, donnant sur le rouge; connaisseur comme vous l'êtes, Monsieur, de cet article, je borne là mes renseignements.

Il est bien entendu qu'il faut faire assurer cet envoi à Calcutta, au mieux de mes intérêts, et que vous l'embarquerez sur votre navire pour mon compte.

En attendant facture et avis de chargement, j'ai bien l'honneur de vous saluer.

ALEXANDRE GARNIER.

Paris, le... 18..

Monsieur D., à Douai.

Nous avons reçu votre lettre du 3 du mois dernier, où vous nous annoncez que vous n'avez pu remplir, dans nos limites, l'achat de 50 tonnes d'huile de cameline.

Au reçu de la présente, veuillez acheter pour notre compte, au mieux de nos intérêts, 50 tonnes même marchandise, et nous les expédier de suite par roulage ordinaire.

Si, pour qu'elles partent immédiatement, il fallait compléter le chariot, nous vous autorisons à acheter le surplus ; cette marchandise doit servir à solder une livraison d'octobre, le fabricant de Caen n'ayant pas pu tout fournir à temps. Notre acheteur exige prompte arrivée ; il n'y a donc pas un instant à perdre.

Le cours de Lille reçu ce jour cote cette sorte de 108 50 à 109, nous avons lieu de croire que vous l'obtiendrez au-dessous de 110.

Remboursez-vous sur nous à votre convenance, après avis.

Recevez, Monsieur, nos cordiales salutations.

BERNARD et Cie.

Paris, le... 18..

Mon cher Monsieur,

Vos offres sont trop obligeantes, pour que je n'en sois pas extrêmement reconnaissant. Cependant je ne puis en accepter qu'une partie.

La fourniture de chaînes n'est pas une affaire qui me soit personnelle, ainsi que vous paraissez le croire. Je n'agis qu'au nom du conseil d'administration de la société, qui ne m'a pas donné pouvoir de traiter directement au-dessus de 50 c. par demi-kilogramme.

Dans cette circonstance, et jusqu'à ce que j'en aie référé au conseil, je ne prendrai sur moi de demander que 500 chaînes au prix de 55 c., que vous voulez bien m'offrir. Je regrette sincèrement que les limites qui me sont données ne vous présentent pas quelque avantage, car c'était mon intention en m'adressant à vous.

Les chaînes en question sont destinées à être attachées par le martinet à de forts crochets en fer qui servent, en cas d'incendie, à renverser ou arracher les pièces de charpente qui pourraient communiquer ou alimenter le feu. L'anneau est destiné à recevoir une grosse corde, au moyen de la-

6

quelle plusieurs hommes, ou même des chevaux, concourent avec moins de danger au résultat ci-dessus.

Vous voudrez bien communiquer ces détails au fabricant. Il jugera par là quelle est la forme la plus convenable à donner aux anneaux de la chaîne. Il est à désirer qu'ils ne soient pas susceptibles de s'allonger ni de casser net.

Je désire que les 300 chaînes soient envoyées à Paris au plus tard pour le 15 août prochain, à l'adresse de M. Lefebvre, commissionnaire de roulage, rue de Bondy, no 22, pour les faire passer de suite au directeur général de la Société d'assurances mutuelles contre l'incendie, rue des Carmes, no 21, à Caen.

Nous réglerons à quatre mois en papier sur Paris, à moins que vous ne préfériez tirer, à la même échéance, sur le caissier général de la Société.

Recevez de nouveau mes sincères remerciements.

Tout à vous.

A. PORIQUET.

Strasbourg, le... 18..

Madame veuve A. S., à Paris.

J'ai bien reçu en son temps votre lettre du 7 décembre dernier.

Elle m'annonce que vous avez pris note de mon ordre de 20 barriques mélasse premier choix, à effectuer au plus bas du cours.

Comme la voiture est en ce moment en baisse, et que je ne doute pas que vous ne puissiez l'obtenir à fr. 8 50, ou tout au plus à fr. 9 les 100 kilogrammes, je vous prierai de m'expédier immédiatement les 20 barriques ci-dessus.

J'ai l'honneur de vous remettre sous ce pli fr. 690 45 c. au 20 courant, sur A. Blanc Colin et Cie, de votre ville. Veuillez en opérer l'encaissement à mon crédit.

Dans l'attente de votre facture, je vous présente, Madame, mes salutations respectueuses.

J.-A. REICHARD.

Il n'y a encore aucune perspective d'amélioration pour le placement de nos sucres au dehors. Quels sont les prix auxquels vous pourriez les établir aujourd'hui ?

ACHATS ET VENTES.

Bordeaux, le... 18..

Messieurs,

Dès que notre sieur Théodore Conseil fut arrivé, il s'occupa de remplir vos désirs en cherchant, parmi nos détenteurs de fer de Sibérie, celui qui pourrait nous céder l'article au taux que vous lui avez limité. Voici le résultat de ses démarches.

On pourrait obtenir des fers de Russie, dont la marque ne nous est pas encore connue, à fr. 27 20 c. les 50 kilog. pris en magasin, payables comptant, escompte 5 p. 0/0 de trait, ce qui ferait 6 p. 0/0 d'escompte, les frais de mise à bord, qui, à la vérité, sont peu de chose, restant à votre charge. Nous pensons que ce bas prix vous décidera à nous donner vos ordres; d'autant plus que nous pourrions en ce moment fréter pour Rouen au-dessous de fr. 20 par tonneau. Veuillez donc nous dire, par le retour du courrier, ce que nous devons faire, et soyez persuadés que vos intérêts seront considérés comme les nôtres. D'après nos calculs, que nous vous prions de vérifier, nous pensons que le fer ne reviendrait qu'à fr. 26 65 c., rendu à bord, sans notre commission de 2 p. 0/0.

Nous attendons vos instructions, et agirons suivant vos désirs. Dites-nous si nous devons faire assurer les risques de mer.

Nous avons l'honneur de vous saluer.

CONSEIL FRÈRES.

Rennes, le... 18..

Messieurs T. N. et P. aîné, à Paris.

La présente a pour unique but de vous contremander la demande que j'ai faite le 27 du mois dernier à Monsieur P. jeune, votre voyageur; il m'a vendu ces fers rendus franco à Redon, et à condition qu'ils y seraient arrivés dans le courant du présent, ce qui est aujourd'hui impossible, notre rivière n'étant plus navigable, et ne pouvant l'être avant le mois d'octobre prochain; car les réparations que l'on fait sont à peine commencées. Comme il ne me serait plus possible de recevoir vos fers par eau, je serais réduit à les faire venir par terre, ce qui m'en augmenterait tellement le prix que je ne pourrais les vendre. D'un autre côté, si je les laissais à Redon, il faudrait payer le magasinage, et vous savez que cette marchandise ne peut pas supporter tous ces frais.

Veuillez donc, je vous prie, regarder ma demande comme non avenue et ne pas m'expédier ces fers, car je vous préviens que je les laisserais pour votre compte.

J'ai l'honneur de vous saluer.

J.-M. LEFEUVRE FILS.

———————

Saint-Pétersbourg, le... 18..

Monsieur C., à Paris.

Nous apprenons, Monsieur, par le courrier qui vient d'arriver, que MM. J. Laffitte et Cⁱᵉ, de votre ville, ont accepté une traite de nous, portant n° 7,409, de fr. 4,058, à 70 jours de vue, à l'ordre de MM. L. et fils, quoiqu'ils n'en aient point eu avis de notre part. Cet effet est précisément celui que nous vous avons annoncé par lettre du 17 octobre dernier. Il est inscrit chez nous comme tiré sur vous, et la seconde a été donnée avec votre adresse. Veuillez donc prendre note de ne point acquitter cette seconde, dans le cas où elle vous serait présentée, et accueillez, au contraire, notre nouvelle traite, en remplacement, de fr. 4,240 61 c., à vue à notre ordre, n° 7,795.

Nous vous prions, Monsieur, de nous tranquilliser au sujet de la seconde en question ; nous espérons que cette lettre vous parviendra assez à temps pour éviter qu'il en soit fait un usage illicite.

Recevez, à cette occasion, l'assurance de notre parfaite estime.

FRÈRES LIVIO.

———————

Paris, le... 18..

Messieurs A. S. jeune, à Bordeaux.

Nous sommes honorés, Messieurs, de votre lettre du 8 courant, et nous vous remercions des choses obligeantes qu'elle contient.

En vous écrivant le 4 courant, nous n'avions d'autre but que de vous mettre à même de faire aux détenteurs du quinquina des propositions, qui bien qu'inusitées sur votre place, nous paraissaient acceptables et rentrer parfaitement dans les usages ordinaires du commerce. Notre intention n'était pas de nous adresser directement à vous, car dans ce cas nous vous l'eussions dit avec franchise. Cette affaire ne pouvant donc pas s'arranger à votre convenance, nous vous prions de regarder notre ordre du 4 février comme nul et non avenu.

Si plus tard il se présente une occasion d'alimenter nos relations, nous la saisirons avec plaisir, et nous vous prions, en attendant, de nous tenir au courant de tout ce que vous jugerez devoir nous intéresser sur votre place.

Recevez, Messieurs, nos cordiales salutations.

HAVET ET Cⁱᵉ.

Havre, le... 18..

Monsieur S. L., à Paris.

D'après les limites de fr. 6, que vous nous donnez par votre honorée du 29 courant peur les 8 fûts rhum, il n'y a pas moyen d'aborder le propriétaire, car il est limité à fr. 7. Faites en sorte d'augmenter votre prix, de crainte que l'affaire ne passe en d'autres mains.

Quant aux autres parties, nous doutons que nous puissions les faire. Le propriétaire ne les abandonnera pas à un prix trop inférieur.

Agréez nos salutations sincères.

BAUDOUIN FRÈRES.

Londres, le... 18..

Monsieur J. L., à Paris.

Notre lettre du 1ᵉʳ du courant, que nous avons l'honneur, Monsieur, de vous confirmer, s'est croisée avec la vôtre du 2 du même mois, par laquelle vous nous entretenez de nouveau de votre ordre de 303 sacs café Batavia, à 5 4/6, rendu à bord.

Nous avons lu avec la plus grande attention ce que vous nous marquez concernant cet ordre, et regrettons vivement de vous dire que les conditions que vous y mettez ne nous permettent pas de l'exécuter. Nous en sommes d'autant plus fâchés que nous aurions été charmés de profiter de cette occasion d'activer nos rapports, mais elles sont tellement éloignées de celles que nous font nos autres amis de votre ville, que, malgré notre bonne volonté, nous ne pouvons pas y consentir. Nous souhaitons, Monsieur, qu'une occasion plus favorable se présente d'activer nos relations. Nous ferons de notre mieux pour vous faire trouver convenance et avantage.

Nous attendons votre réponse relativement aux cornes de cerf et à l'affaire de Th. T.

Demain, nous enverrons à M. Guien une nouvelle collection d'échantillons de cafés. Nous serions charmés que quelques-uns d'entre eux pussent vous convenir.

Dans cette attente, nous vous présentons, Monsieur, nos cordiales salutations.

Cʜ. DEVAUX ᴇᴛ Cⁱᵉ.

CHAPITRE V.

INFORMATIONS

OU DEMANDES DE RENSEIGNEMENTS.

Il est du plus haut intérêt, dans les affaires, de prendre avec soin des informations sur une maison avec laquelle on commence des relations, afin de régler sa conduite selon les renseignements obtenus, de fixer l'importance du crédit à lui accorder, et le degré de confiance ou de réserve à mettre dans ses rapports avec elle.

Souvent aussi l'on prend des informations sur l'abondance ou la rareté d'une denrée, sur son prix actuel, sur les résultats ou les apparences des récoltes, sur les arrivages dans les ports, sur le cours des changes, des effets publics, enfin sur des sujets de toute nature.

On sent que le cercle de ces diverses sortes d'informations est trop étendu, pour qu'il soit possible de nous occuper ici de chacune d'elles. D'ailleurs, la nécessité et l'intérêt privé guideront assez bien le spéculateur, dans la direction à donner à ces informations, pour qu'il stipule convenablement les circonstances essentielles et les points principaux sur lesquels il désire être plus particulièrement renseigné.

Pour revenir aux informations relatives à la solvabilité, on sait que le crédit repose sur des bases diverses, dont la fortune est, sans contredit, la première, mais non pas la seule. L'habileté dans les affaires, une prudence éprouvée, la probité sévère sont aussi des causes essentielles de succès et, par conséquent, de crédit.

L'inexpérience en commerce, trop de hardiesse, ou cette témérité naturelle qui porte à tout entreprendre, le faste dans les dépenses, une moralité équivoque sont, malgré la richesse, d'insurmontables obstacles à un grand crédit. C'est une vérité bien reconnue, que la fortune la plus belle se perd aisément, au grand jeu des affaires, par l'imprudence ou l'inhabileté, tandis que la capacité et la sagesse obtiennent, avec de faibles ressources, des résultats souvent importants.

L'habileté, la fortune, la prudence et la moralité sont donc les points principaux sur lesquels il conviendrait de diriger plus spécialement l'attention et les enquêtes du correspondant chargé de répondre à nos informations.

Quand on demande des renseignements, on ne néglige pas d'assurer son correspondant de sa discrétion entière, afin qu'il s'exprime avec toute la franchise qu'on désire en pareil cas.

C'est souvent sur un papier séparé qu'on écrit le nom de la maison dont on s'enquiert, soit pour éviter de lui nuire, soit pour ne pas initier les commis dans cette partie secrète et confidentielle de la correspondance. Certains négociants même ne disent pas, dans le corps de la lettre, un seul mot de leur demande de renseignements, mais ils en font l'objet d'une note détachée, à laquelle il est répondu avec la même précaution.

Si les lettres, dans lesquelles figureraient des noms, venaient à s'égarer, il pourrait en être fait un usage abusif qui donnerait peut-être naissance à des reproches, ou même à des inimitiés fâcheuses

Ce système de notes séparées et sans signature, est donc

excellent en fait d'informations, pour rassurer les gens prudents ou timorés.

On sent de quelle importance est le choix de l'ami qu'on charge de la mission délicate de donner des renseignements : on doit donc s'adresser de préférence à des correspondants dévoués, sur la sincérité desquels on puisse compter.

Enfin, comme les informations sont matière à erreur, et même à contradiction, quelques personnes jugent utile de puiser leurs renseignements à plusieurs sources, pour en contrôler l'exactitude.

Quoiqu'une maison soit connue depuis longtemps pour excellente, on ne néglige pas, comme on le remarquera dans les exemples qui suivent, de renouveler ses informations sur son compte, quand on est à la veille de traiter avec elle une affaire considérable, ou qu'il est survenu des circonstances critiques, de nature à déranger l'équilibre des maisons les mieux assises.

Quand le crédit à accorder est sans importance, la demande est rapide et laconique ; on la place à la fin de la lettre, ou dans un post-scriptum. Mais s'il s'agit d'un découvert considérable, il faut insister avec plus de détail, et faire connaître l'importance ou les conséquences graves des informations qu'on réclame, afin de déterminer son correspondant à mettre à sa réponse la plus scrupuleuse attention. Un grand intérêt autorise même à écrire au chef de la maison des lettres particulières, où l'on entre dans des explications propres à diriger ses informations, à le fixer sur leur importance et sur l'objet essentiel qui les provoque.

Paris, le... 18..

Monsieur C.

MM. André et Cottier ont l'honneur de présenter leurs respects empressés à M. C., et de le prier de vouloir bien avoir la complaisance de leur fournir, au plus tôt, des renseignements exacts sur la maison désignée en l'autre part, qui s'est recommandée de M. C. — MM. André et Cottier remercient d'avance M. C. de sa communication à cet égard; ils en feront le plus discret usage.

Bordeaux, le... 18..

Monsieur C. C., à Paris.

Nous vous confirmons, Monsieur, la lettre que nous avons eu l'honneur de vous écrire le 26 octobre dernier.

Une maison de votre ville, MM. V⁰ S. et Ciᵉ, qui s'occupe particulièrement des spiritueux et des vins, nous ayant indiqué votre respectable maison comme pouvant nous fournir des renseignements sur sa solvabilité et sa moralité, nous prenons la liberté de vous prier de vouloir bien nous fixer à cet égard, et nous dire quel est le degré de confiance qu'elle peut mériter. Vous pouvez compter, Monsieur, sur notre discrétion.

Agréez, Monsieur, nos salutations empressées.

GALOS FILS.

Barcelone, le... 18..

Monsieur C., à Paris.

J'ai l'honneur, Monsieur, de vous confirmer ma dernière du 12, et continuant à abuser de votre bonté, je prends la liberté de vous prier de vouloir bien me communiquer votre franche opinion sur la maison de votre ville désignée en l'autre part. Vous pouvez compter sur ma discrétion ainsi que sur ma reconnaissance. Une maison fort respectable de Malaga me remet très-souvent du papier sur celle dont il est question; je désirerais par conséquent être fixé sur la confiance qu'elle peut mériter.

Me trouvant exactement dans le même cas avec la maison C. L. et Ciᵉ de Londres, et n'ayant point dans cette ville, de connaissances particulières, tandis qu'il est très-présumable que vous y en avez un grand nombre, je vous serais fort obligé, Monsieur, de vouloir bien me procurer des renseignements exacts sur son compte.

Veuillez, je vous en supplie, pardonner la peine que je vais vous causer et disposer de moi sans nulle réserve.

Agréez, Monsieur, l'assurance de ma considération distinguée.

PLATNER.

***

Havre, le... 18..

Monsieur J., à Paris.

Nous sommes favorisés de votre lettre du 19 courant, par laquelle vous nous donnez ordre de compter à M. D. fils, contre votre reçu, une somme de fr. 50, que nous lui avons remise dès le 20 du courant.

Bonne note est prise de votre circulaire du 16 de ce mois, où nous voyons que M. L. R. a cessé de signer pour vous, et que vous avez donné votre procuration à M. A. J. S , dont vous nous remettez la signature.

Vous nous avez permis, Monsieur et ami, de vous demander de temps en temps des informations sur la personne indiquée au bulletin ci-joint et nous prenons aujourd'hui cette liberté, parce que nous serons peut-être, avant peu, dans le cas de traiter quelques affaires pour lui. Dites-nous donc, s'il vous plaît, quel crédit nous pourrions lui accorder en ce moment, et comptez d'avance que nous ferons usage de ce renseignement avec la plus entière discrétion.

Agréez nos salutations bien cordiales.

V. HOMBERG, HOMBERG FRÈRES ET Cⁱᵉ.

***

Havre, le... 18..

Monsieur J.-G. C., à Paris.

Nous savons que la maison dont le nom est inscrit au bulletin ci-joint vous est particulièrement connue; nous venons donc réclamer de votre complaisance de nous fixer sur son compte d'une manière bien précise et bien exacte, en nous disant quel est le crédit moral et financier dont elle jouit, et jusqu'à quel point on peut y avoir confiance.

Les informations que vous voudrez bien nous transmettre resteront entre nous ; nous vous en aurons une reconnaissance particulière, et nous nous estimerons heureux de pouvoir, en revanche, faire quelque chose qui vous soit utile ou agréable.

Nous vous saluons de cœur.

V. HOMBERG, HOMBERG FRÈRES.

———————————

Bordeaux, le... 18..

Monsieur J.-G. C., à Paris.

J'ai reçu, Monsieur, la lettre que vous m'avez fait l'honneur de m'écrire le 3 du courant ; j'y vois avec plaisir que vous avez accepté ma traite sur vous de fr. 3,600, pour le compte de notre ami, M. G. S. Moll, d'Anvers.

Auriez-vous la bonté de me procurer des informations sur la maison de Bar-le-Duc dont vous trouverez le nom ci-dessous.

Cette maison a une grande réputation de fortune et de moralité, et comme j'ai fait avec elle une affaire assez importante à découvert, je désire savoir si sa réputation est méritée. Je pense qu'il vous sera facile de vous procurer ces renseignements.

Je vous remercie d'avance de la peine que vous prendrez, et vous prie de compter sur toute ma discrétion et ma reconnaissance.

Agréez, Monsieur, mes sincères salutations.

H. DAGAISAN.

———————————

Boynes, le... 18..

Monsieur J.-G. C., à Paris.

S'il vous est possible de nous communiquer des renseignements sur la confiance que mérite la maison dont le nom est au bulletin ci-bas, vous nous obligerez beaucoup : nous pensons que vos relations dans la ville qu'elle habite vous mettront à même de vous en procurer de prompts et de positifs. Comptez d'avance sur notre discrétion, et recevez-en nos remerciements bien sincères.

Veuillez bien agréer nos salutations les plus cordiales.

ANCEAU, BRIERRE ET Cie.

———————————

Paris, le... 18...

Monsieur J. L., à Paris.

M. L. St-E. s'est présenté chez moi pour remplir une place vacante dans mes bureaux ; il m'a dit avoir été employé longtemps dans votre maison.

Son extérieur et ses manières préviennent en sa faveur ; mais je désire-rais connaître votre opinion sur sa capacité, son exactitude et sa probité, et même aussi le motif qui l'a fait sortir de vos bureaux.

Vous m'obligerez beaucoup en me transmettant ces renseignements con-fidentiels le plus tôt qu'il vous sera possible ; comptez sur ma discrétion pour tout ce qu'il vous conviendra de m'apprendre.

Veuillez bien agréer la nouvelle assurance de mon dévouement.

LERICHE NEVEU.

Anvers, le... 18..

Monsieur J. G., à Paris.

J'ai l'honneur de vous confirmer ma lettre du 30 de l'écoulé, vous por-tant ma remise de fr. 1,897 sur Marseille.

Vous m'obligerez infiniment si vous voulez me donner quelques rensei-gnements *positifs* sur la moralité, la solidité et le genre d'affaires des deux maisons ci-dessous nommées, qui s'adressent à moi et me demandent mes conditions.

J'ai l'honneur de vous saluer de cœur.

J. LEGRELLE.

Cognac, le... 18..

Monsieur J. G., à Paris.

Nous avons reçu la lettre que vous nous avez fait l'honneur de nous adresser le 31 du mois dernier.

Ci-jointes, nous vous remettons deux premières de :

Fr. 4,566 80 sur L. frères, } à Paris.
4,300 » sur M. jeune. }

Veuillez nous rendre le service d'en réclamer l'acceptation et de les tenir ensuite, l'une à la disposition de sa copie, et l'autre au pouvoir de la se conde. Nous vous demandons pardon de la peine. Un mot sur la conflance que méritent les tirés nous obligera beaucoup.

Nous vous saluons, Monsieur, bien amicalement.

TH. GODARD ET Cⁱᵉ.

————

Lille, le... 18..

Messieurs T. N. et P., à Paris.

Votre lettre du 18 courant nous portait un appoint de fr. 367 50 c., qui figure à votre crédit.

Voici pour vous couvrir :

Fr.	696 »	Paris à vue.
	400 »	30 courant.
Fr.	1096 »	Dont crédit.

Veuillez, Monsieur, ne nous en accuser réception qu'à l'occasion, pour éviter les ports de lettres.

Agréez nos salutations bien cordiales.

CHARVET ET Cⁱᵉ.

P. S. Nous réclamons de votre complaisance de vouloir bien nous donner des renseignements positifs sur la personne inscrite au bulletin ci-joint. Vous pouvez compter sur notre discrétion comme sur notre gratitude.

————

Lyon, le... 18.

Monsieur C., à Paris.

Je vous confirme ma dernière du 17 courant, qui vous portait fr. 7,969 50 c. sur Paris.

Vous m'obligerez en me procurant des informations aussi exactes que possible sur le crédit et la moralité de la maison inscrite au bulletin ci-annexé. Comptez d'avance sur mes remerciements et ma discrétion.

Agréez mes salutations cordiales.

C. GASPARD-VINCENT.

————

Toulon, le... 18...

Le Receveur général, à Monsieur C., banquier, à Paris.

J'ai l'honneur de vous confirmer ma dernière du 8 du courant. Le but de la présente est de vous prévenir que j'ai fourni sur vous mon mandat, n° 806, au 20 courant, ordre Gaillard fils, de:

Fr. 120. Veuillez l'accueillir au débit de mon compte.

Ayant été informé qu'il était survenu quelques accidents au commerce de votre ville, je vous prierai de vouloir bien m'en donner les détails et de me faire connaître si le commerce à Marseille a pu être affecté de cet événement ou quelle influence il paraît y avoir exercée.

Agréez mes salutations affectueuses.

Par procuration de.....

PH. LITTARDI.

Gand, le... 18.

Monsieur C., à Paris.

J'ai reçu successivement vos honorées des 7, 9 et 19 courant. Suivant la première, je vous ai crédité de fr. 6,808, 48 c., pour le montant de onze obligations de l'emprunt Guebhard, achetées pour mon compte, et qui me sont parvenues par la diligence.

Les deux dernières n'exigeant point de réponse, il ne mé reste qu'à vous saluer bien cordialement.

MAERTENS PELCKMANS.

P. S. Vous m'obligeriez en me donnant des renseignements sur la solidité et la moralité de la maison indiquée sur le bulletin ci-joint. Nous vous assurons d'avance de la plus stricte discrétion.

LEDIT.

Gand, le... 18...

Messieurs J. C., à Paris.

J'ai bien reçu votre honorée du 31 du mois dernier, me remettant l'extrait de mon compte courant, arrêté au 31 décembre 1836 par un solde en ma faveur de fr. 922. Par une de mes prochaines, je vous dirai le résultat de l'examen qui en aura été fait.

Je vous remets ci-joints :

N° 21,635. Fr. 600, au 5 courant sur votre ville, à votre débit;

N° 23,633. Fr. 1,000, au 3 avril sur Livourne, pour en soigner la négocia-tion, et dont vous voudrez bien demander l'acceptation.

Il me serait agréable de recevoir quelques renseignements sur les tirés. Comptez, Monsieur, sur ma discrétion, ainsi que sur ma reconnaissance.

Votre bien dévoué serviteur,

Par procuration de Bertrand père.

BERTRAND FILS.

Toulon, le... 18..

Messieurs C., banquier à Paris.

J'ai l'honneur de vous confirmer dans tout son contenu ma lettre du 17 août dernier. Privé depuis de vos nouvelles, je viens vous prier aujour-d'hui de vouloir bien prendre note que M. V., de Florence, a tiré sur vous le 1er du courant un mandat de la somme de fr. 333, à un mois de date; je vous serai obligé d'accueillir cette disposition au débit de mon compte chez vous.

Agréez mes salutations affectueuses.

J. LÉOTAUD.

Veuillez me donner des nouvelles de votre santé et de votre chère famille; les affaires languissent tout à fait, ce qui m'empêche de donner de l'activité à nos relations. On a parlé ici depuis deux semaines de trois faillites à Pa-ris, entre autres celle de G. Si vous pouvez me fournir quelques renseigne-ments à cet égard, ainsi que sur l'état général de la place, vous m'obligerez infiniment. Mille et mille amitiés.

Genève, le... 18..

Monsieur R., à Châlon-sur-Saône.

Il y a quelque temps vous nous fîtes l'honneur de nous recommander madame la comtesse de M.-Ch.; une réserve particulière que vous nous envoyâtes par la poste, nous fit tenir un peu sur nos gardes avec cette dame. Elle habite la campagne, et soit qu'elle n'ait pas eu besoin de nos services, soit par crainte d'éprouver des refus de crédit, nous l'avons peu vue.

Il paraît que ses manières un peu italiennes ont effarouché nos mœurs suisses, et il court, sur son compte, des bruits qui, vrais ou faux, pourraient faire croire à de la légèreté; ne connaissant cette dame que sur une recommandation assez froide de vous, nous nous sommes abstenus de nous mêler aux conversations qui ont eu lieu à son sujet, mais nous disions cependant qu'elle nous était recommandée par un de nos amis les plus respectables de Paris.

L'hiver s'approche, et avec lui ses plaisirs, les réunions, les concerts, et les bals; madame la comtesse vient de nous voir pour nous demander d'être introduite à nos redoutes, d'être présentée dans nos sociétés, de participer enfin à l'intimité de nos familles. Dans toute autre circonstance, nous regarderions comme un devoir d'accéder à sa demande; car une recommandation de votre part a tant de poids à nos yeux qu'il n'y a rien que nous ne fassions en faveur des étrangers que vous nous adressez; mais, pour ne pas agir légèrement dans cette circonstance, nous venons vous supplier de vouloir bien nous écrire en particulier sur cette dame, et de nous dire qui elle est, et ce qu'elle est venue faire à Genève, en un mot comment elle vous a été présentée.

Mille pardons de vous importuner à ce sujet, mais vous comprendrez aisément combien est délicate notre position, et vous viendrez à notre aide.

Comptez sur toute notre adresse et notre discrétion, si les renseignements que vous nous donnerez n'étaient pas favorables; mais si le public était dans l'erreur, votre réponse nous serait un document utile pour le détromper, et replacer madame la comtesse de M.-Ch. au rang qui lui appartient.

Dans l'attente d'une *prompte* réponse, nous vous présentons, Monsieur, nos salutations amicales.

N. N. ET Cie.

P. S. Nous n'avons pas besoin de réclamer de votre complaisance le secret sur notre démarche de ce jour.

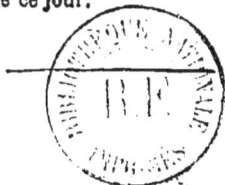

7

Anvers, le... 18...

Monsieur F. D., à Paris.

Nous sommes favorisés, Monsieur, de vos honorées des 23 et 29 écoulé, dont le contenu n'exige point de réponse.

Nous prenons de nouveau la liberté de vous remettre fr. 500, sur A. P. de C., à Paris.

Veuillez en soigner l'encaissement à notre crédit, et agréer nos amicales salutations.

DUBOIS et STEINBACH.

P. S. Nous aurons probablement une cinquantaine de mille francs à négocier sous peu, sur la maison indiquée au bulletin ci-joint. Quoique nous n'ayons pas le moindre doute sur sa parfaite solidité, nous vous sollicitons, Monsieur, de vouloir bien nous dire si elle continue à jouir d'un premier crédit.

Vienne, le... 18...

Monsieur F. et Cie, à Paris.

Nous avons l'honneur de vous prévenir que, pour nous conformer aux ordres de Monsieur G.-S. M., de Cologne, nous avons pris la liberté de fournir sur vous, le 3 courant,

Fr. 2,000 »
    3,000 »   à 2 mois, à notre ordre.
    5,000 »
Fr. 10,0.0 »

en trois traites auxquelles vous voudrez bien faire bon accueil au débit de cet ami.

Vous nous obligerez beaucoup en nous mandant en même temps ce que font aujourd'hui les maisons notées ci-bas ; si elles ont réparé leurs pertes, si elles méritent un crédit, et quel peut en être le chiffre. Soyez assuré, Monsieur, de notre parfaite discrétion, et disposez à votre tour de nos services sans la moindre réserve.

Nous vous soumettons nos cours et avons l'honneur de vous saluer.

S.-R. BOEHMANN.

Auguste, le... 18..

Monsieur J. L., à Paris.

Privés de vos agréables nouvelles, nous profitons de l'époque du règlement de nos écritures pour vous transmettre le relevé de votre compte courant, qui offre en votre faveur, un solde de fr. 338. 10 dont veuillez nous
débiter.

Ayez, Monsieur, la complaisance de nous dire si la maison notée ci-bas
continue à jouir d'un bon crédit, et si l'on peut toujours opérer avec elle en
toute sécurité.

Nous vous saluons bien amicalement.

JEAN et G.-G. DE HALDER.

———————

Londres, le... 18...

Monsieur J.-G. C., à Paris.

Nous vous confirmons notre lettre d'hier, et vous prions de nous faire
connaître par retour du courrier si notre remise de fr. 10,000 sur V. a été
encaissée à l'échéance.

Nous vous saluons cordialement.

DARTHEZ frères.

P. S. Il nous serait intéressant de recevoir la liste des maisons de Londres compromises dans les dernières faillites d'Italie, et le chiffre de leurs pertes ; vous nous obligeriez infiniment de nous communiquer aussi tout ce
que vous pourrez en apprendre.

———————

Paris, le... 18...

M. A. S. jeune, à Bordeaux.

Nous venons de nouveau recourir à votre obligeance pour vous prier de
nous fixer sur le rôle que le quinquina joue sur votre place, et de nous dire
si, comme ici, cet article semble devoir fléchir. On nous offre, au Havre,
une partie de 60 surons bonne et belle marchandise, que l'on obtiendrait,
nous assure-t-on, à fr. 4. 50, E. (1), et il nous en est également offert ici
25 surons à fr. 4. 75, E.

(1) E, veut dire : *en entrepôt* ; au contraire, A, signifierait que les droits à acquitter
sont à la charge du vendeur.

Ayez la bonté, Monsieur, de recueillir sur cette écorce tous les renseignements que vous êtes à même de vous procurer, tant sur le monopole que sur les nouvelles qui arrivent du Pérou, en ayant la complaisance d'y ajouter vos observations et votre opinion personnelle, afin que nous puissions apprécier si le moment est favorable à l'achat d'une centaine de surons, dont nous serions disposés à faire l'acquisition pour approvisionner notre fabrique de sulfate de quinine.

Recevez, Monsieur, la nouvelle assurance de notre sincère affection.

THIBOUMERY et Cie.

Strasbourg, le... 18..

Messieurs V. et Cie, à Paris.

Monsieur Ch. F., fils aîné, de votre ville, nous témoigne le désir d'entrer en relations avec notre maison, et vous désigne, Messieurs, comme étant à même de nous donner des renseignements sur son compte.

En conséquence, nous venons vous prier de nous transmettre des informations précises sur sa solidité et sa moralité, et de nous dire quelle est l'importance du crédit que vous jugeriez convenable de lui accorder. Comptez sur notre reconnaissance et notre discrétion comme nous nous reposons nous-mêmes sur votre entière sincérité.

Nous saisissons cette occasion, Messieurs, de vous faire l'offre de nos services ; nous serions heureux qu'il se présentât quelque occasion pour vous de les utiliser : veuillez y recourir sans réserve.

Agréez l'assurance de nos sentiments dévoués.

CH. ASBRUCK et ASSENFELD.

Strasbourg, le... 18...

Messieurs H., à Paris.

Le négociant de votre ville, dont le nom est inscrit au bulletin ci-annexé, désire se lier avec nous pour des affaires considérables qui nous mettraient souvent à découvert pour une somme de fr. 60 à 100,000 : il nous a indiqué pour prendre des renseignements MM. V. et Cie, auxquels nous nous sommes adressés ; mais comme les relations qu'il s'agit de nouer sont importantes, et que ces banquiers pourraient être déjà engagés avec lui, nous tiendrions à connaître votre opinion particulière et approfondie sur cette maison.

Veuillez donc bien nous faire l'amitié de nous donner des renseignements les plus complets sur la fortune, la moralité et la prudence de ce négociant, et nous dire l'importance du crédit que vous lui accorderiez vous-mêmes.

Vous devez compter, Messieurs, sur l'usage discret que nous ferons des avis que vous croirez devoir nous donner, et sur notre reconnaissance pour ce service essentiel.

Sans réserve à vos ordres, nous vous saluons bien affectueusement,

CH. ASBRUCK ET ASSENFELD.

———

Paris, le... 18..

Monsieur J., en ville.

Nous venons, Monsieur, réclamer de votre obligeance habituelle de faire accepter la traite ci-jointe de ducats 675.48 sur Naples, et vous demander des renseignements sur le tiré.

Veuillez bien prier vos amis de garder cette première, quand elle sera acceptée, et de vous en donner l'avis.

En cas de refus d'acceptation, ne faites pas de frais.

Nous sommes vraiment honteux de vous causer tout cet embarras; excusez-nous; vous savez aussi qu'à notre tour nous sommes entièrement à vos ordres.

Vos bien dévoués serviteurs.

LOUIS LEBEUF ET Cie.

P. S. Il est bien entendu que nous vous tiendrons compte de tous vos frais.

———

Havre, le... 18..

Monsieur C., à Paris.

Nous sommes honorés de votre lettre du 11 courant, et, conformément à son contenu, nous vous avons débité de fr. 5,427.65, pour le montant de 935 pièces de 5 fr. 80 c. que vous avez bien voulu placer à 1 p. 0/0 de prime, en accordant dix jours pour le payement, ce dont nous vous remercions.

Obligez-nous, Monsieur, de nous dire, par retour du courrier, si la personne désignée au bulletin ci-joint mérite toujours la même confiance. Nous vous demandons pardon de revenir si souvent à la charge, mais vous savez que la partie qu'elle suit est sujette à bien des chances, et vous nous avez d'ailleurs permis de vous en demander de temps en temps des informations. Recevez d'avance nos remerciements, et comptez que nous en ferons usage avec la plus grande réserve.

Voici deux petits appoints sur Paris de :

Fr. 500 sur J. Cesbron et Cie, ⎫
    600 sur Thuret et Cie.   ⎬ au 20 courant.

Fr. 1,100 ensemble, dont nous vous prions de soigner la rentrée à notre crédit.

Nous avons l'honneur de vous saluer bien cordialement.

Ve HOMBERG, HOMBERG FRÈRES ET Cie.

———————

Bordeaux, le... 18..

Monsieur J., à Paris.

Nous sommes favorisés, Monsieur, de votre lettre du 28 du mois passé, et, d'après l'autorisation que vous nous donnez, nous allons tâcher de réunir un certain nombre de pièces d'or françaises, que nous vous enverrons par occasion. Nous nous attacherons de préférence aux vieux louis, et nous veillerons à ce qu'ils soient de bon poids.

Nous notons que les pièces de 20 fr. valent dans ce moment chez vous fr., et les louis, au kilogramme, 11 fr. Nous prendrons ces prix pour base: s'ils venaient à varier, veuillez nous en prévenir.

Nous vous prions de nous donner votre opinion sur la maison notée au bulletin inclus. Comptez sur notre discrétion, ainsi que sur notre reconnaissance.

Nous vous soumettons nos cours. Votre papier direct, Hambourg et Amsterdam, sont rares; Londres à 25. 45 ; l'Espagne est sans affaires.

Nous avons l'honneur de vous saluer bien amicalement.

P. PORTAL ET Cie.

Anvers, le... 18...

Messieurs H. G. et Cie, à Paris.

En leur temps me sont parvenues vos honorées lettres des 27 et 31 décembre dernier; d'accord sur leur contenu, je les passe sous silence.

Ci-inclus, je vous remets 50 coupons espagnols, Guebhard, n° 46,751 à 46,800, dont je vous prie d'opérer l'encaissement à mon crédit.

Le but de la présente est de réclamer de votre obligeance de me renseigner complétement sur la maison dont le nom est inscrit au bulletin inclus. Elle me demande de lui ouvrir un crédit considérable; veuillez donc bien prendre des informations précises sur sa fortune, sa moralité et le degré de prudence qu'elle apporte dans ses affaires; vous m'obligeriez même, en me fixant sur sa solidité, de m'indiquer l'importance du crédit que vous jugeriez convenable de lui accorder.

Soyez persuadé, Monsieur, que je ferai usage de vos renseignements avec la plus grande discrétion, et croyez à ma vive reconnaissance et à l'empressement que je mettrais moi-même à vous être utile en pareille ou toute autre circonstance.

J'ai l'honneur de vous saluer avec une parfaite considération,

C. J. M. DEWOLF.

———————————

Bâle, le... 18...

Monsieur G., à Paris.

Nous sommes favorisés, Monsieur, de votre lettre du 28 courant, qui nous prouve vos bonnes dispositions à animer nos relations. Nous vous sommes reconnaissants d'avoir songé à nous pour l'opération que vous voulez bien nous proposer, et qui consiste à recevoir dans nos magasins certaines parties d'étoffes expédiées d'Angleterre, que l'on viendra retirer, par caisse entière, contre le payement de leur prix.

Avant de vous fixer positivement sur nos conditions, nous désirerions faire un essai par une première opération, afin de pouvoir juger de la responsabilité qui s'y trouve attachée. Nous n'exigerons en cette circonstance que notre simple commission de banque de 1/3 p. 0/0 pour vous en remettre la contre-valeur sur Paris au cours de la place, et 1/2 p. 0/0 de courtage; les frais de douane et de magasinage, qui sont peu importants, seront à votre charge.

Bonne note est prise du contenu de votre circulaire, qui nous informe que vous donnez votre procuration à M Ch. Z., en observant que M. A. conserve les mêmes pouvoirs.

Recevez, Monsieur, l'assurance de notre bien parfaite considération.

EHINGER ET Cie.

P. S. Nous vous prions de vouloir bien nous donner des renseignements précis sur la solidité et la moralité de M. Th., propriétaire du petit hôtel M. : comme il s'agit d'une opération d'emprunt hypothécaire, nous voudrions être fixés sur le rapport et la situation de cette propriété, autant que sur la réputation de M. Th. Ce que vous voudrez bien nous dire sur son compte restera secret entre nous.

CHAPITRE VI

RENSEIGNEMENTS

OU RÉPONSES AUX DEMANDES D'INFORMATIONS.

C'est une mission assez difficile que d'avoir à transmettre des renseignements sur une maison de commerce.

En effet, il s'agit moins ici de la forme convenable à donner, que du fond essentiel de la note à rédiger sur un sujet de cette importance.

Certainement, le bon négociant parlera, dans cette circonstance, avec la plus grande franchise à ses amis, et les instruira de la situation vraie de la maison sur laquelle des renseignements sont réclamés ; il n'omettra, ni de citer les avantages particuliers qui la distinguent, ni de signaler les circonstances défavorables qui doivent modifier son crédit. En homme probe, il se dépouillera de tout esprit de rivalité, s'il y a concurrence entre cette maison et lui, comme il se défendra de l'entraînement inspiré par l'intérêt ou l'amitié qui pourrait le lier lui-même au chef de la maison sur laquelle on le questionne, en un mot, il s'exprimera selon sa conscience intime, indépendamment de ses intérêts propres ou de ses préventions personnelles.

Lorsqu'on insère dans le corps de la lettre les renseignements demandés, on supprime le nom de la personne qu'ils concernent, et, nous l'avons déjà dit dans le chapitre précédent, il est plus prudent encore de n'y rien dire, et de renfermer les détails, sur lesquels on veut s'étendre, dans une note séparée, sans signature et sans nom même de la maison qui en fait le sujet ; c'est par cette réserve extrême que certaines personnes entendent prévenir les conséquences fâcheuses que le hasard, l'imprudence ou l'indiscrétion pourraient entraîner.

La seule règle à donner pour cette note détachée, c'est qu'elle doit être brève et substantielle.

On y passe succinctement en revue chacune des bases essentielles sur lesquelles reposent en général le crédit, les capitaux présumés de la maison, l'habileté du chef, sa prudence en affaires et sa moralité ; on y parle, en outre, des circonstances particulières capables d'influer sur le crédit, ou qu'on a jugées devoir intéresser plus spécialement l'ami qui nous interroge.

Ceci s'applique aux renseignements qu'il s'agit de donner approfondis et complets, car, dans les cas ordinaires, la plupart des maisons se contentent de dire laconiquement : *Cette maison est de tout crédit ;* ou : *elle est mauvaise ;* ou : *elle passe pour bonne ;* ou : *elle est faible.*

Quelques personnes fixent le chiffre et l'importance du crédit qu'elles accorderaient elles-mêmes ; d'autres, plus circonspectes, restent dans les généralités.

Certains commerçants, après avoir donné sincèrement leur avis, ajoutent cette restriction singulière : *sans aucune responsabilité de notre part.* Cette mention est parfaitement inutile, et tout le monde doit savoir que, pour des renseignements donnés, il n'y a aucune responsabilité légale, ni même morale, en ce sens qu'on agit là selon ses convictions ou sa conscience, et sans autre intérêt que celui d'obliger.

Quant aux demandes de renseignements sur des marchandises ou autres sujets divers, les réponses à faire sont moins l'œuvre du rédacteur d'une correspondance, que l'opinion d'un négociant expérimenté. Il faut pour donner des renseignements sur les qualités et les défauts des marchandises, des notions spéciales qui ne sont pas de notre sujet. Nous nous bornerons à dire que les demandes de ce genre donnent lieu à des réponses annonçant l'envoi d'échantillons, ou les échantillons eux-mêmes appendus à la lettre s'ils sont d'un très-petit volume ; ces mêmes lettres portent souvent aussi des factures simulées d'achat, des comptes de ventes également simulés ; factures et comptes sur lesquels on fait figurer les plus petits détails de frais, fort utiles à connaître en certains cas.

———

Paris, le... 18..

Monsieur F. J., à Paris.

Nous connaissons, Monsieur, M. G. comme ayant travaillé dans la maison de feu Monsieur W., de Marseille, et comme s'y étant toujours conduit d'une manière honorable. Nous pensons qu'en établissant lui-même une maison à Marseille et une autre à Alicante, il l'aura fait d'après les principes de sagesse et de probité qui dirigeaient son ancien chef.

Quant à ses moyens pécuniaires nous ne les connaissons pas ; mais ses précédents sont pour nous une garantie qu'il ne fera que des opérations proportionnées avec ses ressources.

Tout ceci *sans notre préjudice ni garantie*, s'il vous plaît.

Agréez, Monsieur, nos civilités distinguées.

PIERRUGUES VERNINAC.

———

Paris, le... 18..

Monsieur......, à Rouen.

Par votre lettre du 22 courant, vous nous demandez des informations sur le crédit que peut mériter la maison B., de Naples.

Nos rapports avec cette maison nous permettent de vous renseigner sur son compte; elle est honorable, et nous n'hésiterions pas à lui accorder un crédit de 12 à 15,000 francs, à renouveler au fur et à mesure que des couvertures successives le renfermeraient dans cette limite.

Veuillez faire usage de cet avis *sans notre responsabilité*, quoique cependant il émane de notre conviction.

Agréez, Monsieur, nos civilités empressées.

MAILLET ET BRAZIER.

Paris, le... 18..

Messieurs **J. Laffitte et Cⁱᵉ** ont l'honneur de présenter leurs civilités à Messieurs T. N. et P. aîné, et de leur transmettre, sous ce pli, la note des renseignements qu'ils ont demandés, et qui leur est remise par leurs amis de Dunkerque.

« La maison D. jouit à Dunkerque d'une considération et d'un crédit que » nous jugeons bien mérités et que consolide toujours davantage la sagesse » comme la modestie de sa vie. Elle ne passe pas pour riche, mais son capital » est, dit-on, plus que suffisant pour ses affaires qu'elle conduit d'ailleurs » avec autant d'intelligence que d'exactitude. »

Le... 18..

Messieurs Mallet frères et Cⁱᵉ ont l'honneur de saluer Monsieur J. G. C., et répondent à son billet d'hier que la maison y dénommée leur est connue pour mériter toute confiance; ils lui feraient volontiers un crédit de cinquante mille francs.

Paris, le... 18..

Monsieur B., à Rouen.

La personne sur laquelle vous me demandez des renseignements est un des plus riches propriétaires de ce département; il fait valoir les forges qui dépendent de la terre qu'il habite toute l'année.

Des dépenses assez considérables pour constructions d'usines, jointes à des payements très-forts qu'il a dû faire à sa sœur pour lui rembourser sa portion dans la terre qu'il a eue en partage, peuvent l'avoir gêné dans ses affaires sans que cela puisse en rien porter atteinte à sa solvabilité.

Sa fortune immobilière est estimée plus de douze cent mille francs, sans parler de celle de sa femme, qu'il vient de perdre, et qui laisse à ses enfants de très-belles espérances. M. R. jouit d'une considération bien méritée ; .ié d'affaires avec lui, je lui accorde un crédit très-étendu, lorsqu'il le désire.

Agréez mes sincères salutations.

DUBOISGÉRANT.

Bordeaux, le... 18...

Monsieur J.-G. C., à Paris.

Je me hâte de répondre à votre honorée du 25 courant, que la maison J.-B. oncle et neveu, mérite tout crédit. Elle opère principalement sur les sucres et jouit d'une réputation de moralité de toute satisfaction. Cette famille a fait de forts héritages et possède de beaux immeubles.

Quant à la seconde maison, J. R. P., c'est autre chose ; ses moyens sont peu connus ; elle fait le commerce des vins et eaux-de-vie, et ne jouit ici que d'un crédit très-limité.

Voilà pour le moment ce que je puis vous transmettre sur ces deux maisons. Au surplus je suis fort à vos ordres pour tout ce qui pourra vous être utile sur cette place, mes relations avec le haut et le petit commerce me mettant à même de vous donner tous les renseignements que vous pouvez désirer.

J'aurai sous peu de jours quelques remises à vous faire ; en attendant je vous salue de tout mon cœur.

S.-J. BEYERMAN.

Londres, le... 18.

Monsieur J. et Cie, au Havre.

Nous sommes favorisés de votre lettre du 1er courant, renfermant une première de change de liv. 250, sur Coutt et Cie, que nous gardons en règle à la disposition de la seconde ; elle écherra le 12 du prochain.

Des trois maisons que vous nous citez, nous considérons comme bonnes les deux premières ; quant à la troisième, nous ferons prendre des renseignements à Manchester et vous en communiquerons le résultat.

Recevez, cher Monsieur, nos salutations sincères.

DARTHEZ FRÈRES.

P. S. très-particulier. Tout en vous disant que nous croyons la maison R. bonne, comme c'est en effet notre opinion quant au présent, il est juste de vous dire confidentiellement qu'elle ne jouit pas d'une réputation libre de toute censure ; cette censure porte sur un manque de délicatesse et de scrupule dans les affaires, dont, avec ou sans raison, bon nombre d'individus se plaignent, de manière à diminuer le grand crédit dont jouissait autrefois cette maison.

Paris, le... 18..

Monsieur J.-G. C... en ville.

Monsieur V., de Gand, nous fut donné, en 1847, par un de nos intimes amis de cette ville, comme une maison très-solide. Depuis nous n'avons pas eu occasion de renouveler nos informations ; elle nous garantissait les opérations que faisait une autre maison de Gand, vraisemblablement sous son influence.

Ce sont les seuls rapports que nous ayons eus avec elles, et dont nous n'avons eu qu'à nous louer.

Nous sommes fâchés de ne pouvoir vous donner des renseignements plus détaillés ; vous nous trouverez toujours empressés à vous être utiles ou agréables, et à vous prouver notre bien affectueux dévouement.

Nous avons l'honneur de vous saluer.

MARTIN, PUECH ET Cie,

Le... 18..

Monsieur et ami,

C'est réellement sur ma recommandation que Monsieur V., de cette ville, s'est adressé à vous pour des opérations qu'il avait, me disait-il, à faire effectuer sur votre place. Vous pouvez, sans hésiter, vous embarquer à pleines voiles avec cette maison. Ce sont d'abord de très-honnêtes gens; ils jouissent du premier crédit, et je ne ferais aucune difficulté de leur en accorder au besoin pour cent mille francs à la fois.

Quant à la personne pour compte de laquelle Monsieur V. vous marque qu'il traite, je vous conseillerais de ne rien faire sans la garantie de mon recommandé.

Votre dévoué,

M. P.

Anvers, le... 18...

Monsieur J.-G. C., à Paris.

La personne sur laquelle vous me demandez des renseignements est le fils aîné de Monsieur A.-L. C., que je vous ai recommandé autrefois; il appartient à une famille distinguée de cette ville.

Ce jeune homme, dont les parents sont très riches, fait quelques opérations sur les fonds publics, du consentement de son père qui lui a fourni une centaine de mille francs. Il est très-actif, très-intelligent et peu dépensier. J'ai sa caisse depuis quatre ans, et je ne vous dissimule pas que je lui accorde volontiers, pour quelques jours, un découvert de trente mille francs.

Cependant, comme le maniement des fonds publics est toujours dangereux et dégénère souvent en spéculations outrées, je pense qu'il faut agir avec prudence lorsqu'on travaille avec les maisons qui s'y livrent.

J'ai l'honneur de vous saluer de cœur.

J.-J. GLUL.

Bordeaux, le... 18...

Monsieur P. R..., à Paris.

J'ai eu l'honneur de recevoir successivement, Monsieur, vos lettres des 19 octobre et 2 courant.

La première exige mes remerciements pour tout ce qu'elle contient d'obligeant, ainsi que pour votre réponse détaillée aux renseignements que j'avais pris la liberté de réclamer de vous.

Par la seconde, vous m'adressez la copie d'une demande confidentielle qui vous a été faite par vos amis d'Hambourg.

La maison qui les occupe a fixé également mon attention, à raison des traites nombreuses qu'elle fournit sur le Nord, et, quoiqu'elle jouisse encore d'un bon crédit, il est certain qu'elle ne négocie pas aussi favorablement que devrait le faire une maison de son rang. Cependant, si ses opérations de banque sont la suite de ses entreprises en marchandises, elles peuvent bien avoir lieu sans qu'on en conçoive des craintes sur son compte, et comme j'ai une grande confiance dans sa moralité, je pense qu'on peut sans danger travailler avec elle.

Vous concevrez, Monsieur, qu'il n'est pas toujours facile de connaître bien exactement la position d'une maison. Souvent, sans que sa fortune ait éprouvé d'atteinte, son crédit peut s'altérer beaucoup, par cela seul qu'elle en fait usage sans y mettre tout le ménagement que commanderait une réserve bien entendue.

Voilà, Monsieur, tout ce que je puis répondre aux informations que vous réclamez de moi ; je compte sur votre discrétion.

J'ai l'honneur de vous saluer bien affectueusement.

OTARD.

Messieurs Delessert et Cie. ont l'honneur de saluer Monsieur J.-G. C. et de lui transmettre les informations les plus récentes qu'ils aient eux-mêmes reçues sur la maison de Besançon dont il leur parle :

« Je pense qu'on peut travailler sans crainte avec elle en lui accordant un crédit de quinze à vingt mille francs (juin 1841) — crédit de vingt à trente mille francs (19 mars 1843) — crédit de quinze à vingt mille francs (9 mai (1845). »

Depuis huit ans environ qu'ils travaillent avec cette maison, Messieurs Delessert et Cie n'ont eu qu'à se louer de leurs rapports avec elle ; ils lui font eux-mêmes un crédit de douze à quinze mille francs. Ils ont été toujours bien réglés, cependant ce n'a pas été quelquefois sans que Messieurs Delessert et Cie aient été obligés de lui demander des remises.

Monsieur J.-G. C. voudra bien faire usage de ces renseignements avec sa discrétion ordinaire.

Bordeaux, le... 18...

Monsieur F., courtier maritime à Bordeaux.

J'ai reçu votre demande de renseignements relativement au navire *le Té-légraphe*, qui vient d'arriver des mers du Sud.

Ayant fait opérer son déchargement, j'ai eu l'occasion de l'examiner scrupuleusement et je puis vous assurer que c'est un bon et beau navire parfaitement *ourdillé*, d'une marche extraordinaire, et que, sous tous ces rapports, il jouit dans les principaux ports du Chili et du Pérou de la plus haute réputation. Cette supériorité lui a valu un fret complet, tandis que la plupart des navires qui nous arrivent de ces pays viennent à faux fret; d'autres, même, sont forcés d'aller jusque sur les côtes de l'Inde pour chercher à s'utiliser.

Ce navire a trois mâts; il a été construit à Lorient en 1821. En 1826, il a été caréné et doublé en cuivre neuf, sur lequel il a fait deux voyages; il jauge 412 tonneaux. Quelques réparations peu importantes le peuvent mettre en état de recommencer un voyage semblable à celui qu'il vient de faire.

Je pourrai ultérieurement entrer dans plus de détails relativement aux objets d'ustensiles.

Agréez l'assurance de ma considération distinguée.

CELLERIER, capitaine.

Paris, le... 18..

Monsieur et cher collègue,

Monsieur Lh., rue de Charonne, nous a été indiqué comme n° 2 (1) dans sa classe; l'autre m'est inconnu; aussitôt que j'en aurai des informations, je m'empresserai de vous les transmettre.

Recevez l'assurance de ma considération la plus distinguée.

CHARLES VERNES.

Amsterdam, le... 18...

Monsieur J. C., à Paris.

Je me réfère à ma dernière du 21 de ce mois. Depuis lors j'ai reçu votre honorée du 18, renfermant un effet de fr. 534 sur L; votre compte en est crédité. Il ne m'est pas possible de trouver un effet de pareille somme à vous remettre. Je le ferai à la première occasion.

C'est avec bien de la peine que j'apprends que vous êtes créancier pour une somme considérable de la maison en question. Je me chargerai volon-

(1) C'est par des numéros indiquant les différents degrés de crédit, qu'à la Banque de France tous les commerçants de Paris se trouvent rangés et désignés.

8

tiers de votre procuration, et tâcherai de sauvegarder vos intérêts autant que les circonstances le permettront.

Jusqu'ici il n'est pas question d'une faillite prononcée, puisque la maison acquitte exactement ses acceptations, secondée à la vérité par les tireurs qui procurent les fonds ; mais pour tout le reste, il paraît qu'il y a une suspension tacite ou au moins provisoire. Enfin, Monsieur, je ne manquerai pas de vous communiquer tout ce qui viendra à ma connaissance relativement à cette triste affaire.

En attendant, j'ai l'honneur de vous saluer.

NICOLAS BOUVY.

P. S. — Aujourd'hui, en Bourse, on m'a assuré que la maison de B. a réellement suspendu ses payements.

Havre, le... 18...

Monsieur J., à Paris.

Nous sommes honorés de votre lettre d'hier, par laquelle vous nous retournez deux premières en règle de fr. 6,000 et 10,000.

La maison sur laquelle vous nous demandez des informations est dirigée par deux jeunes gens qui ont déjà fait de mauvaises affaires. Appuyés par leur famille, qu'on dit fort respectable, ils ont formé un nouvel établissement qui paraît marcher assez bien ; mais ils ne peuvent pas encore jouir d'une grande confiance. La suite prouvera si l'expérience fâcheuse qu'ils ont faite a rendu ces jeunes négociants aussi prudents que l'exigent les circonstances actuelles.

Recevez nos salutations bien cordiales.

Ve HOMBERG, HOMBERG FRÈRES ET Cie.

Dunkerque, le... 18...

Messieurs T. et P. aîné, à Paris.

J'ai reçu en son temps votre lettre du 7 courant et je viens vous annoncer que le malheur continue à poursuivre vos fers revenus d'Angleterre. Le navire la *Petite-Pauline*, capitaine Beline, à bord duquel je les ai de nouveau chargés pour Cherbourg, est sorti hier soir avec un beau temps, à la même marée qu'environ une quarantaine d'autres bâtiments ; le vent étant devenu calme, le courant l'a porté sur un banc à une lieue du port, où il s'est défoncé après avoir donné deux ou trois coups de talon : le capitaine et l'équipage n'ont eu que le temps de s'embarquer dans la chaloupe pour se sauver, sans avoir pu prendre leurs effets à usage de corps, et tout fait craindre qu'il n'y aura rien à en retirer. Il y aura trois autres navires dans le même cas, de l'un desquels dit-on, l'équipage a péri.

On annonce que plusieurs autres bâtiments sont à la côte ; il fait un brouillard assez épais qui empêche d'apprécier tout le mal.

Je suis bien peiné, Messieurs, d'avoir un pareil sinistre à vous annoncer. Je ne vous en entretiendrai plus, à moins qu'on ne sauve quelque chose ou que vous ayez besoin de pièces, si vous êtes assurés.

J'ai l'honneur de vous saluer.

M. DESSURNE.

Paris, le... 18...

Monsieur et ami,

Je viens, en réponse à votre demande, vous transmettre les renseignements que nous recevons d'Amiens.

On nous dit que les faillites qui ont eu lieu sont si peu de chose, qu'il est étonnant que l'on s'en soit occupé au dehors.

La maison F. B. et Cie ne s'y trouve que pour fr. 1,800, elle est millionnaire.

La maison G et A. ne peut y être intéressée, attendu qu'elle ne vend que de la laine peignée.

Cette maison, qui ne vaut pas à beaucoup près la première, mérite néanmoins un certain crédit.

Veuillez croire au sincère attachement de votre tout dévoué,

ATGER.

Amiens, le... 18...

Messieurs T. et P. aîné, à Paris.

Nous vous dirons, Messieurs, en réponse à la lettre que vous nous avez fait l'honneur de nous écrire hier, que la maison S. frères jouit sur cette place d'un crédit étendu et mérité, parce qu'elle opère avec probité et sagesse. Ces Messieurs ne jouissent que d'une modeste fortune, mais ils sont très-circonspects dans leurs dépenses ; nous n'hésiterions pas à leur accorder un crédit de 20, 30 et même jusqu'à 50 mille francs.

Notre opinion se trouve amplement confirmée par les avis que nous venons de recueillir de nos amis et banquiers de cette ville.

Heureux de vous être ici de quelque utilité nous serons toujours à votre disposition en semblable ou tout autre circonstance.

Nous avons l'honneur de vous saluer sincèrement.

DUMONT FRÈRES ET DUBOIS.

Nice, le... 18...

Monsieur J. L., à Paris.

Nous avons reçu la lettre dont vous nous avez honorés le 17 novembre courant. En réponse nous vous dirons franchement que la personne sur laquelle vous nous demandez des renseignements est un *faiseur de dupes*, et nous vous plaindrions bien si vous aviez affaire à lui. C'est un étranger qui est ici depuis quelques années seulement, mais en y prolongeant son séjour, il n'acquiert pas une meilleure réputation. Vous n'êtes pas le seul qui vous informiez sur son compte ; il est à présumer qu'il n'agrandit le cercle de ses relations que pour augmenter celui de ses opérations déloyales.

Monsieur et Madame Duval, vos recommandés, n'ont point encore paru. Nous le regrettons, parce que nous aurions profité de cette circonstance pour vous prouver, Monsieur, tout le cas que nous faisons des personnes qui se présentent sous vos auspices, et munies de vos lettres de recommandation.

Constamment à vos ordres, nous vous prions de recevoir l'assurance de notre considération distinguée.

THAIN FRÈRES.

Havre, le... 18...

Monsieur J.-G., à Paris.

Nous sommes honorés de votre lettre d'hier, et avons retiré, avec protêt de non-acceptation, notre première sur Sommier, de fr. 8,000. Nous en avons déchargé votre compte, et vous créditons de fr. 17,85 c., pour frais de l'acte.

La personne dont vous vous informez est un très-jeune homme qui a travaillé sagement jusqu'ici et ne fait que peu d'affaires. Nous ne connaissons pas ses moyens pécuniaires, mais nous ne pensons pas qu'ils soient considérables. On dit cependant qu'il tient à une famille aisée de la Suisse.

Voilà tout ce que nous pouvons vous dire sur son compte.

Nous vous saluons de cœur.

Ve HOMBERG. HOMBERG FRÈRES ET Cie.

Anvers, le... 18...

Monsieur C., à Paris

La maison J.-C. L., à Bruxelles, sur laquelle vous me remettez fr. 11,500, a fait, par la débâcle des fonds espagnols, des pertes énormes qu'on évalue à plus d'un million. On dit qu'elle est en liquidation, et que sa famille payera tout, à condition qu'elle cessera entièrement ses opérations.

Le mariage de M. H. L. qui devait se conclure demain avec mademoiselle L. fille de M. V., est, à cause de cet événement, retardé d'un mois, je ne connais pas la position de M. H. L., dans toute cette affaire, mais je ne doute nullement que les fr. 11,500 ne soient payés à présentation.

Ma prochaine vous donnera d'autres détails.

Vos bien dévoués serviteurs.

ROBIN FRÈRES.

Lyon, le... 18...

Monsieur F., à Paris.

J'ai reçu, Monsieur, la lettre que vous m'avez fait l'honneur de m'adresser le 16 courant. Je vous remercie d'abord des choses obligeantes que vous me dites. Je n'ai pas été moins flatté de faire votre connaissance personnelle. Je désire beaucoup que vous me mettiez à même d'être utile à votre maison et de lui prouver tout mon dévouement.

La maison sur laquelle vous réclamez des informations jouit toujours ici d'un bon crédit, et fait ses affaires avec aisance. Je lui crois une belle fortune, mais sans pouvoir la préciser. Le chef a eu longtemps en main une somme de plusieurs centaines de mille francs, provenant de la succession de son cousin mort à Paris. Il devait garder ces fonds jusqu'à la majorité de l'enfant héritier du défunt. Cet héritier étant mort lui-même, les fonds ont été remboursés à qui de droit, et la maison n'a pas moins continué à marcher avec facilité. Son crédit est resté le même, et elle jouit maintenant de la même confiance.

J'ai vu avec plaisir que votre maison n'a aucun intérêt dans toutes les mauvaises affaires survenues à Paris, à Londres et dans l'intérieur. Grâce à Dieu, il en est de même pour ma maison.

Je vous prie, Monsieur, d'agréer mes salutations sincères.

JEAN BONTOUX.

Paris, le... 18...

Monsieur C., à Paris.

Nous avons reçu, Monsieur, la lettre que vous nous avez fait l'honneur de nous écrire hier.

Nous vous renouvelons tous nos remerciements de la complaisance que vous avez eue pour nous en cette circonstance.

Trop heureux de pouvoir, à notre tour, vous être de quelque utilité, nous nous empressons de vous apprendre que la maison sur laquelle vous nous demandez des renseignements jouit d'une réputation sans tache sous le double rapport de la probité et de l'exactitude ; mais nous devons en même temps à la vérité de vous dire qu'elle n'a pas une grande fortune. Ses moyens ne sont malheureusement pas au niveau de la moralité qu'on lui attribue généralement et avec justice. Nous vous prions de vouloir bien faire usage de ces avis avec discrétion.

Dans l'attente de quelque autre occasion propre à vous prouver toute l'étendue et l'ardeur de notre dévouement, nous vous présentons, Monsieur, les expressions sincères de notre parfaite considération.

GUITTON ET Cie.

Bordeaux, le... 18...

Monsieur J. G., à Paris.

Nous sommes honorés, Monsieur, de votre lettre du 10 courant ;
Vous nous adressez :
F. 1,073 09 c., sur Beyssac et Gaultier, Bordeaux, à votre crédit.
Nous aurions été charmés qu'il vous eût convenu d'accepter l'intérêt que

nous vous avons offert dans notre expédition pour les Grandes-Indes. Il faut espérer que nous serons plus heureux dans une autre circonstance. Si vous avez quelque ami qui veuille courir cette chance, nous lui donnerons tous les renseignements nécessaires.

Nous vous soumettons la cote de nos changes, et nous avons l'honneur de vous saluer amicalement.

P. PORTAL ET Cie.

P. S. Nous recevons à l'instant votre lettre du 12, qui nous demande des informations sur une maison de notre ville. Cette maison, sans être riche, jouit d'un assez bon crédit sur notre place, et nous prenons volontiers de son papier pour dix à douze mille francs.

Bordeaux, le... 18...

Monsieur L., à Paris.

Nous répondons à votre agréable lettre du 28 du mois dernier.

Depuis quelques jours le temps se comporte bien mal pour notre récolte en vin : nous avons des pluies continuelles, le jour et la nuit sont presque froids, et la maturité s'opère bien lentement. Jusqu'à présent il n'y a pas grand mal, mais il pourrait y en avoir beaucoup si la pluie continuait; dans aucun cas nous n'aurons une récolte aussi abondante qu'on s'en était flatté d'abord, et nous ne ferons pas plus de vin que l'an dernier. Quant à la qualité on ne peut rien en dire encore, mais on peut douter qu'elle vaille celle de la dernière récolte.

Les spiritueux sont en voie de baisse : les 3/6 sont de 5 f. 22 c. 1/2 à 5 f 25 c. Ils sont à 5 f. 10 c. pour octobre et novembre, 5 f. pour les quatre premiers mois de l'année prochaine. Les eaux-de-vie d'Armagnac sont à 180 f. Nous avons un nouvel arrivage de 100 galons de rhum; il est assez probable qu'il fera fléchir un peu nos prix; les derniers achats se sont encore faits à 7 f. 25 c. et 7 f. 50 c., de 20 à 21 degrés : ils étaient très-droits de goût et d'une sève assez agréable.

Les poivres, qui paraissaient devoir prochainement augmenter, sont aujourd'hui fort calmes : l'intérieur ne demande absolument rien, et l'étranger ne donne point d'ordre: cependant il nous reste encore plus de 20,000 quintaux de lourd ou demi-lourd, et on nous assure en outre que le Havre en recevra prochainement une ou deux cargaisons. Selon nous, il ne convient pas, pour le moment, de toucher à cet article; sans doute il est en de très-bonnes mains, mais les détenteurs ne peuvent le consommer, et l'intérieur paraît bien approvisionné : on achète les lourds à 90 c., les demi-lourds à 88 c.

Nous n'avons encore rien fait en prunes ; nous croyons que nos prix baisseront vers la fin du mois ; si nos espérances se réalisent, nous comptons en acheter pour notre compte 500 ou 1,000 quintaux : il n'y a jamais d'argent à perdre lorsqu'on achète ce fruit à prix modéré.

Les sucres et cafés sont très-calmes, et sont complétement négligés.

Nous vous remettons ci-après la note des arrivages ; voyez si dans le nombre des marchandises importées, il en est quelques-unes de nature à donner lieu à une affaire entre nous ; soyez certain que nous nous en occuperons avec zèle et activité. Notre sage réserve, notre prudence en affaires, vous sont assez connues sans doute pour que vous ne puissiez douter que jamais nous ne nous occuperons d'une opération sans l'avoir bien raisonnée, et sans en avoir calculé toutes les chances.

Nous vous saluons de bon cœur,

J.-C. DAVAL et Cie.

Trois navires venant de la Martinique et de la Guadeloupe, importent :

1,600 barriques sucre brut.	120 galons de rhum.
14 tierçons café.	1 grenier bois de Campêche.

Par trois navires venant des mers du Sud :

8,500 quintaux de salpêtre.	375 saumons (étain du Pérou).
450 surons quina kalissaya.	450 quintaux cuivre (en saumon).
250 — roulés.	
250 — rathania.	150 quintaux vieux cuivre.
6,000 cuirs.	40 — nacre de perle.

CHAPITRE VII.

AVIS D'EXPÉDITIONS

AVEC FACTURES DE VENTE, DE TRAITES TIRÉES, D'ARRIVÉE DE
NAVIRES, D'ENTRÉE DE MARCHANDISES ÉTRANGÈRES, ETC.

On a souvent à donner avis d'expédition de marchandises,
de traites tirées sur un correspondant, de l'arrivée d'un navire, et autres avis de toutes natures.

Les lettres d'avis d'un envoi doivent donner l'indication
de la voie choisie pour le transport, du délai convenu, quelquefois le duplicata de la lettre de voiture, et toujours la
facture des marchandises expédiées.

Il est d'usage de porter d'une manière saillante, et à la
ligne, le montant de cette facture, et d'inviter l'acheteur à
nous en créditer.

Souvent, on accompagne l'avis d'expédition, et la remise
de la facture, de réflexions sur les marchandises expédiées.
soit que le choix paraisse remarquable, soit que certains articles laissent quelque chose à désirer ; enfin on y insère
toutes les observations utiles, se rapportant à l'envoi dont on
remet la facture.

Lorsqu'on tire sur un correspondant, il est d'obligation
de lui donner aussitôt avis du montant de l'échéance de la

traite, et de l'informer du crédit qui en a été porté à son compte ; enfin on recommande cette traite à son bon accueil.

On envoie aussi des traites à l'acceptation, avec prière de les renvoyer revêtues de cette formalité.

Enfin, il est une infinité d'autres avis de toute espèce qui donnent lieu à des lettres trop variées pour être considérées d'une manière générale, mais qui ne présentent, d'ailleurs, aucune difficulté.

Bordeaux, le... 18..

Monsieur L., à Rouen.

Je me réfère à ma dernière du 15 du mois dernier.

Je vous annonce avec plaisir que le capitaine qui va mettre à la voile sous peu de jours a reçu hier vos dix-huit tonneaux de vin de Médoc. Vous en trouverez sous ce pli le connaissement et la facture s'élevant à

Fr. 6,311, dont j'ai débité votre compte au 20 février prochain.

Pour balancer cet envoi, veuillez prendre note, pour l'accueillir favorablement, de notre traite au 20 février, de pareille somme.

Fr. 6,311, dont j'ai crédité votre compte.

Je n'ai pas fait assurer cette marchandise, puisque vous ne m'en avez pas donné l'ordre ; vous devriez vous hâter de le faire avant la sortie prochaine du navire, que vous savez être assez dangereuse dans notre port.

Agréez mes compliments respectueux.

BORREL FILS.

Paris, le... 18..

Monsieur C., à Roanne.

D'après les ordres que vous avez donnés à M. Dupont, nous vous avons expédié, par le roulage accéléré de Faure Beaulieu, pour vous parvenir en trois jours, à raison de 20 fr. les 100 kilog. les marchandises détaillées en la facture ci-jointe s'élevant à

Fr. 814,85 c., dont crédit, s'il vous plaît.

Nous vous prions, Monsieur, de nous dire si vous êtes satisfait de leur qualité, afin que nous puissions, dans la prochaine expédition, nous conformer à vos avis et vous servir tout à fait selon vos intentions ; croyez que nous attachons le plus grand prix à nos rapports, et que nous ne négligerons rien pour vous les rendre de plus en plus agréables.

Agréez, Monsieur, nos bien sincères salutations.

MARTEL.

———————

Rouen, le... 18..

Monsieur B., à Rocroy.

Nous avons l'honneur de vous aviser que, d'après vos ordres, nous avons remis à Maurin, voiturier de Sedan, le colis portant les marques ci-après et renfermant les marchandises dont nous vous remettons sous ce pli la facture s'élevant à

Fr. 1,104 25 cent. Veuillez nous en créditer.

Nous avons mis tous nos soins à cette expédition, et nous espérons que vous aurez lieu d'en être satisfait.

Constamment à vos ordres, nous vous saluons bien affectueusement.

BAZIRE et BERTIN.

———————

Londres, le... 18..

Monsieur J., à Paris.

Depuis notre lettre du 30 du mois dernier, que nous avons l'honneur, Monsieur, de vous confirmer, nous sommes privés de vos nouvelles.

Aujourd'hui, nous venons vous donner avis que, suivant les ordres de M. Baudouin aîné de votre ville, nous avons fait les achats suivants pour vous, Monsieur, de compte à demi avec la maison de MM. Baudouin frères

67 caisses lacdye D. T...   au prix de

1 »   myrrhe, ...   »

6 balles cannelle Ceylan, 1re sorte. »

36 barriques nacre de perle, ...   »

dont veuillez prendre note.

Conformément aux instructions de cet ami, nous allons nous occuper d'expédier ces marchandises sur le Havre, sauf 20 caisses lacdye que nous dirigerons sur Calais, et 27 caisses que nous garderons ici pour revendre sur place.

Notre prochaine vous portera facture avec avis de nos traites, qui seront fournies sur vous pour le montant entier des factures, conformément aux ordres de M. Baudouin, quoique nous ne vous créditerons que de la moitié de leur valeur; l'autre moitié allant au crédit de MM. Baudouin frères.

Ayant eu besoin d'un appoint, nous nous sommes prévalus sur vous, Monsieur, de fr. 5,936 65 c. à 30 jours d'hier, à notre ordre, dont nous vous reconnaissons au change de fr. 25,47 1/2 en 233 liv. 16 s. 5 d.; nous comptons sur votre bon accueil à cette disposition.

En café Ceylan, 450 sacs ont été offerts en vente publique et rachetés par les propriétaires à 49. Du reste, nous n'avons rien de saillant à vous signaler. Demain 3,000 sacs de cette fève seront remis en vente publique.

Constamment à vos ordres. nous vous présentons, Monsieur, nos cordiales salutations.

DEVAUX ET Cie.

P. S. Nous nous apercevons que notre traite sur vous est de fr. 5,957 au lieu de fr. 5,956 65 cent., comme ci-dessus, dont nous vous reconnaissons en liv. 233, 16, 8, au lieu de 233, 16, 5, dont veuillez prendre note.

Paris, le... 18..

Monsieur D., à Chinon.

Nous avons l'honneur de vous remettre sous ce pli la facture des marchandises que nous vous avons expédiées par le voiturier Garzen. Elle s'élève à

Fr. 2 830, dont veuillez bien nous créditer.

Quand vous aurez besoin de quelques-uns de nos articles, nous vous prions de vous rappeler que nous sommes constamment à vos ordres, et tout disposés à exécuter avec soin vos demandes.

Vos bien dévoués serviteurs.

LAURENT ET Cie.

Paris, le ... 18..

Monsieur A. S. fils, en ville.

Nous avons l'honneur de vous remettre sous ce pli la facture des 86 barriques 10 tierçons sucre brut que nous vous avons vendues et livrées.

Elle s'élève à la somme de fr. 70,256, 75 cent., valeur au 17 novembre.

Veuillez bien l'examiner et prendre note que, sauf erreur, nous en ferons fournir le règlement sur vous, Monsieur, par Em. Lelièvre, de Nantes, en douze traites, à notre ordre, dont le détail est joint à la facture; nous vous prions d'y réserver bon accueil.

Agréez, Monsieur, nos salutations les plus empressées

GISQUET.

———

Havre, le... 18...

Messieurs T. N. et P., à Paris.

Nous avons l'honneur de vous confirmer notre lettre du 12 courant, et vous prions d'accueillir à notre débit la traite suivante que nous avons formée sur vous de

Fr. 5,000 ordre Menard frères au 20 décembre prochain.

Nous en conservons bonne note pour vous en faire les fonds à l'échéance.

Agréez, Messieurs, nos sincères salutations.

C. BONNARIC et PINGUET FRÈRES.

———

Londres. le.... 18...

Monsieur J. L., à Paris.

Nous avons bien reçu, Monsieur, la lettre que vous nous avez fait l'honneur de nous écrire le 30 juillet dernier, par laquelle vous nous annoncez que vous prenez en compte à demi, avec M. Scevole Guien de notre ville, six tonneaux et demi de nacre, que nous avons achetés d'ordre de cet ami, et vous nous prescrivez de vous en faire l'expédition au Havre par Ostende.

Aujourd'hui nous venons vous donner avis, que pour nous conformer à vos désirs, nous avons embarqué ces nacres sur le navire la *Girafe*, capitaine D., faisant voile pour Ostende, où elles devront être réembarquées sur navire français en destination du Havre.

Sous ce pli nous vous en remettons le connaissement, ainsi que la facture, se montant à liv. 173, 16, 4, dont nous nous remboursons sur vous, Monsieur, au change de fr. 25, 02 1/2, en fr. 4,506, 20 c. à soixante-quinze jours de date du 4 courant, à notre ordre, vous priant d'y réserver bon accueil pour balance.

Ainsi que M. Guien vous l'a fait pressentir, les nacres en question ont été mises en caisses et aux frais des vendeurs. Quant à nos frais, nous vous assurons qu'ils sont aussi modérés que possible.

Bonne note est prise de votre circulaire dont nous vous remercions. Nous ne vous sommes pas moins reconnaissants pour vos bonnes offres de service, dont nous aurons grand plaisir à profiter dans l'occasion.

De notre côté, nous n'avons pas besoin de vous dire que nous sommes parfaitement à vos ordres.

Agréez, Monsieur, nos sincères salutations.

Par procuration : Ch. DEVAUT et Cie.

M. UZIELLI.

P. S. La *Girafe* n'ayant pu prendre les nacres à bord, nous avons été obligés de les embarquer sur le navire le *Yong-Jacob*, capitaine Vanloo, comme l'indique le connaissement.

Londres, le... 18...

Monsieur J.-L., à Paris.

Nous avons l'honneur, Monsieur, de vous confirmer notre dernière du 2 courant. Nous venons par celle-ci vous donner les prix des différents fruits, qui vous intéressent, de la nouvelle récolte.

Figues de Smyrne, ... doit payer à déduire pour l'exportation....
Sultanes de d°....
Raisins muscatel de Malaga....

    »   en petites boîtes....
    »   de Valence   ....

Les prix ci-dessus s'entendent des marchandises de première qualité.

Nous connaissons sur place une partie de 600 jambours et demi-jambours des raisins sultanes de Smyrne, de la récolte de l'année dernière, dont on demande...., droit payé (à déduire... à l'exportation). Peut-être, avec un ordre en mains, l'obtiendrions nous encore un peu au-dessous de ce prix ; nous serions bien aises, si vous trouviez convenance à traiter cette partie, de recevoir vos ordres le plus tôt possible attendu qu'il y a beaucoup de demandes actuellement pour cette sorte de raisins.

Constamment à vos ordres, nous avons l'honneur, Monsieur, de vous saluer bien cordialement.

C. DEVAUX et Cie.

Bordeaux, le... 18...

Monsieur J.-G. C., à Paris.

Je vous ai adressé hier note d'expédition de 13 lingots.

Je remets ce jour à la diligence Laffite et Caillard quatre groupes nº 8 à 11, contenant huit lingots ; vous en recevrez note détaillée par ma prochaine.

Cette partie offre des dorées à 1, 3, 6, 7 et 8 millièmes ; je presse autant que possible nos essais à mesure des livraisons.

A l'instant me parvient votre lettre du 4 courant. Je suis surpris que vous ayez lieu de vous plaindre de mon silence, puisque je ne cesse de vous écrire, ce qui me ferait croire que mes lettres sont retardées.

Je note l'autorisation que vous me donnez d'expédier jusqu'à concurrence de 50 mille piastres à M. Morel pour votre compte et contre mon remboursement sur vous à 3 p. 0/0 ; mais je vous ferai observer que les timbres resteront à votre charge.

Je crains bien, du reste, que le prix élevé de ces monnaies et le peu qui en arrive ne contrarient mon zèle à exécuter vos ordres aussi promptement que je le désirerais. —

Rien de nouveau à l'égard de l'emprunt d'Espagne.

Pour Madame Vᵉ FONSÈQUE jeune (1).

B.-Tʜ. ROGET.

Stockholm, le... 18..

Messieurs T. et P. aîné, à Paris.

En me référant à la lettre que j'eus l'honneur de vous adresser le 24 du mois passé, je suis favorisé de la vôtre du 20 courant, par laquelle j'apprends avec plaisir le bon accueil que vous avez fait à mes traites de fr. 12,791.

Ci inclus, j'ai l'honneur de vous transmettre connaissement et facture de 3,939 barres de divers fers, pesant ensemble 721 6 10.

La facture s'élève à fr. 27,988 36 c., dont votre compte est débité.

J'ai pris la liberté de disposer sur vous en mes traites de :

Fr.	8,000 »	
	6,000 »	à l'ordre de moi-même, à six mois de date.
	13,988 36	
Fr.	27,988 36	Ensemble dont vous êtes crédité.

Une lettre signée *ponr* est défectueuse.

Le capitaine Bengland est non-seulement prêt à faire voile, mais il a même aujourd'hui quitté notre ville. J'espère qu'il aura un plus heureux voyage que le capitaine Waak, du *Cupido*; la *Louise* est, du reste, un meilleur navire que le *Cupido*.

C'est avec la plus grande reconnaissance que j'apprends par votre dernière que vous songez à me favoriser l'année prochaine de vos ordres de 40 à 50 mille kilogr. de fer. Soyez persuadés, Messieurs, que je ne ménagerai aucune peine pour mériter votre confiance.

     Votre bien dévoué serviteur.

STOCKLER FILS.

Bordeaux, le... 18..

Monsieur S. C., à Paris.

J'ai eu le plaisir de vous écrire le 25 avril, et depuis lors je me trouve privé de vos nouvelles.

Je viens vous prévenir aujourd'hui que j'ai disposé sur vous de :

Fr.	14,000
Fr.	16,000
Fr.	30,000

à 100 jours à mon ordre.

dont je vous prie de vouloir bien prendre bonne note pour y faire tout accueil à mon débit. J'ai encore engagé une pareille somme, mais avec la condition que mes traites ne seront fournies que du 8 courant. Il est superflu de vous dire que je porterai la plus grande exactitude à vous couvrir en temps utile de ces dispositions.

Il paraît, d'après ce qu'on me mande, que les payements se sont beaucoup mieux faits, chez vous, qu'on ne s'y était attendu; il devra en résulter plus de confiance dans toutes les transactions, et peu à peu, il faut l'espérer, les affaires reprendront quelque activité.

Je recevrai toujours avec plaisir les communications que vous voudrez bien me faire et, quand des circonstances plus favorables que celles où nous sommes pourront vous engager à disposer de mes services, j'aurai un plaisir infini à vous prouver qu'ils vous sont entièrement dévoués.

Je vous prie de recevoir, Monsieur, mes salutations bien sincères.

OTARD.

Paris, le... 18...

Messieurs R., à Évreux.

Vous n'ignorez pas le prix excessif auquel les bois viennent de s'élever et les sacrifices qu'il m'a fallu faire pour m'en procurer ; vous ne serez donc pas étonnés de l'avis que j'ai l'honneur de vous donner que le cours de mes fers de Sauvages est établi à fr. 720 les 1,000 kil., poids juste, pris à la Charité et payables dans Paris à six mois de terme, à dater de leur livraison à la Charité.

Ce prix est le minimum auquel je puisse vendre, et, comme il n'est pas encore en proportion avec l'augmentation que j'éprouve sur les matières premières, je suis déterminé à réduire d'un tiers ma fabrication ordinaire pendant la campagne qui commence.

Si, aux prix et conditions ci-dessus, il entre dans vos convenances de me faire une demande, veuillez l'accompagner d'un mémoire d'échantillon, et je m'empresserai de vous satisfaire.

Ce sera toujours avec plaisir que je saisirai l'occasion de multiplier nos relations commerciales.

Je suis avec considération, Messieurs,

Votre très-humble et très-obéissant serviteur,

RICQBOURG.

Havre, le... 18...

Monsieur T. fils aîné, à Paris.

Vous confirmant notre dernière, nous avons l'honneur de vous annoncer l'entrée dans notre port du navire le *Neptune*, capitaine Damigny, venant de Bristol, chargé de diverses marchandises, et, entre autres, de 373 boîtes de fer, dont les échantillons ne nous sont pas encore parvenus. Nous allons nous occuper de nous les procurer, afin de vous donner de plus amples renseignements.

Nous avons l'honneur de vous saluer très-sincèrement.

CHEVALIER neveu et ALLAIS.

9

Naples, le... 18...

Monsieur R. de L..,

Nous devons vous prévenir que M. Alexis Dupaty nous ayant réclamé les adresses de nos amis dans les diverses places qu'il se propose de visiter, nous nous sommes fait un plaisir de souscrire à sa demande. Vous trouverez ci-dessous la note des adresses que nous avons ajoutée à votre lettre de crédit en sa faveur du 8 février dernier, de fr. 6,000, réduite à fr. 5,000, sur lesquels ces amis sont autorisés à lui payer ce dont il aura besoin, sous déduction de leurs frais et contre les quittances à vous remettre en se remboursant sur vous.

Veuillez bien prendre note de ces dispositions pour accueillir celles de ces diverses maisons.

Nous nous référons à nos changes ci-contre, et vous saluons amicalement

FALCONNET et Cie.

MM. Torlonia et Cie, à Rome; Frères Schreler, à Venise; P.-F. Marietti, à Milan; Forcart Weiss et fils, à Bâle; S.-F. Fontard et fils, à Francfort; Mindero et Van Heel, à Rotterdam; Baring frères et Cie, à Londres.

Hambourg, le... 18...

Monsieur C., à Paris.

Par notre dernière du 29 juillet, nous vous remîmes fr. 3,233 94 c., au 10 août, sur H. Hentsch, Blanc et Cie, et vous entretînmes d'un malheur qui menaçait notre Bourse.

Sans doute vous aurez appris la chute de la fameuse maison M. F., de Copenhague, qui a fait tant de bruit depuis quelques années. Elle coûte à notre place près de deux millions et demi de marcs, et par suite les maisons de notre ville B. J. R , et J. M. fils, d'Altona, ont dû suspendre leurs paye-ments; il paraît que, chez vous, c'est la maison Laffitte qui se trouve com-promise. Nous avons le bonheur de n'y être nullement intéressés. On ne peut pas encore bien juger toutes les conséquences de cette catastrophe, qui a réduit les opérations à bien peu de chose depuis huit jours.

Vous remarquerez une baisse presque générale dans nos changes : l'Es-pagne est très-abondant et sans preneurs; le Portugal se place, seulement en petites sommes; il n'y a que le Saint-Pétersbourg qui soit recherché, et qui se fasse jusqu'à 2 1/2 à 3 mois de date. Ces événements commencent à influer aussi sur l'escompte, et nous observons qu'on s'empresse de rechercher les capitaux inactifs.

Veuillez nous croire vos dévoués amis et serviteurs,

BRENTANO, BOVANA et URBIETA.

***

Nantes, le... 18...

Messieurs T. N. et P. aîné, à Paris.

En bourse, j'ai été informé de l'arrivée en rade de Paimbœuf, avec de grosses avaries, du navire *Catharina*, capitaine John Bergendahl. Il lui est impossible de gagner le port de Nantes. Dans cet état de choses, il faut envoyer des allèges à bord pour compte de qui il appartiendra. Le capitaine prétend que, par la charte-partie qu'il a passée à Stockholm, le consignataire est obligé d'alléger à ses frais. Cependant le connaissement n'en fait aucune mention. Je verrai à faire pour le mieux, dans votre intérêt et dans celui de la cargaison. Donnez-moi vos instructions, par retour du courrier, pour me guider dans cette affaire délicate.

Votre dévoué serviteur,

MAZIER-VERRIER.

***

Naples, le... 18...

Monsieur J. G., à Paris.

Nous avons l'honneur de vous confirmer notre dernière du 31 mai.

Favorisé de votre lettre du 16, nous réservons tout honneur aux deux lettres de crédit circulaires que vous nous annoncez, l'une de fr. 20,000, en faveur de Mme la marquise douairière de B., et l'autre de fr. 2,500, en faveur de M. L. de Pr., payables, sous déduction de nos frais, contre quittance et notre remboursement sur vous de la manière accoutumée.

Voici un reçu de :

Fr. 2,000, payés à M. G., dont nous vous débitons. Nous devons, en outre, vous prévenir que nous avons remis à M. L. une lettre sur vous, portant un crédit de fr. 2,000 en faveur de M. T., dont nous vous accompagnons un duplicata, afin que vous ayez la complaisance de vous conformer à son contenu. Veuillez en prendre bonne note.

Nous vous renouvelons, Monsieur, l'assurance de nos sentiments distingués.

FALCONNET et Cie.

La Rochelle, le... 18...

Messieurs B. et G., à Paris.

Le 11 février dernier, par les 34° 40′ de latitude nord et 52° 87′ de longitude ouest, notre corsaire l'*Impératrice-Reine* a capturé un brick espagnol nommé le *Maltea*, chargé de sucre et de rhum de la Havane.

Cette prise est heureusement arrivée en rivière de Nantes ; j'en ai reçu la nouvelle hier.

Quoique aucun avis détaillé ne me soit encore parvenu, j'apprécie que nos frais de mise dehors sont maintenant à couvert.

J'éprouve un bien grand plaisir, Messieurs, d'avoir à transmettre cette agréable nouvelle à mes intéressés dans une expédition qui s'annonce sous d'aussi heureux auspices.

Je vous salue de cœur.

FILLEAU.

P. S. Le compte d'armement de l'*Impératrice-Reine* est chez l'imprimeur. La mise totale est de fr. 295,712, déduction faite des passagers, dont : fr. 134,395 45 c. d'armement, et fr. 162,116 55 c. de cargaison.

Paris, le... 18...

Monsieur le comte de R., à Paris.

J'ai le plaisir de vous annoncer que le navire le *Duc-de-Bordeaux* dans lequel vous êtes intéressé, est arrivé à Maurice, après une traversée des plus heureuses, sans avaries et sans perte d'une seule mule ; la cargaison tout entière était dans le meilleur état.

Une autre circonstance favorable, qui prouve la marche supérieure et les bonnes qualités de notre navire, c'est qu'il a fait sa traversée en quatre-vingt-deux jours, quoiqu'il ait été retenu et balloté pendant quatorze jours dans le golfe de Gascogne.

Je suis heureux, Monsieur, d'avoir à vous annoncer ces excellentes nouvelles, et de vous avoir fait participer à une opération qui donne maintenant la certitude de beaux résultats.

Recevez, Monsieur, l'assurance de ma considération distinguée et de mon entier dévouement.

EDMOND DEGRANGES.

Paris, le... 18..

Messieurs P. et P. fils, à Dijon.

Nous sommes en possession de vos deux lettres des 16 et 28 courant, et comprenons parfaitement l'impatience que vous éprouvez de n'avoir pas encore reçu l'avis d'expédition de votre commande du 3.

Ce retard a été tout à fait indépendant de notre volonté. La crue subite des eaux ayant inondé les fabriques de messieurs G..., la roue hydraulique de leur atelier d'apprêtage a été brisée, et, pendant 18 jours, les travaux ont été interrompus.

Si ce retard vous est préjudiciable, vous y gagnerez d'un autre côté par la supériorité des produits que nous vous expédions. Car, dans l'impossibilité d'exécuter nos apprêts en temps utile, Messieurs G... ont préféré faire un sacrifice et nous autoriser à faire apprêter à Paris. Ces façons ont parfaitement réussi, et nous sommes certains que vous en serez satisfaits.

Les cent dix-neuf pièces vous parviendront par l'accéléré de Robillard, en sept jours, à raison de 13 francs les 100 kilogrammes. Les trois balles sont marquées P. P. 1112, 1113 et 1114.

Recevez la nouvelle assurance de notre complet dévouement.

LHÉRITIER ET FRANCOIS.

Paris, le... 18..

Monsieur P. R..., à Lyon.

Nous avons l'honneur de vous donner avis du prochain passage en votre ville de Monsieur C., notre associé. Il aura bientôt le plaisir de vous faire sa visite, et vous soumettra un assortiment de nouveautés qui, nous en sommes certains, lui mériteront une bonne commission. Monsieur C. doit, en outre, s'occuper, à Lyon, de la malheureuse affaire de S... Il a quelques renseignements assez délicats à obtenir, et nous comptons sur votre vieille amitié pour faciliter ses démarches de tout votre pouvoir.

Agréez nos bien cordiales salutations.

LAURENT et FILS.

Paris, le .. 18..

Monsieur Z..., à Nice.

Nous apprenons à l'instant, par notre correspondant de Turin, qu'il a reçu le 19 courant une caisse, *à votre adresse*, marquée Z. F. 982. Il ajoute qu'il en a vainement cherché à Turin le destinataire : nous le comprenons, puisque c'est à Nice que cette caisse aurait dû être adressée.

Nous ne savons à qui attribuer la faute de cette indication vicieuse, et nous venons d'écrire à Turin pour que notre colis soit immédiatement dirigé sur Nice.

Nous sommes désolés de ce malentendu, mais, pour que vos intérêts n'en souffrent pas, nous allons reculer de trois mois l'échéance de nos traites.

Vos bien dévoués serviteurs.

DUBOIS et FARET.

Paris, le... 18..

Monsieur V., à Rouen.

J'ai l'honneur de vous prévenir que de votre remise du 21 mai, M. Botta jeune, à Nice, a refusé le colis marqué B J, pesant 1,510 k°, et contenant 200 pains de sucre, qui sont déposés chez M. Favier Gervais, à Nancy, auquel vous voudrez bien donner vos dispositions ultérieures.

Les causes sur lesquelles s'appuie ce refus sont la différence et l'infériorité de la qualité, et l'erreur de la facture, qui porte 225 pains, tandis que la lettre de voiture n'en porte que 200.

J'ai l'honneur de vous saluer.

BONAFOUS.

CHAPITRE VIII.

—

ACCUSÉS DE RÉCEPTION DE MARCHANDISES,

OBSERVATIONS CRITIQUES ET LAISSÉS POUR COMPTE.

C'est dans la lettre par laquelle on annonce avoir reçu un envoi de marchandises, qu'il faut placer les observations que leur examen a fait naître sur la qualité, le prix, et les autres circonstances de l'expédition. C'est surtout dans l'intérêt des relations à venir qu'on approuve ou qu'on blâme la manière dont les demandes ont été exécutées.

Dans tous les cas, il convient de louer avec réserve, et de blâmer sans aigreur.

Si les poids, les prix et les calculs de la facture sont trouvés exacts, il faut annoncer à son correspondant qu'on crédite son compte du montant de cette facture, toujours en plaçant la somme à la ligne d'une manière saillante.

Un accusé de réception, sans aucune observation, ôte tout recours à des réclamations ultérieures, car on perd légalement ses droits à contester, si l'on ne fait pas constater l'état défectueux des choses au moment de l'arrivée : l'acheteur étant présumé, par son silence, les avoir reçues en bon état.

C'est un principe, que la marchandise voyage pour le compte de l'acheteur, et que, dès qu'il l'a admise dans ses magasins sans réclamations immédiates, il n'est plus recevable à la refuser, surtout pour les denrées susceptibles de mélange ou d'altération.

Il faut donc, si l'on veut agir légalement, et si l'on croit être fondé à se plaindre, se mettre en règle en remplissant toutes les formalités prescrites par les lois.

Ces formalités consistent à faire constater, à l'instant même de la réception, l'état des choses, dans un procès-verbal d'experts nommés par ordonnance du président du tribunal de commerce, rendue sur pied de requête (1) ; le dépôt ou le séquestre, et ensuite le transport dans un dépôt public peuvent être ordonnés (2).

Ni les attestations, ni les certificats délivrés par des tiers ne peuvent légalement suppléer au procès-verbal d'experts (3).

Telles sont les diverses précautions légales à prendre à l'arrivée des marchandises, et qu'il ne faut pas perdre de vue, lorsqu'on doit écrire des lettres d'accusé de réception. Il faut surtout s'y conformer scrupuleusement lorsque le dommage est grand, ou qu'on prévoit une contestation sérieuse, car, pour des imperfections ou des erreurs de peu d'importance, on agit d'ordinaire à l'amiable ; la simple énonciation du fait suffit bien souvent pour en constater l'existence aux yeux d'un correspondant animé de bonnes intentions, et qui consent, sans trop de difficultés, soit à reprendre sa marchandise, soit à faire un rabais, ou à toute autre réparation du dommage.

---

(1) A défaut d'un président de tribunal, par le juge de paix.
(2) Article 106 du tribunal de commerce.
(3) Il ne faut pas non plus payer la lettre de voiture, ou le connaissement, avant d'avoir vérifié si la marchandise n'a éprouvé aucun dommage dans sa route, autrement on serait responsable envers l'expéditeur du recours dont on l'aurait privé envers le voiturier en payant avant examen.

Saint-Méen, le... 18...

Messieurs T. N. et P., à Paris.

Je viens de recevoir les fers que vous m'avez annoncés par votre honorée du 25 août dernier ; ils ne sont pas arrivés à Dinan le 23 octobre, et vous voyez, Messieurs, quel retard ils ont éprouvé.

Après en avoir fait la vérification, j'ai reconnu exact le nombre de barres et paquets, mais j'ai trouvé, sur le poids, une différence de 18 kil. Je ne sais d'où elle peut venir.

Les fers ne sont pas très-beaux, surtout le petit plat, qui est coupé sur les côtés et paillé. Si la qualité est bonne, ils pourront se placer, mais difficilement.

Quant à la verge, dite de Berri, je ne puis la vendre, même en la laissant à prix coûtant ; mes cloutiers me disent qu'elle est de mauvaise qualité et trop menue.

Veuillez me dire ce que je dois en faire, car il m'est impossible de la prendre pour mon compte ; si elle était vraie Berri et un peu plus grosse, elle serait vendue. Si je l'avais sue de cette qualité et si mince, je vous aurais dit de ne pas me l'envoyer.

J'ai l'honneur de vous saluer bien sincèrement.

J. DESBOIS.

Saint-Michel, le... 18...

Monsieur S., à Paris.

Au passage de Monsieur votre fils en notre ville, je lui ai commis 100 pains de sucre, 17 4 c., n° 5, cristallisé, semblable aux 200 pains que je vous ai achetés à mon dernier voyage.

Venant seulement d'examiner ces sucres, je suis étonné de voir qu'ils ne sont pas conformes à ce que j'attendais, et qu'au lieu d'être riches en grain, ils sont très-pauvres et d'un gris terne ; de sorte qu'ils ne peuvent convenir aux confiseurs auxquels je les destinais.

Il est très-probable qu'il y a eu erreur dans l'expédition et qu'on m'aura donné une sorte pour une autre, ce dont je vous prie de vous assurer.

A mon dernier voyage, votre commis m'en a offert de semblables à 17 3, tandis que j'ai payé les cristallisés 17 9 ; ce qui fait 6 de différence.

Quant aux 20 pains, n° 3, cristallisés, légèrement flammés, que j'avais demandés par commission, je trouve qu'ils sont riches en grain, mais la nuance est trop bise pour ce sucre; vos n°ˢ 3 sont ordinairement plus blancs, je ne trouve pas de différence entre ces 20 pains et les 200 pains n° 5.

En attendant de vos nouvelles, j'ai l'honneur de vous saluer respectueusement.

FAUCHET-SOLLIOT.

Rennes, le.. mars 18..

Messieurs T. et P., à Paris.

Nous reçûmes hier les 77 barres Bandage roche, moins une barre dont le voiturier a supporté la perte, pesant ensemble 3,374 kil. qui, à raison de 58 fr. l'un, donnent la somme de 1,956 fr. 92 c., conforme à votre lettre-facture du 20 février dernier.

Pour vous couvrir de cet envoi, nous vous remettons, ci-inclus, notre bon à 5 mois fixe pour la somme pareille, de fr. 1,956 92 c., que nous vous prions de porter à notre crédit.

Nous avons l'honneur de vous saluer bien cordialement.

G. GANDON et MAHEU.

Strasbourg, le.. juin 18..

Monsieur J., à La Villette.

Les deux barriques de mélasse, facturées par votre lettre du 6 juin, montant à fr. 522 70 c., valeur 6 juillet, ne sont arrivées qu'hier, tandis que le bateau était ici depuis dix jours.

Les 35 pains de sucre que vous m'avez annoncés, par celle du 16 courant, me sont également parvenus le 19 avec manque de 3/4 kil. et un remboursement de fr. 39 95 c. Vous voyez donc que ces sucres font près de 10 fr. des 100 kil. de faux frais.

Vu la nouvelle baisse qu'a éprouvée cette denrée, je ne pense pas pouvoir obtenir plus que votre cote, rendu ici. Votre sucre se trouve très-chargé, et les acheteurs ne veulent pas accepter plus de 90 0/0 de papier, et payer le beau sucre plus de 17 1/2. Enfin, si vous voulez me limiter, je ferai tout mon possible pour le vendre ; mais, à votre prix, il ne faut pas y songer.

Je donnerais vos n°ˢ 5, qui sont plus blancs que ce n° 3, à 17 et 17 1/4 au plus. J'attendrai donc votre réponse. Pour moi, je ne pourrai les prendre pour mon compte qu'au prix facturé, mais franco ici.

Ci-inclus : fr. 600, sur MM. Delessert et Cⁱᵉ au 25 courant ; autre, fr. 1,433 sur MM. Javal et Cⁱᵉ au 10 janvier, dont il vous plaira créditer mon compte

J'ai l'honneur de vous saluer.

GRINDEL WEIN.

Toul, le... 18..

M. A. S , à Paris.

Nous avons reçu les 2 quarts vergeoise que nous avions demandés à votre voyageur à son passage en notre ville ; la qualité n'étant pas celle qu'il nous avait promise, nous laissons cette marchandise pour votre compte. Cette vergeoise est trop grasse, trop brune et remplie de mélasse ; elle n'est pas de défaite et personne n'en voudrait.

Avant de commettre ces vergeoises à votre voyageur, nous lui avions fait voir un quart entier venant de chez vous, que nous n'avons jamais pu vendre, parce que la vergeoise en était aussi trop noire et trop grasse. Nous lui avions dit que si elle devait être pareille, il ne fallait pas nous en envoyer ; il nous l'a promise belle, blonde et bien sèche, et les deux tonneaux que nous venons de recevoir ont les mêmes défauts.

Veuillez donc disposer de ces 2 quarts, et en décharger notre compte.

Nous avons l'honneur de vous saluer.

GENNEVAUX ET Cⁱᵉ.

Lille, le... 18..

Monsieur B., à La Villette.

J'ai successivement reçu vos lettres des 31 expiré et 1ᵉʳ courant, annonçant l'expédition des barriques sucre vergeois à fr. 260.

D'après votre lettre du 29 mars, je ne devais plus compter sur cet envoi, à moins d'une confirmation de ma part, et, bien loin de la donner, ma lettre du 31 vous disait de ne rien expédier. Comme elle vous est parvenue dimanche, et que, probablement, la marchandise n'est partie de chez vous qu'aujourd'hui lundi, je dois croire que vous vous serez empressé d'arrêter cet envoi.

Quoi qu'il en soit, cette partie ne peut me convenir et je vous prie d'annuler ma facture. Ce n'est pas dans un moment de baisse prononcée, que vous deviez ainsi m'appliquer une aussi forte quantité de marchandise au même prix que je vous limitais lorsque l'article était en hausse ; ce n'est pas là agir en ami, et lorsqu'on traite à forfait avec une maison c'est dans les moments de baisse que l'on doit être le plus circonspect dans ses envois de peur de compromettre ses intérêts.

Veuillez me dire chez qui je dois déposer cette marchandise, et annuler ma facture.

J'ai l'honneur de vous saluer.

Par procuration de A. TILLOY :

D. MAQUET.

Paris, le... décembre 18..

Monsieur D., à Paris.

Je vous accuse réception des marchandises que vous m'avez expédiées le 21 novembre dernier.

Je suis fâché d'avoir à vous dire que je ne les ai point trouvées telles que je les attendais, et, de plus, il y a une erreur sur le poids.

Selon votre facture, la barrique d'huile, no 12, pèse brut.	650 kil.
La tare est de.	60
Net.	590 kil.
Tandis qu'à l'arrivée, cette pièce, d'après la perte certifiée ci-incluse, n'a pesé brut que.	610 kil.
La tare.	65
Et le net.	545 kil.

D'où il résulte un déficit à mon préjudice de 45 kil.

Cette différence de poids en produit une à déduire sur votre facture de fr. 90.

J'attendrai que vous ayez reconnu cette erreur et admis l'exactitude de ma réclamation, pour vous remettre aussitôt le montant de votre livraison.

Je dois vous faire observer que la barrique m'étant parvenue dans le meilleur état de conditionnement, je n'ai pu douter que ce fût une erreur commise chez vous dans la pesée et j'aurais cru faire une injustice au voiturier en exigeant de lui l'indemnité qui m'est due pour ce déficit.

Il y a bien aussi quelques différences de poids sur les autres pièces, mais elles sont trop légères pour que j'en fasse l'objet d'une réclamation.

Agréez mes sincères salutations.

GROSBOIS (René).

Paris, le... 18...

Messieurs J.-B. T. et Cie, à Bordeaux.

Aussitôt après la réception de 50 surons quinquina, provenant des 200 surons, achetés pour notre compte, d'ordre de M. Lucet, suivant votre lettre du 22 février dernier, nous les avons envoyés à la fabrique de MM. T. et D. pour être convertis en sulfate de quinine.

Le lendemain, ces Messieurs nous firent prévenir qu'ayant ouvert quelques-uns de ces surons, la qualité du quinquina ne leur paraissait pas de nature à être acceptée.

Sur cet avis, nous nous sommes rendus chez M. Lucet, votre représentant, pour le prier d'assister avec nous à l'examen, mais M. Lucet ne put nous accompagner, et nous avons dû procéder, sans son concours, à la vérification des surons, dont un seul sur quatre s'est trouvé conforme à notre demande.

Afin de nous assurer si notre ordre avait été transmis ponctuellement, nous écrivîmes à M. Lucet pour le prier de nous en donner une copie. Cet ordre est positif, Messieurs, et ne laisse pas la moindre équivoque. M. Lucet vous demande du quinquina calyssaya, plat, sans épiderme, de toute satisfaction, espèce lourde, de casse nette, et nullement ligneux.

Aujourd'hui même, M. Lucet vient de voir votre marchandise, et il a reconnu qu'elle n'est pas du tout conforme à la désignation précise qu'il vous a donnée.

Dans cet état des choses, Messieurs, pour éviter des retards et atténuer le dommage qui en résulte pour nous, nous avons présenté requête à M. le président du tribunal de commerce, à l'effet de faire nommer des arbitres experts; mais M. le président, après plusieurs pourparlers, nous a fait dire qu'il ne répondait que les requêtes concernant les voituriers, et que nous devions nous pourvoir au principal en vous faisant assigner; ce que nous avons été obligés de faire.

Le manque de quinquina nous cause un préjudice que nous pouvons.

sans exagération, évaluer à fr. 500 par jour, parce qu'il arrête la fabrication dans le moment de la vente du sulfate de quinine.

Nous espérons, Messieurs, que vous apprécierez cette position, et que, sans user des délais que la loi vous accorde, vous vous empresserez de vous faire représenter ici par un fondé de pouvoirs.

Vous comprendrez que, par suite, il nous sera impossible de recevoir les 150 surons que vous devez nous adresser, sans que chacun d'eux ait été vérifié et la qualité bien constatée.

Il n'entre ni dans notre caractère, ni dans nos intentions, Messieurs, d'élever des difficultés; mais dans une affaire aussi importante, vous concevez que nous ne pouvons nous dispenser de nous mettre en règle.

Nous avons l'honneur de vous saluer.

ALEX. GARNIER FILS ET WAGNER.

Bâle, le... 18...

Monsieur L.-F. C., à Paris.

Nous avons sous les yeux votre chère lettre du 4 courant, par laquelle nous voyons qu'une perte de 10 p. 0/0 ne pourrait vous convenir pour la vente de vos marchandises, et pourtant, après de nouvelles démarches, nous pouvons vous dire qu'il sera bien difficile de trouver un amateur, même à ces conditions.

Quant aux draps, nous les avons fait visiter par divers marchands, après avoir ajouté aux prix de facture 10 0/0 pour les frais payés à M. Spire; tous ont trouvé les prix de 25 0/0 trop élevés. Cette marchandise a peu d'apparence et paraît être un fonds de magasin où elle aurait été étalée pendant quelque temps. Les pièces sont mal pliées, les étiquettes sont chiffonnées, de manière qu'on reconnaît au premier coup d'œil que ces draps ne viennent pas directement de la fabrique. Il serait donc nécessaire de les faire mettre en presse pour les rendre plus apparents.

On nous fait observer, en outre, que si leur prix n'est pas au-dessous de celui des fabriques, on devra donner naturellement la préférence à ces dernières, avec lesquelles on se trouve en relations suivies.

M. Spire doit être bien au fait de la valeur des draps, et s'il n'était pas juste à cet égard, M. Bloch pourrait s'en convaincre. Nous éprouvons du regret, Monsieur, de ne pouvoir vous donner de meilleures nouvelles de vos marchandises. Nous continuons cependant nos sollicitations, et nous aurons le soin de vous instruire de ce qui parviendra de nouveau à notre connaissance.

Agréez l'assurance de notre bien parfait dévouement.

HINGER ET Cie.

Nantes, le... 18...

Messieurs B. et G., à Paris.

Je vous accuse réception de votre envoi. La cannelle est très-mauvaise, et comme c'est une première affaire, je ne la laisserai pas pour votre compte, mais je ne sais pas comment je m'en déferai. Quant à l'huile, elle paraît bonne. J'ai été bien étonné de voir au bas de votre facture fr. 8, 55 c. pour votre commission. Jamais je n'en ai payé, et, dans votre prix courant, il n'en est pas question. Certainement c'est une erreur, et je compte que vous la rectifierez.

Veuillez bien me donner les prix du thé vert et de beau quina jaune royal, première qualité, de la gomme gutte, du quina rouge vif, des roses rouges, de l'acide nitrique 40 degrés, du miel de Narbonne, gomme arabique blanche, dattes, jujubes nouvelles, assa-fœtida en sortes, en larmes, gomme adragante, premier blanc, mais sans commission.

Je vous salue cordialement.

FERRON.

Saint-Chamont, le... 18...

Messieurs Th. N. aîné, à Paris.

Une difficulté que nous avons avec M. L., ce qui ne doit pas vous étonner, puisque vous connaissez aussi bien que nous sa manière de travailler, nous force à retirer de chez lui tous les fers que nous lui avons expédiés depuis quelque temps. Cet homme a l'habitude de croire, que, dès qu'il tient chez lui les produits d'un fabricant, ce dernier est trop heureux de les lui laisser aux conditions, souvent usuraires, qu'il lui plaît d'offrir. Il a cru en agir ainsi avec nous, parce que nous sommes à 130 lieues de Paris.

Dans ces circonstances, nous vous remettons ci-inclus la facture détaillée du poids et prix des fers que nous lui avions vendus, en vous priant de les retirer de chez lui.

Vous voudrez bien les examiner avec soin et veiller à ce qu'il vous rende exactement les articles désignés dans la facture. Vous lui rembourserez le prix du transport d'après les lettres de voiture qui vous seront représentées. Il y a des fers arrivés par eau et d'autres par le roulage. Vous aurez la bonté d'examiner ces diverses lettres de voiture avec attention, *et pour cause.*

Une fois ces fers dans vos magasins, nous vous prions de nous en procurer le plus prompt placement aux prix et conditions de notre facture. Quant à la commission de vente, vous nous ferez le plaisir de nous la faire connaître, en nous avisant de ce que vous aurez fait avec M. L.

En attendant prompte réponse, nous vous saluons bien amicalement.

ARDAILLON BESSY et Cie.

Ordre annexé. Nous prions Monsieur L. de vouloir bien remettre à MM. Thomas Nodler et Pivent aîné *tous nos fers, sans exception,* que nous lui avons expédiés, et qu'il a laissés pour notre compte.

ARDAILLON BESSY et Cie.

La Rochelle, le... 18...

Messieurs Ch. B. et A. G., à Paris.

J'ai reçu vos deux lettres des 28 et 30 courant ; la première me remet le compte de vente du maïs et de la gomme myrrhe, montant à

Fr. 324 45 c., dont je vous ai débités.

Je suis surpris que vous n'y ayez pas joint celui de la gomme ammoniaque, cascarille et bois d'aloës. Quant au curcuma, nous sommes convenus qu'il me serait renvoyé. Ces articles, vendus à l'arrivée, m'auraient mieux réussi.

Ci-inclus le procès-verbal dressé par deux experts contre vous lorsque j'ai mis votre mélasse en perce ; il contient l'exacte vérité, et je ne crains pas de répéter que, si vous vous fussiez donné la peine, lors de l'achat de cette futaille, d'en vérifier la qualité, vous vous seriez donné garde de m'en faire l'envoi. Vous avez été indignement trompés ; faites en sorte de diminuer ma perte. Celui qui vous a vendu, en faisant un rabais, aura encore un beau bénéfice en raison du prix inférieur qu'il a dû payer cette qualité.

Ci-joint, à porter à mon crédit, fr. 2,000, traite de A. de Launay, au 27 janvier prochain, sur Vauteaux et Cie, à Paris, dont vous voudrez bien m'accuser réception.

Je vous salue de cœur.

J.-B. TEXIER.

Paris, le... 18..

Monsieur D., en ville.

En réponse à la lettre que vous nous avez fait l'honneur de nous adresser le 29 mars, nous ne pouvons que vous dire que nous n'avons aucune relation d'affaires avec Messieurs Mondolfiet Fermi. N'ayant pas donné d'ordres à cette maison, nous ne reconnaissons pas la marchandise en question pour être notre propriété.

Nous avons bien chargé une maison de Florence de faire quelques achats pour notre compte et de nous les expédier au Havre, sous certaines conditions ; mais, comme cette maison n'a pas rempli nos ordres et a pris sur elle de disposer autrement de la marchandise, nous nous considérons comme affranchis de tout engagement envers elle, et, par conséquent, nous n'accepterons pas son envoi.

Agréez l'assurance de notre considération.

LENSBENY et SŒUR.

Metz, le... 18..

Monsieur Ch. L. A., à Coblentz.

Nous avons reçu, pour vous les réexpédier par intermédiaire du batelier Zeh, de Trèves, à raison de fr. 1 65 c. par 50 kilog., les colis suivants, savoir.

CLA. N. 1. Un panier drogueries, pesant. . . . . .   100 kilog.
  — 2. Une caisse alun de Rome. . . . . . ⸱ . .   66 —
  — 3. Un baril gomme de Sénégal. . . . . .   105 —
  — 4. Une pièce essence de térébenthine. . . .   366 —   Au lieu de 412 1/2 kilog.

dont nous vous souhaitons la bonne réception, avec prière d'en reconnaître le compte des envoyeurs, Messieurs Breffort et Garnier, de Paris.

Nos frais de déboursés s'élèvent à la somme de :

Fr. 107 80 c., suivant la note d'autre part, dont nous avons pris la li-

10

berté de disposer sur vous en notre traite, à notre ordre, que nous recommandons à votre accueil ordinaire.

A l'arrivée du tonneau essence térébenthine, nous avons trouvé un petit coulage, et nous avons dû attendre au moins trois semaines avant la réexpédition, parce que les envoyeurs avaient oublié de nous en donner la destination ultérieure. Par la grande chaleur, le coulage augmentait de plus en plus, et, pour remédier à cet accident fâcheux, nous avons cru convenable de le transporter dans un caveau ; mais, malgré nos soins, nous n'avons pu arrêter le coulage. Si vous voulez en rendre responsables les envoyeurs, nous croyons qu'ils sont tenus de vous en faire la bonification, puisque cette perte n'aurait pas eu lieu si la marchandise eût été dirigée de suite à sa destination.

    Nous vous saluons de cœur.

KARCHER Frères.

Coblentz, le... 18..

Messieurs Ch. B. et G., à Paris.

J'ai reçu votre lettre du 20 avril.

J'ai différé d'y répondre pour vous accuser en même temps la réception des 4 colis dont elle m'a porté facture.

Il y a quelques jours que ces marchandises me sont parvenues par l'entremise de Messieurs Karcher frères, à Metz.

Je dois vous faire observer que le baril d'essence de térébenthine a éprouvé un assez grand coulage comme vous pouvez vous en convaincre par la copie ci-jointe d'une lettre de Messieurs Karcher frères. Cette lettre vous justifiera que ce coulage provient du retard que le baril a éprouvé, parce que vous avez oublié d'en donner la destination aux commissionnaires de Metz, chez lesquels il a séjourné pendant trois semaines. Le coulage reconnu à Metz est de kil. 46. 50. Laissant de côté celui de Metz à Coblentz, qui est encore assez onéreux pour moi, vous trouverez juste la bonification que je vous demande de ces 40 kilog. 1/2, qui, au prix de facture, produisent :

Fr. 47, 42 c., qui sont à diminuer du montant total de votre facture, et la réduisent à :

Fr. 1,451, 78 c. que je porte à votre crédit, vous priant d'y conformer vos écritures.

Prenez note, en même temps, que mon ami M. J.-D. Heerstadt, de Cologne, a l'ordre de vous faire des remises pour balancer cet objet à son échéance.

Veuillez me faire le plaisir de me transmettre un prix courant de toutes vos marchandises et de m'entretenir spécialement de noix de galles noires et de toutes les sortes d'indigos.

En attendant je vous présente mes salutations bien amicales.

CH.-Louis ARNOLD.

Sedan, le... 18..

Monsieur B., à Paris.

Veuillez revoir exactement ma correspondance, en réponse à votre lettre du 24 courant, et vous trouverez que le 27 mai je vous ai demandé 6 balles bois de réglisse pareil au dernier; que le 1er juin vous m'avez répondu qu'il ne vous restait plus de ce bois; enfin le 5, je vous disais que cette livraison ne m'aurait convenu qu'autant qu'elle aurait pu être faite de suite, et je vous priais d'annuler mon ordre.

Cette dernière lettre s'est croisée avec la vôtre du 3, me remettant facture de votre expédition, mais je ne suis plus tenu à l'accepter; je le suis d'autant moins que vous avez dépassé mes limites en me la facturant à fr. 57, 50; je le suis encore moins parce que, par votre lettre du 1er juin, vous m'avez offert une autre qualité en réglisse, et deviez attendre nécessairement ma réponse, que je vous adressai le 5.

Cependant comme je ne suis pas homme à élever des difficultés, dites-moi votre dernier prix, et si je trouve l'occasion de vendre sans grande perte, je le ferai avec plaisir.

J'attends le compte de vente dont vous m'entretenez.

Votre dévoué,

L. KOBELL.

Rouen, le... 18..

Messieurs B. et G., à Paris.

Je vous ai crédités de votre facture du 23 du mois dernier pour la conformité des écritures; mais le suron de quinquina que vous m'avez vendu, et qui ne devait pas contenir 15 kilog. d'écorce avec leur épiderme, en contient plus de deux tiers; il s'y est trouvé même 4 kilog. de pousse pareille à l'échantillon ci-joint.

Vous n'avez pas douté, Messieurs, que je pouvais avoir la même qualité de quinquina au prix de fr. 8, 85 c. (je vous ai cité la maison qui me l'offrait), je n'ai pris le vôtre que confiant dans ce qu'il pouvait avoir de mieux ; or, comme loin d'être supérieur, il serait difficile d'en trouver de plus médiocre, je me plais à croire que vous réduirez votre prix à fr. 8. 75 c., prix auquel je pouvais l'obtenir.

J'ai sur la tare de votre suron une réclamation de kilog. 2, 50 à vous faire, puisqu'il pèse kilog. 10, 50. Je garde ledit suron pour vérification au besoin, quoique sans doute il ne vous sera pas nécessaire, puisque le numéro vous indiquera la véritable tare donnée à Dieppe, où ce quinquina s'est vendu au poids net.

En attendant satisfaction à la présente, j'ai l'honneur de vous saluer.

HOUSEZ-LELENNIER.

Cologne, le... 18..

Messieurs B. et G., à Paris.

Votre lettre du 20 mai dernier, ainsi que le quinquina rouge dont elle me porte facture, me sont bien parvenus, mais je regrette d'avoir à vous dire que la marchandise est mélangée et n'est pas toute véritable. Malgré cela, j'ai essayé d'en envoyer à quelques amis qui m'en avaient fait la demande, mais aucun d'eux ne veut l'accepter, ce qui me force à vous retourner les 4 caisses qui me restent; les deux autres sont partagées et trop difficiles à rassembler pour vous les renvoyer en même temps. Je verrai s'il y a moyen de m'en défaire.

Pour montant de ces 4 caisses, veuillez me décharger, à raison de fr. 20 en fr.. . . . . , . . . 2,400

Et pour frais de votre place. 30

Ensemble, fr. 2,430

Quant aux autres frais, soit pour l'aller, soit pour le retour, je les prendrai à mon compte pour vous épargner une partie de la perte ; je regrette que vous ayez aussi mal choisi cet article ; c'était un essai sur lequel je me flattais de pouvoir vous faire d'importantes demandes

Vers la fin de cette semaine, je dirigerai quelques transports pour votre ville, et j'y joindrai vos 4 caisses, marquées B et F, numéros 1 à 4, dont vous m'accuserez, s'il vous plaît, la réception.

Les avis que je reçois de votre place notent toujours le quinquina en faveur; je suis donc bien disposé à vous en consigner une partie dont ma prochaine vous donnera l'avis.

Agréez mes salutations sincères.

GERMAIN JOS. ESSINGH.

La Rochelle, le... 18...

Messieurs Ch. B. et A. G., à Paris.

Lorsque, par ma lettre du 18 courant, je vous annonçais vous avoir crédités de votre envoi de sucre en pain, j'étais loin de penser qu'il fût aussi roux. Je suis certain qu'il éconduirait mes acheteurs, et je me vois forcé, à regret, de refuser cette petite futaille; veuillez la faire retirer de chez moi ou m'indiquer à qui je dois la remettre.

Je suis très-mortifié de ce désagrément, mais je ne puis vous l'éviter

Je pense que vous ne m'en voudrez pas, surtout quand vous réfléchirez que je ne devais plus compter depuis longtemps sur cet envoi.

Je vous salue de cœur.

J.-B. TEXIER.

Strasbourg, le... 18...

Messieurs C. et G., à Paris.

Par votre lettre du 8 courant, vous me remettez facture du macis que vous m'avez expédié. Il n'est parvenu hier.

Lorsque je vous le demandais grablé, il était bien entendu que, non-seulement il serait dépourvu de la poussière, mais encore de la trop grande quantité de feuilles mortes dont il est, au contraire, surchargé. Ce défaut a déjà été l'objet de mes plaintes, lors de la première expédition. Vous me permettrez, en conséquence, de faire retirer celles qui se trouvent dans votre dernier envoi, et de vous les retourner.

D'un autre côté je ne croyais pas que vous me feriez supporter de commission sur cet article, que je vous avais demandé pour vous en débarrasser.

A cette occasion, je dois vous dire que vous chargez toujours vos factures de frais que je ne paye pas ailleurs, tels que ports de lettres, etc. Vous m'avez fait aussi supporter, sur la vente des potasses, un escompte de 3 0/0, tandis que je n'ai jamais payé que 1 1/2 à 2 0/0 au plus. Si vous voulez mériter la préférence, il ne faut point augmenter ainsi les frais, qui sont déjà assez onéreux.

Je vous prie de me croire votre bien dévoué.

Louis KOB.

Mahon, le... 18...

Monsieur H., à Paris.

Je vous ai longtemps et vainement attendu pour reconnaître la qualité des vins de l'envoi qui m'a été fait pour votre compte. Voici ce qui résulte de cet examen.

Les vins ont assez bon goût, mais ils moussent faiblement, et une grande partie n'est pas claire, quoiqu'ils ne soient expédiés que depuis une quinzaine de jours. Je vous laisse à juger ce qu'ils deviendront d'ici à un mois. Le défaut de limpidité est, vous le savez comme moi, tellement capital pour le champagne, qu'il en rend la vente impossible. Voici donc ce que je vous propose. On déballera vos champagnes pour les mettre en tas, et, quinze jours après, je prendrai toutes les bouteilles qui se trouveront limpides.

Comme vous avez voulu sans doute me bien servir et agir avec moi loyalement, je dois croire que vous consentirez à ma proposition. En attendant, je n'ai pas cru devoir payer le mandat que M. Gribius, votre expéditeur, a tiré sur moi; d'abord beaucoup trop tôt et avant même la réception des marchandises, ensuite sans aucune autorisation de ma part, et, enfin, contrairement à nos conventions particulières.

Ces difficultés sont fâcheuses, mais la faute en revient à votre expéditeur qui envoie des marchandises défectueuses.

J'ai l'honneur de vous saluer.

CHAUMEIL.

CHAPITRE IX.

PAYEMENTS

OU LETTRES D'ENVOI D'ESPÈCES OU DE REMISES.

Lorsqu'il s'agit de payer le montant d'une facture d'achat, ou le solde d'un compte chez un correspondant, on lui envoie en payement des valeurs à recevoir ; c'est ce qu'on appelle lui faire des remises.

Il y a plusieurs modes de s'acquitter envers un correspondant. Tantôt on lui fait des remises en effets payables dans sa propre ville, ou sur les places voisines ; tantôt on lui envoie ses propres règlements souscrits à son ordre, ou, plus souvent, on l'autorise à fournir des traites.

Quand le change de la place qu'on habite est trop désavantageux, on envoie des espèces par les voitures publiques (1), ou des billets de banque inclus dans une lettre ; mais le premier moyen, qui n'est pas sans danger, est dispendieux et, par conséquent, presque inusité dans le commerce ; le second est plus dangereux encore.

---

(1) Ou par les chemins de fer ; c'est une voie peu coûteuse dont on use fréquemment.

La haute banque fait usage de nombreuses combinaisons pour opérer des remises de la manière la moins onéreuse, surtout dans ses relations avec l'étranger. Elle profite des variations du cours des changes, au moyen de calculs appelés *arbitrages de banque* ; elle cherche à combien ressort le prix du change par plusieurs voies indirectes, dont elle choisit, d'après ses calculs, la plus avantageuse, pour faire ses remises en monnaies étrangères (1).

Les lettres d'envoi, par lesquelles on transmet les remises, doivent nécessairement contenir l'état ou le bordereau des valeurs qu'elles renferment ; quelques personnes dressent ces bordereaux avec les désignations complètes (2) ; d'autres les font très-brièvement et se contentent d'énoncer la somme, le nom du payeur ou le lieu de payement ; d'autres enfin n'indiquent que l'échéance.

Il est de règle de faire ressortir le montant total des remises, d'avertir le correspondant qu'on en débite son compte, et de l'inviter à en créditer notre compte chez lui ; on le prie d'en accuser promptement réception, si les valeurs sont à vue ou à court terme, car en cas de perte de ces valeurs, on n'aurait que peu de temps pour faire les diligences nécessaires ; mais, si elles sont à longue échéance, certaines maisons recommandent, au contraire, d'attendre une occasion pour en accuser la réception (3).

C'est ici le lieu de dire que, dans ces lettres très-fréquentes dans le commerce, il convient de supprimer le reste de ces phrases communes que l'ancien usage a introduites, et qu'on tolère encore par habitude. Pourquoi donc maintenir des formules banales et inutiles, et ne pas leur préférer celles que la raison et l'utilité justifient ?

(1) Voir à ce sujet, le nouveau *Traité du Change et de la Banque*, du même auteur, suivi du *Dictionnaire des places de changes*, sixième édition.
(2) La somme, le nom du payeur et l'échéance nous paraissent nécessaires dans une lettre d'envoi ; mais, dans celle d'accusé de réception, la somme et l'échéance suffisent, le nom du payeur importe peu, puisque le cédant est connu. On verra plus tard que les banquiers abrégent encore leurs accusés de réception.
(3) Par économie des frais de ports de lettres.

Ainsi, cette phrase est encore en usage dans les accusés de réception, même de quelques grandes maisons de banque:

Dont veuillez soigner l'encaissement à notre crédit.

Cette recommandation nous paraît superflue. En effet, n'est-ce pas le devoir rigoureux du porteur d'un effet de le présenter à l'échéance, de faire constater par un protêt le non-payement, sous peine de perdre tout recours contre son cédant et les endosseurs? Tout commerçant sait cela ; à quoi bon, d'ailleurs, une recommandation qui lui est impérieusement prescrite par ses propres intérêts? Nous lui préférons celle-ci, plus naturelle et plus utile :

Dont veuillez bien me donner crédit et avis de réception.

L'accusé de réception est indispensable comme pièce à l'appui du compte, puisqu'il justifie légalement, et par titre, les articles dont on débite un correspondant.

Il faut donc supprimer impitoyablement toutes ces phrases ridicules, qui ne supportent pas un examen réfléchi, pour leur substituer des formules plus rationnelles. Une fois choisies et adoptées, rien n'oblige à les varier ; ce serait un travail inutile. Ainsi font les grandes maisons qui changent rarement celles qu'elles ont admises, et donnent par là une grande rapidité à leur correspondance (1).

Quand la remise contient des valeurs d'une nature exceptionnelle, il convient de donner quelques instructions précises pour guider le correspondant sur la marche qu'on désire qu'il suive à leur sujet.

Il est bon de consulter, en outre, le chapitre suivant des *accusés de réception des remises*, où sont indiquées, les for-

_____

(1) Certaines maisons ont des lettres d'envoi et d'accusé de réception de remises, imprimées ou gravées ; il n'y a plus qu'à remplir les sommes.

malités à remplir en cas de refus d'acceptation ou de paye-ment, et la conduite à suivre pour les annotations *de retour sans frais*.

Clamecy, le... 18..

Monsieur C., à Paris.

Voici fr. 3,350	»	Paris fin courant (1).
2.737 25	»	»
2,000	»	»
1,345	»	»
1,200	»	»
900	»	»
860	»	»
1,000	»	» 1er décembre.
500	»	»

13,892 25, dont crédit et avis de réception.

Agréez mes bien sincères salutations.

FROSSARD aîné.

Valenciennes, le... 18..

Messieurs T. et P. aîné, à Paris.

Nous avons reçu en son temps votre agréable lettre du 29 courant : nous aurions moins tardé à nous conformer à vos désirs relativement aux rensei-gnements que vous nous demandez sur l'affaire d'H., si nous en avions eu de satisfaisants à vous communiquer, mais nous craignons bien que vous n'en tiriez rien.

Voici inclus :

Fr. 1,000 en un billet de la Banque de France, à votre crédit, veuillez nous en accuser réception de suite, s'il vous plaît.

Nous avons l'honneur de vous saluer sincèrement.

ALEXANDRE DUQUESNE et Cie.

---

(1) Il est mieux de mettre le nom des *payeurs*.

Bordeaux, le... 18..

Monsieur J.-G. C., à Paris.

Nous avons l'honneur de vous confirmer notre lettre du 29 courant.

Elle vous portait une moitié d'un billet de la Banque de France de 500 fr.

Nous vous remettons aujourd'hui l'autre moitié. Veuillez nous en reconnaître.

Nous vous soumettons le bulletin de nos changes. Les valeurs continuent à être extrêmement rares. Londres et le Nord sont toujours recherchés. L'Espagne a peu d'affaires.

Dévoués à vos ordres, nous vous réitérons l'assurance de nos sentiments distingués.

P. PORTAL et Cie.

Bordeaux, le... 18..

Monsieur R , à Paris.

Nous avons reçu, Monsieur, la lettre que vous nous avez fait l'honneur de nous écrire le 7 courant, avec la facture des marchandises que vous nous avez expédiées, s'élevant à

Fr. 7.860 30 cent., que nous portons à votre crédit.

Nous vous remettons sous ce pli :

Fr.	1,000	échus.
	3,211	15 juillet.
	900	à vue.
	1,817 42	10 jours de vue.

Ensemble : fr. 6,928 42 dont veuillez nous donner crédit et avis de réception.

Agréez, Monsieur, nos civilités.

JOURDAIN et fils aîné.

Lille, le... 18..

Messieurs T. et P., à Paris.

Nous avons reçu votre honorée du 22 courant ; elle n'exige d'autre réponse que de vous prier, Messieurs de ne nous accuser réception de nos remises qu'au moment où vous aurez vous-mêmes l'occasion de **nous en faire**; cette marche nous épargnera des ports de lettres.

Voici inclus :

Fr.	128	50	Paris	24 septembre.
	454	80	»	30 »

Fr. 583 30, portés à votre débit.

Veuillez, Messieurs, ne plus nous remettre, jusqu'à nouvel avis, aucunes valeurs sur la Belgique; ce pays est, dans ce moment, tout à fait dépourvu de papier sur France et ne peut faire des retours qu'en espèces belges; ce qui devient fort onéreux.

Agréez nos salutations cordiales.

CHARVET ET Cⁱᵉ.

Lorient, le... 18..

Messieurs T. et P., à Paris.

Nous vous confirmons notre dernière du 23, et vous remettons ci-joint, valeur en compte :

Nᵒ 16238, fr. 400 sur Paris au 5 juillet.

Amende et *protêt* en bonnes formes, en cas de non-payement, s'il vous plaît.

Nous avons l'honneur de vous saluer.

Pour Vᵉ HEBERT ET BESNÉ,

F. HEBERT.

Paris, le... 18..

Messieurs Th. et Cⁱᵉ.

En réponse à votre honorée du 5 courant, nous remettant 7,880 fr., qui figurent à votre crédit, voici :

Fr.	1,000	(1)
	1,000	
	4,000	

Fr. 6,000, dont crédit et avis de réception.

Nous avons l'honneur de vous saluer.

DETERVILLE ET Cⁱᵒ.

---

(1) Il est mal de ne mettre aucune indication de ville, d'échéance ni de payeur.

Lyon, le... 18..

Monsieur G..., à Essonne.

Nous avons reçu hier les 1,020 rames de carré annoncées par votre honorée du 9 courant. Nous ne comprenons pas que vous ayez dépassé de vingt rames le nombre que nous vous avions commandé, et nous nous réservons de vous en rendre tout ou partie, si nous n'en trouvons pas l'emploi.

Pour solde de cette livraison, vous trouverez sous ce pli :

Fr. 3,000 sur Ganneron et Cie.   22 février prochain.
     1,117 sur Tenré père, fils, et Tarault, 17 mars   id.
     2,000 sur Béchet jeune,   31 mars   id.
     1,023 notre billet au   15 avril   id.

Fr. 7,140 dont nous vous prions de créditer notre compte et nous accuser réception.

Agréez nos bien cordiales salutations.

BERLIER ET FILS.

Marseille, le... 18..

Messieurs L. et L., à Paris.

La crue extraordinaire du Rhône ayant intercepté la navigation pendant plus de trois semaines, nous avons reçu seulement hier, votre envoi du 13 novembre dernier. Ce retard nous cause un préjudice important, car le navire sur lequel notre caisse devait être chargée est parti depuis le 9, et nous ne savons quel emploi faire, en ce moment, de ces articles disposés spécialement pour les colonies. Bien que ce préjudice ne puisse pas vous être imputé, nous pensons que vous accueillerez, sous l'escompte ordinaire, notre règlement ci-joint.

Votre facture s'élevait à fr. 5,442 70.

Nous vous remettons   683   sur Cansen, Paris, 11 février prochain.
                2,300   sur Gérusez, Bruxelles, 28 fév.   id.
                2,242   notre billet à votre ordre, fin mars id.
Escompte 4 0/0   217 70

          fr. 5,442 70 c. dont veuillez créditer notre compte.

Quel prix nous feriez-vous payer mille grammaires populaires de Ch. Martin, soit en feuilles, soit cartonnées. Ce renseignement nous avait été demandé de Bourbon ; en relisant la lettre de commission, nous nous apercevons que nous l'avions oublié. Réponse de suite, s'il vous plaît.

Nous vous saluons bien affectueusement.

CH. PERRIN FRÈRES.

Rouen, le... 18..

Monsieur J.-G. C., à Paris.

Je suis favorisé, Monsieur, de votre lettre du 7 courant, renfermant fr. 14,395 90, dont votre compte est reconnu par fr. 14,287 06, valeur 8 courant.

Je vous remets ci-joints :

Fr.	3,995	Paris,	10 juillet.
	5,000	»	31 id.,
	2,000	»	5 août,
	3,000	»	11 id.

Fr. 13,093, dont je vous prie me reconnaître avec avis.

Je vous présente, Monsieur, mes sincères salutations.

DE MIANNAY.

P. S. Je me permets de vous remettre, de plus, 2 premières de change de :

Fr. 5,000 au 31 août, } Robert de Massy, de votre ville.
5,000 au 20 id. }

Je vous prie de les faire accepter et de me les retourner en règle, avec votre opinion sur le tiré.

Pardon de la peine.   LEDIT.

Bâle, le... 18..

Monsieur Edouard Q., au Havre.

J'ai sous les yeux votre lettre du 3 décembre, à laquelle je vous ai laissé jusqu'ici sans réponse, n'ayant pas eu l'emploi de la seconde caisse vanille que vous m'aviez proposée. Le placement de la première n'est pas aussi facile que je le croyais, car elle est encore telle que je l'ai reçue, et malheureusement, elle commence à moisir. Suivant toutes les apparences, il en résultera une perte assez sensible pour moi.

Sous ce pli j'ai l'avantage de vous remettre :

> Fr. 1,053 au 6 février, sur de Almenel ⎞
> 2,000 au 5 mars, Foloppe.   ⎠ Rouen.

Fr. 3,053, dont je vous prie d'opérer la rentrée à mon crédit. J'espère que vous ne me compterez pas de perte de change sur ces remises, d'autant plus que j'ai trouvé un manque de poids sur la vanille.

J'apprendrai avec plaisir votre avis d'envoi des deux barils carabé nouveau.

Que vaut le safran gastinois et d'Orange, ainsi que celui de l'avant-dernière récolte ? Envoyez-moi des échantillons si vous connaissez quelque partie, et si les propriétaires ne portent pas trop haut leurs prétentions.

Dans l'attente de vos nouvelles, j'ai l'honneur de vous saluer.

JEAN-RODOLPHE GEICY.

Lisbonne, le... 18.

Monsieur J.-G. C., à Paris.

Nous vous confirmons la lettre écrite le 24 courant pour vous accuser réception de vos remises sur notre ville, ensemble 2,800,000 réis.

Privés de vos nouvelles depuis cette époque, nous vous remettons ci-inclus pour votre compte un effet au 15 février de

Fr. 7,000 sur Mallet frères et Cie, notre correspondant de Paris, coûtant au change de 550

Réis 1,256,666, dont nous vous débitons (1) ; veuillez nous en reconnaître. C'est tout ce que nous avons pu trouver aujourd'hui ; nous verrons ce qui se présentera pour les prochains courriers, et nous vous adresserons le papier que nous jugerons vous convenir le mieux.

Nous référant à la cote de nos changes, nous avons l'honneur de vous saluer cordialement.

LAUNEY, GUILLOT ET Cie.

---

(1) Il faut consulter pour les calculs de monnaies étrangères, le *Nouveau Traité du change*, du même auteur, suivi du *Dictionnaire des places de change*, sixième édition, un volume in-8°. Article *Lisbonne*, PORTUGAL.

Brienne, le... 18..

Messieurs Ch. B. et A , à Paris.

J'ai reçu le caisson de borax dont votre honorée du 15 octobre me portait facture, et je vous en remets, sous ce pli, le montant par

Fr. 2,208, sur Bombeswuilleret et Cie, de votre ville, au 25 janvier prochain.

Vous voudrez bien m'en donner crédit et avis de réception.

Vous m'avez porté à 4 fr. le caisson qui ne vaut pas le quart ; mais, comme je suis très-content du choix de la marchandise, je ne pense pas à vous en faire déduction.

J'ai l'honneur de vous saluer sincèrement.

J.-L. BERROT.

Venise, le... 18..

Monsieur D., banquier.

J'ai reçu, Monsieur, la lettre que vous m'avez fait l'honneur de m'écrire, en date du 17 septembre dernier, et je vous remets ci-inclus :

Sur MM. Blacque, Certain et Drouillard frères. . . . . . . fr. 3,000
Plus 3 billets de la Banque de France, portant les indications suivantes :

M. 99. No 779. Création 14 mai 1819. 1,000
No 260 P. 12. — 29 novembre 1819. 500
F. 21 No 977. — 25 mars 1850. 1,000

Ensemble. . . . . fr. 5,500

Quoique la personne qui m'a remis ces billets de banque soit connue, je n'en éprouve pas moins quelques craintes vagues sur leur authenticité, car, à l'étranger, on n'est pas à même de vérifier ces effets, dont chaque série est ornée de signes et d'arabesques différents. J'attendrai donc avec impatience votre réponse à ce sujet.

Le commerce de Venise et de Trieste vient d'éprouver de sérieuses commotions ; 14 maisons juives ont manqué. Samuel Minerbi, de Trieste, a donné la première secousse par sa banqueroute frauduleuse d'un million de florins ; sa chute a provoqué toutes les autres. Ce Minerbi a disparu et s'est sauvé en France. Pour le moment, toute confiance a cessé dans les affaires de banque et autres.

En faisant mon compte approximativement, je pourrai rester à découvert de 20 à 25 mille livres d'Autriche, mais la bourrasque ne paraît pas encore finie, et l'on craint surtout pour les suites.

Agréez, Monsieur, les sentiments de votre dévoué serviteur et ami.

ANTOINE RUEL.

———

La Rochelle, le... 18...

Messieurs de B. et G., à Paris.

Nous sommes favorisés de vos lettres des 13 et 18 septembre. La première nous accusait réception de notre remise fr. 1,000, sur Scribe, au 16 dudit. La seconde nous retourne cet effet avec protêt, s'élevant à

Fr. 1,010 95 c., dont votre compte est crédité.

Nous vous remettons de nouveau sous ce pli :

Fr. 2,000, traite Dauze père et fils, sur Miley, à Paris, au 15 courant. Veuillez en soigner la rentrée et nous en accuser réception.

Le prix, s'il vous plaît, des laines longues filées, des draps bèges, des 7/8 bédarieux bon teint, semblables à ceux que vous nous avez fourni l'année dernière?

Nous vous saluons de cœur.

GIRAUDEAU et SOUCHET.

———

Strasbourg, le... 18...

Monsieur B., à Paris.

Votre lettre du 17 courant me remet la facture de 2 colis, montant à fr. 1,689 85 c., dont votre compte est crédité, sauf vérification. Si, à l'article des frais, vous n'avez pas fait une erreur de plume, ils ne s'élèveraient qu'à fr. 10 75, au lieu de fr. 17 75, et le montant de votre facture se réduirait à fr. 1,682 85. Ayez la bonté de vérifier.

Puisque j'ai un besoin absolu de sassafras, il faut bien que je me soumette au prix énorme que vous en demandez ; veuillez donc m'en expédier environ 50 kilog. et me les passer au plus juste prix.

J'ai le plaisir de vous remettre ci-inclus :

Fr. 2,000, sur Grébauval, Lainé et Cie, payables chez Doyen et Cie, de votre ville. Vous voudrez bien m'en donner crédit.

11

Je vous préviens, Monsieur, que cet effet a été protesté deux fois faute de payement, et que M. Doyen a déclaré qu'à l'échéance il l'acquitterait pour l'honneur de la signature des tireurs.

Agréez mes salutations.

D. GRIESINGER.

———

Milan, le... 18...

Monsieur C., à Paris.

Honorés de votre lettre du 9 courant, nous vous créditons, avec remerciements, des fr. 10,000 que vous avez eu la bonté de payer à M. J. Traversi.

Il est tout à fait impossible de trouver la devise directe à un change raisonnable; quant aux autres, il n'y en a guère qui conviennent pour le remboursement. Ainsi, veuillez bien vous prévaloir sur nous de votre avance à courte échéance et au meilleur change possible.

Nous vous saluons avec la plus parfaite estime et considération.

VINCENT DELUILU et FILS.

———

Paris, le... 18...

Messieurs G. et R., à Clermont.

Nous avons l'honneur, Messieurs, de vous confirmer notre lettre du 29 janvier dernier, depuis laquelle nous est parvenue la vôtre du même jour, qui nous remet l'extrait de notre compte chez vous, présentant un solde en votre faveur de fr. 3,774, dont nous avons reconnu l'exactitude.

Ci-inclus, nous vous remettons :

Fr. 3,000, en trois billets de banque.
500, à vue sur Clermont.

———

Ensemble : fr. 3,500, dont veuillez bien nous donner crédit et avis de réception par retour du courrier.

Agréez, Messieurs, nos civilités empressées.

ALEXANDRE et Cie.

CHAPITRE X.

ACCUSÉS DE RÉCEPTION

DE REMISES, D'ENVOIS D'ARGENT ET DE TRAITES A L'ACCEPTATION.

Dès qu'on a reçu des remises, il est de règle d'en accuser réception à son correspondant par une lettre où l'on commence par énumérer les remises, dont le bordereau se trouve déjà dans la lettre d'envoi qu'on a sous les yeux ; mais on peut abréger de beaucoup les détails du bordereau, dans la lettre d'avis de réception ; quelques maisons de banque se contentent même d'annoncer à leur correspondant qu'elles ont reçu sa remise, sans désignation des valeurs qui la composaient, et qu'elles créditent son compte du montant total.

C'est encore ici l'occasion de supprimer, dans cette espèce de lettres fort nombreuses, une réserve dont l'usage a persisté, quoique rien ne la justifie :

Ensemble F..., dont nous vous créditons, SAUF RENTRÉE, OU SAUF BONNE FIN.

Cette réserve est inutile, car il est de droit que quand on habite la même ville, le cédant rembourse l'effet qu'il a remis, s'il n'est pas payé, ou, s'il habite une autre ville, qu'il soit débité du montant de l'effet non payé dont on lui fait retour.

Cette restriction, sauf rentrée, est donc superflue, et comme elle élève, d'ailleurs, un doute désobligeant sur la solidité des remises, il est convenable de la supprimer.

C'est en accusant réception des remises, qu'il est opportun de faire des observations critiques sur leur nature, la longueur de leur échéance, le change de place élevé auquel certaines d'entre elles peuvent donner lieu, et diverses autres observations que l'examen de ces remises pourrait provoquer.

S'il manquait quelques valeurs, qui auraient été distraites ou égarées, la loi prescrit les formalités à remplir dans ce cas; nous les indiquons à la fin de ce volume.

Lorsqu'on reçoit des traites, les unes à vue ou à terme de vue, les autres non acceptées, on doit les faire présenter, dans un court délai, au *visa* ou à l'*acceptation*.

Dans le cas de non payement, il faut faire attention aux effets pour lesquels le cédant a dérogé à la règle générale qui veut qu'un protêt constate le refus de payement; il y est dérogé par l'inscription de ces mots : *retour sans frais,* ou, plus simplement, *sans frais.*

Cette clause dispense de faire le protêt; c'est, d'ailleurs, une question très-controversée, que de savoir si cette mention sur un effet est une *dispense de faire,* ou une *obligation de ne pas faire le protêt* (1).

Le porteur d'une traite, non acceptée ou à terme fixe, doit, dans un intérêt général, la présenter à l'acceptation

---

(1) Si la clause *retour sans frais* est apposée sur l'effet par le tireur, elle oblige réciproquement tous les endosseurs subséquents; si elle est apposée par un endosseur, elle n'oblige que les endosseurs qui les suivent, mais non les endosseurs antérieurs.

qui, seule, oblige sérieusement le tiré ; mais il n'y est pas rigoureusement obligé, et peut attendre l'échéance, à moins que ce devoir ne lui ait été imposé par le cédant; ce qui s'indique par ces mots : *d'en soigner le nécessaire.*

Mais, lorsque la traite est payable à un terme de vue, le porteur est tenu de la présenter à l'acceptation, pour fixer, par la date de l'acceptation, le point de départ de ce terme de vue, ou faire protester, en cas de refus d'acceptation.

La loi fixe les délais à raison de la distance; ces délais sont de six mois pour la France, et varient, selon les distances, pour les pays étrangers (1).

Quand on a reçu des traites pour les présenter à l'acceptation, on les dépose chez l'accepteur pendant vingt-quatre heures, et on les renvoie à l'expéditeur quand elles sont revêtues de cette formalité; mais si le tiré les rend sans les accepter, le devoir du détenteur, qui n'agit ici que comme mandataire du tireur, se borne à faire constater le refus par un protêt, faute d'acceptation (2).

Il est des maisons qui, à chaque lettre accusant réception d'une remise ou annonçant l'envoi d'une valeur, en ajoutent ou retranchent le montant du solde de leur compte, pour en faire ressortir, à chaque mutation, le solde nouveau. Cette marche, qui peut avoir cet avantage de faire constamment connaître la situation des comptes des corres-

---

(1) Le tiré a quarante-huit heures, à Paris, pour accepter la traite ; après ce délai il doit la rendre acceptée ou non, et s'il la retient, il devient passible de dommages-intérêts.

L'obligation, imposée aux porteurs de lettres de change tirées du continent ou des îles d'Europe, et payables soit à vue, soit à un ou plusieurs jours, mois ou usances de vue, dans les possessions européennes de la France, d'en exiger le payement ou l'acceptation *dans les six mois* de leur date, sous peine de perdre leur recours contre les endosseurs et le tireur, est *réciproquement prescrite* aux porteurs de lettres de change tirées de France, des possessions ou établissements français, et payables à l'étranger, sauf le cas de stipulation expresse entre le tireur et le preneur. (*Voir* Code de comm., art. 160.)

(2) Le protêt, faute d'acceptation, sert à forcer les endosseurs et le tireur, sans qu'il soit besoin d'attendre l'échéance, à donner caution pour assurer le payement à son échéance du montant de la traite, des frais de protêt, du rechange et port de lettres, ou bien à en effectuer le remboursement.

pondants, est peu praticable dans les affaires considérables ou souvent répétées. (Voir l'exemple ci-après.)

Saint-Malo, le... 18..

Messieurs T. et P., à Paris.

Depuis notre dernière du 5, qui vous a renvoyé votre remise sur V. O., de Dol, de fr. 572 65, nous avons reçu votre lettre du 1er, qui couvrait un appoint sur D., de Saint-Mein, domicile de M. X. D., de Dinan, au 31 courant de fr.. 770 31
dont vous êtes crédités.

Nous vous devions........... 3,342 35

Il vous revient.............. 4,112 66
que nous vous remettrons à mesure des rentrées. Nous n'osons le faire plus tôt, parce que tous nos petits marchands ne sont rien moins qu'exacts à payer leurs obligations.

Nous vous saluons affectueusement.

L. BLAIZE et Fils.

Paris, le... 18..

Monsieur J., à Paris.

Nous avons reçu la lettre que vous nous avez fait l'honneur de nous écrire le 9 courant, et qui nous portait votre remise de :
R. 12,000, sur Madrid, soit, piastres fortes.................. 600 » »
Vous aviez à nous remettre pour solde des 3/10 en papier... 466 3 28

Reste................. 133 28 6
qui seront à valoir sur le compte d'intérêts et frais que nous vous remettrons plus tard.

Agréez, Monsieur, nos civilités empressées.

J. LAFFITTE et Cie.

Bordeaux, le... 18..

Monsieur J., à Paris.

Nous sommes honorés, Monsieur, de votre lettre du 4 courant.
Vous nous remettez:

Fr.	400	»	sur Ch. Espen,	15 courant,	
	4,500	»	J. Michaelsen.	16 dito,	Bordeaux.
	431	»	Ch. Espen,	31 dito.	
	171	25	Guizonnier fils,		

Fr. 5,502 25   Ensemble à votre crédit.

Ainsi que vous le désirez, nous ne ferons pas accepter l'appoint de fr. 4,500.
Nous vous soumettons nos cours, et nous avons l'honneur de vous saluer
très amicalement.

P. PORTAL ET Cᵢᵉ.

Naples, le... 18..

Monsieur J., à Paris.

Depuis notre dernière du 18 courant, vous avisant une traite de fr. 1,500,
votre lettre du 12 nous est parvenue. Nous retirerons la lettre dont vous faites
mention, adressée à Monsieur G. D., qui doit renfermer votre traite du 7 octobre de liv. 107, 77, à son ordre, et que nous détournerons de votre part.

Nous réservons un accueil distingué à M. le marquis de T., que vous accréditez pour fr. 50,000, et approuvons que vous nous ayez débités de
fr. 300 payés à MM. L. et B., mais nous vous prions de cesser ces payements
mensuels jusqu'à nouvel ordre.

Nous vous renouvelons, Monsieur, l'assurance de nos sentiments distingués.

FALCONNET ET Cᵢᵉ.

Anvers, le... 18..

Monsieur J.-G. C., à Paris.

J'ai reçu successivement vos estimées lettres des 16, 17 et 18 de ce mois,
elles ont croisé la mienne du 15 courant, que j'ai l'honneur de vous confirmer en vous répétant que je ne crois pas que vous receviez une réponse sa-

tisfaisante au sujet de la maison en question d'Amsterdam ; on prétend qu'elle est entièrement ruinée par ses effrayantes opérations.

En réponse aux susdites, j'ai pris bonne note de vos traites sur B. et R., au 20 courant, ensemble fr. 100,000, j'ai prévenu le chef de cette maison qu'il ait à envoyer les porteurs chez moi, et que je les payerai par intervention pour votre compte.

Les cinq barils espèces dont vous m'annoncez l'envoi me sont parvenus en règle ; aussitôt que j'en aurai vérifié le montant j'en créditerai votre compte par fr. 94,014 05 ; vous êtes déjà débité de fr. 168 50, payés à la diligence pour le port.

Il m'est très-agréable d'apprendre que les risques s'éteignent chaque jour et que l'on ne doit pas avoir de fortes craintes pour les maisons de votre place. Il est certain que, dans une pareille crise, tout le monde pourrait se trouver entraîné, quoique indirectement et par contre-coup.

Toujours très-dévoué à vos ordres, j'ai l'honneur de vous saluer avec une parfaite estime.

J.-J. LEGRELLE.

Paris, le... 18..

Messieurs J. et B., à Paris.

Nous avons reçu, Messieurs, les lettres que vous nous avez fait l'honneur de nous écrire les 2, 18 et 30 avril dernier : les deux premières nous remettaient pour l'acceptation :

> fr. 65,000 en 10 traites Hamard au 10 juillet prochain.
>   50,000   6 dito   dito   22   dito.

fr. 115,000 ensemble, que nous avons revêtues de cette formalité, et qui ont été portées à votre débit, valeur des échéances.

Nous retirons de la dernière votre remise de :

fr. 51,003 13 c., ensemble en 22 effets sur Paris dont nous soignerons la rentrée, pour vous en créditer.

Agréez, Messieurs, nos civilités empressées.

J. LAFFITTE et Cie.

Paris, le... 18..

Messieurs T. et P., à Paris.

Nous avons retiré, Messieurs, de la lettre que vous nous avez fait l'honneur de nous écrire le 11 courant, votre remise de fr. 123,717 74 c. ensemble en 51 effets sur Paris à diverses échéances, dont nous soignerons la rentrée pour vous en créditer.

Agréez, Messieurs, nos civilités.

J. LAFFITE ET Cie.

P. S. Nous avions différé l'envoi de cette lettre parce que l'importance et la nature de vos remises ont exigé un examen attentif; nous désirerions même à cet égard nous en entretenir avec l'un de vous, Messieurs ; Monsieur Ferrère Laffite serait toujours prêt à le recevoir.

Une lettre du 16, qui nous est parvenue dans l'intervalle, nous portait 12 effets également sur Paris, de :

Fr. 29,807 47 c. ensemble, suivant détail conforme à votre bordereau. Elle nous provenait de traites fournies sur nous pour votre compte, de:

Fr. 60,000, dont nous avons pris note.   LESDITS.

Paris, le... 18..

Monsieur D. G., actuellement à Paris.

J'ai l'honneur, Monsieur, de vous accuser réception de la remise manuelle que vous m'avez faite de :

Fr. 30,781, 45 en divers effets sur notre ville ; j'en soignerai la rentrée au crédit du compte que je vous ai offert à cet effet. Je vous débite, par contre, des

Fr. 6,000 que vous avez touchés à ma caisse.

Les conditions de ce compte sont fixées ainsi qu'il suit : intérêts de mes avances à raison de 4 0/0 l'an, commission 1/3 0/0

Entièrement dévoué à vos ordres, je vous présente, Monsieur, mes salutations bien sincères.

J.-G. CACCIA.

Lorient, le... 18..

Messieurs,

Je suis honoré de votre lettre du 14 courant, me remettant deux traites
Fr. 708 75 c. au 15 septembre prochain,   } sur C., de Quimperlé.
     702 90   30   dito,
accompagnés des billets de ce débiteur.

Je garde ces effets pour vous en créditer en cas de payement ; mais comme,
d'après tout ce qui me parvient sur le compte dudit C., cette chance me
paraît fort incertaine, je ne regarde pas cet envoi comme une remise, puisque je ne puis me permettre de mettre ces traites en circulation. Vous voudrez bien observer aussi que cette affaire change de nature et ne peut plus
être considérée comme un recouvrement ordinaire, mais doit être classée
au rang des opérations qui, exigeant des soins et une correspondance, sont
passibles de la commission de 2 p. 0/0.

Comptez, au surplus, sur tous mes soins pour le bien de vos intérêts.

J'ai l'honneur de vous saluer.

J. FOURCHON.

———————

Paris, le... 18..

Monsieur V. J., en ville.

Notre garçon de caisse nous a rapporté, avec votre lettre du 5 courant :
13 obligations de l'emprunt grec, garantie anglaise,
13   »   »   »   »   russe.
que nous avons, selon vos ordres, envoyées avant-hier à Londres, par les
Messageries royales, avec invitation de les réaliser au mieux possible.

Aussitôt que nous aurons l'avis de cette vente, nous nous empresserons
de vous faire tenir le compte du net produit que nous mettrons alors
à votre disposition.

Nous avons l'honneur, Monsieur, de vous présenter nos compliments distingués.

ANDRÉ et COTTIER.

Paris, le... 18...

Monsieur J.-G. C., à Paris.

J'ai l'honneur de vous accuser réception de vos lettres des 12 et 14 courant; conformément à la première, j'ai porté au débit de votre compte, valeur 15 novembre, fr. 147,843 95, net produit des 2,675 piastres de rente qui restaient invendues à Anvers et dont vous me remettez le compte.

Par la seconde, vous me remettez le compte général des piastres que vous avez vendues, d'après lequel les cinq mille piastres que je vous ai cédées ont produit net la somme de . . . . fr. 260,608 10

Ces 500 piastres m'ont coûté, à 44 3/4 . . . . . . 241,650 »

Bénéfice net. . fr. 18,958 10

que je porte au crédit de votre compte.

J'ai l'honneur de vous offrir mes salutations empressées.

A. AGUADO.

Paris, le... 18...

Monsieur J., à Paris.

A valoir sur les trois payements en papier de votre souscription de 800 obligations dans l'emprunt d'Espagne, vous nous remettez, par votre lettre du 4 courant, cinq effets sur Madrid et Cadix, de pistoles 2,734 1 », ensemble faisant au pair . . . . piastres fortes, 8,234 5 6
Nous vous en créditons de conformité.

Vous nous avez remis pour le même objet, le 9 décembre
dernier . . . . 8,099 11 »
Il ne vous reste donc plus à nous adresser, pour solder
votre libération en papier, sauf intérêts et frais, que . . . 466 3 2

Ensemble . . piastres fortes, 16,800 » »
formant trois dixièmes de vos 800 obligations. Veuillez nous dire, à l'occasion, si nous sommes d'accord.

Agréez nos civilités cordiales.

J. LAFFITTE et Cⁱᵉ.

Paris, le... 18...

Messieurs P. et P., à Paris.

Nous avons reçu, Messieurs, les lettres que vous nous avez fait l'honneur de nous écrire les 24 juillet et 2 courant ; la première nous remettait pour l'acceptation.

Fr. 50,000 en 8 traites Hamard sur nous-mêmes au 25 octobre prochain,
      50,000   6 dito   dito   dito   9 novembre dito

Fr. 100,000 ensemble, que nous avons revêtues de cette formalité, et portées à votre débit, valeur des échéances.

Nous avons retiré de la seconde votre remise de

Fr. 70,364 38 c., ensemble en 28 effets sur Paris, à diverses échéances, dont nous soignerons la rentrée pour vous en créditer.

Agréez, Messieurs, nos civilités.

J. LAFFITTE et Cie.

Nous avons reçu , Messieurs, la lettre que vous nous aviez fait l'honneur de nous écrire le 18 juillet dernier, et dont le contenu se trouvait d'accord entre nous.

Paris, le... 18...

Monsieur D., en ville.

Nous avons reçu, Monsieur, avec la lettre que vous nous avez fait l'honneur de nous adresser hier, un certificat au porteur de notre association avec Messieurs Busoni Goupy, n° 669, de fr. 100 de rente, pour transférer au nom de Caron, Pierre-Alexis. Dans très-peu de jours nous vous ferons remettre l'inscription en échange et présenter notre quittance de dix francs pour frais.

Recevez l'assurance de notre parfaite considération.

MARTIN D'ANDRÉ et fils.

Paris, le... 18...

Monsieur J.-G. C., en ville.

J'ai reçu la lettre dont vous m'avez favorisé hier, et vous remercie beaucoup de l'envoi que vous m'avez fait de la lettre de crédit au nom de Monsieur

Leclerc jeune, adressée à Messieurs frères Eigra et fils, à Turin, et Garli de Thomas et Cie, à Milan.

Il est bien entendu que cet objet se trouve sous ma garantie personnelle, et, au fur et à mesure que vous recevrez les reçus de Monsieur Leclerc, je vous tiendrai compte de leur montant ainsi que de vos frais.

Je serai charmé qu'en pareille ou toute autre occasion mes services puissent vous être utiles ; ils vous sont entièrement dévoués.

J'ai l'honneur de vous saluer.

DELAMARRE-MARTIN DIDIER.

——————————

Rouen, le... 18..

Messieurs T. N.. et Cie, à Paris.

Je vous accuse réception de vos deux honorées lettres des 27 et 30 du courant.

Je vous ai donné crédit de fr. 2,536 06 pour les effets que renfermait votre première.

Pour l'avenir, je prends note de ne plus vous envoyer de papier long, non timbré. Je vous donne avis que mon cédant de la traite de fr. 731 60 en a demandé une autre à Niort, et qu'il me dit que M. Clerc, ou le Clerc, demeure rue Caumartin, n° 28. Veuillez vous informer si l'on s'est présenté pour recevoir, et m'en donner avis.

Le confectionnaire du petit bon de fr. 19 faisant partie de votre lettre perdue dans le mois de mai, n'a encore vu personne se présenter pour en recevoir le montant.

J'ai l'honneur de vous saluer bien sincèrement.

P.-A. LORMIER NEVEU.

——————————

Paris, le... 18..

Monsieur C..., à Paris.

J'ai reçu, avec votre honorée du 13 courant du retour de Rome, les pièces que je vous avais remises concernant ma créance sur le prince Lucien, et la traduction littérale de la lettre de Monsieur votre correspondant pour

Monsieur Campi, auprès duquel le prince me renvoie. Veuillez recevoir mes remerciements et me faire connaître ce dont je vous suis redevable pour cet objet dont votre compte est déchargé.

J'ai l'honneur d'être, avec une parfaite considération,

       Votre très-humble serviteur.

                 ODIOT.

               Paris, le... 18..

Monsieur J.-G. C..., à Paris.

Nous avons reçu, Monsieur, la lettre que vous nous avez fait l'honneur de nous adresser, en date d'hier, accompagnée d'une inscription de 1,021 fr. de rente, n° 19,665, série 1, au nom de notre sieur Cottier, et du coupon du semestre échu le 22 mars dernier. Au moyen de ces titres, nous sommes remplis des valeurs que Monsieur le commissaire liquidateur de Rome avait mises chez vous à notre disposition par sa lettre du 23 avril.

Agréez, Monsieur, l'assurance de notre parfaite considération.

           DOM. ANDRÉ ET COTTIER.

               Paris, le... 18..

Messieurs Ch B... et G..., à Paris.

Nous sommes favorisés, Messieurs, de votre lettre du 26 courant, nous apportant vos remises sur Paris de fr. 9,000 qui figurent à votre crédit.

Votre appoint sur Strasbourg de

Fr. 2,100, a été placé à 5/8 de perte, soit fr. 2,086 88 à votre crédit.

Vous vous êtes bien pressés, Messieurs, de nous faire ces remises qui, suivant la note d'autre part, balancent votre compte moins fr. 140 97 c. Nous étions parfaitement tranquilles, et vous auriez pu ne nous faire ce fonds que la veille ou la surveille de nos échéances.

Nous avons l'honneur de vous saluer.

          GUÉRIN DE FONCIN ET Cie.

Dunkerque, le... 18...

Messieurs Ch. B. et C., à Paris.

Sous le pli de la lettre que vous m'avez adressée le 30 du mois dernier, j'ai trouvé vos remises de

Fr. 5,025 80 au 15 courant   ⎫ traites Parthon et fils, du 28 du passé.
     6,455 60 au 19 novembre   ⎭ sur Emmery et Van-Hée de cette ville.

Fr. 11,481 40, ensemble dont je soignerai l'encaissement pour vous en faire les retours en papier court sur votre place.

Ces effets sont à l'acceptation, et vous serez avisés au bas de la présente s'ils sont revêtus de ce premier accueil.

J'ai bien regret que la qualité du safran arrivé récemment à Ostende ne soit pas à votre convenance ; s'il vient ici des huiles de baleine ou de morue, je vous en ferai part aussitôt.

Recevez, Messieurs, mes bien cordiales salutations.

Gev. GREGORIE.

P. S. Votre remise au 19 novembre est acceptée, quant à celle du 15 de ce mois, Messieurs Emmery et Van-Hée ne veulent l'accepter que payable un mois plus tard, soit le 15 octobre. J'attends vos instructions de suite, afin de faire le nécessaire si la proposition des tirés ne vous convient pas. Messieurs Hemmery et Van-Hée ont des fonds en retard au Danemark ; si les remises de ce pays arrivaient bientôt, ils n'attendraient pas le 15 octobre pour acquitter la traite en question, leur désir étant de payer le plus tôt possible.

G. G.

———————

Bordeaux, le... 18...

Monsieur D., à Paris.

Nous sommes honorés, Monsieur, de votre lettre du 28 courant.

Vous nous remettez pour votre compte :

Fr.   450 » sur Fillastre père, fils et neveu, au 28 courant. ⎫
      453 60   —   —   31 mars,   ⎪
    1,335 65   billet Germain,   10 mai,   ⎬ Bordeaux.
      500 »   — Penet,   15 —   ⎪
      500 »   —   —   31 —   ⎭

Fr. 3,239 25 c. Ensemble à votre crédit.

Notre navire, le *Courrier de Manille*, vient d'arriver de son voyage dans l'Inde. Satisfaits de cette opération, nous allons le réexpédier au mois de mai prochain pour Manille et la Chine, où nous nous sommes presque assurés d'avance du placement des articles qui doivent composer sa nouvelle cargaison. Les résultats, d'après toutes ces prévisions, nous paraissent infaillibles. S'il vous était agréable de prendre un intérêt dans cette opération, nous le verrions avec plaisir.

Nous vous soumettons nos cours et nous avons l'honneur de vous saluer amicalement.

P. PORTAL et Cie.

Paris, le... 18..

Monsieur F., à Paris.

Nous avons reçu, Monsieur, la lettre que vous nous avez fait l'honneur de nous écrire ce jour.

Vous nous remettez :

Fr. 107,000 » c. votre compte délégation sur M. Fournier, agent de change, payable en liquidation, et vous avez fait verser :
983 20   en espèces.

Fr. 107,983 20 c. Laquelle somme forme le prix des piastres 2,272, que nous avons à vous livrer.

Il a été convenu entre ces Messieurs et nous que le payement de ces piastres ne serait effectué que le 10 juin. Ainsi, Monsieur, si vous voulez user de cette latitude, et que vous ayez un autre emploi à assigner à votre argent en liquidation, nous nous empresserons de vous restituer votre délégation.

Agréez, Monsieur, nos salutations empressées.

J. LAFFITTE et Cie.

CHAPITRE XI.

—

DEMANDES D'ARGENT

OU DE REMISES.

Dans les grandes affaires et dans le haut commerce, les négociants payent ou font des remises en temps utile et sans qu'il soit besoin de leur demander de l'argent; mais, dans d'autres genres de relations, il devient souvent nécessaire de stimuler les débiteurs qui s'arrièrent ou négligent de s'acquitter.

On choisit, pour le faire avec plus de ménagement, une occasion naturelle, un prétexte plausible, un moment opportun, afin de pallier, autant que possible, ce qu'une demande d'argent, non prévue, a toujours de peu agréable.

A la fin de l'année ou du semestre, époques bien connues pour le réglement des comptes, on ne manque pas d'envoyer aux maisons en retard, ou avec lesquelles on se trouve à découvert, l'extrait de leur compte. Le seul fait de l'envoi de cet extrait est déjà une espèce de demande tacite de couvrir un solde qui paraît élevé; d'un autre côté, c'est l'occasion la plus naturelle de dire à un correspondant qu'on recevrait avec plaisir les remises qu'il lui conviendrait d'adresser.

12

Comme, à de pareilles époques, la demande paraît faire partie d'une mesure générale, elle n'a plus rien d'insolite ou de fâcheux.

On invoque aussi, pour faire entrer des fonds, ses propres besoins; on parle des circonstances qui les motivent, de la modicité du bénéfice; enfin, on use de tous les prétextes que la politesse et l'esprit de ménagement peuvent suggérer en pareil cas.

On devient graduellement plus pressant, lorsque les correspondants restent trop longtemps sourds à des demandes mesurées. On se décide à tirer sur eux, en allongeant les termes, en fractionnant les traites, en entrant, en un mot, dans leurs convenances, tout en les conciliant avec les siennes.

Viennent après les exigences fermes, les menaces de frais, et, en dernier lieu, les poursuites.

Paris, le... janvier 18..

Monsieur R , à Dijon.

A l'époque de la fin de l'année, nous arrêtons tous nos comptes; en conséquence, nous vous remettons sous ce pli l'extrait du vôtre, soldant en notre faveur par fr. 2,917 85 c.; nous le soumettons à votre examen, veuillez nous en accuser le bien être, et en passer écritures de conformité avec nous.

Nous recevrions avec plaisir en ce moment les remises qu'il vous plairait de nous faire.

Entièrement à vos ordres, nous vous saluons bien affectueusement.

Thomas VERNAL.

Paris, le... 18..

Monsieur C. et Cie, à Chartres.

Ayant besoin d'opérer quelques rentrées, nous avons pris la liberté de disposer sur vous, en nos traites ci-après indiquées, du solde de compte dont

vous êtes nos débiteurs pour fr. 1,922 50 c. en nos traites ci-après; veuillez
leur réserver un favorable accueil.

Fr.   500 » c. fin mars.
        600 »   fin avril.
        822 50 fin mai.

Ensemble Fr. 1,922 50 c., dont vous êtes crédités pour solde de
compte jusqu'à ce jour.

Nous espérons que vous approuverez cette manière de concilier vos convenances, par le long terme que nous vous faisons, avec nos besoins urgents
de rentrées.

Vos dévoués serviteurs,

BURET et LACAZE.

Lyon, le... 18..

Monsieur R., à Paris.

Ayant besoin d'un appoint sur votre ville, nous avons pris la liberté de
disposer sur vous du montant de notre dernière facture.

Veuillez donc prendre bonne note de notre mandat à l'ordre de Dalm-
bert, au 31 courant, de

Fr. 537 40 c. pour solde de compte, que nous vous prions d'accueillir favorablement.

Nous signalons à votre attention les côtelés double broche que nous pourrions, en ce moment, vous expédier au prix avantageux de 4 fr. 75 c.

Veuillez agréer, Monsieur, nos bien cordiales salutations.

DESGACHES, COUSIN et Cie.

Bordeaux, le 19 août 18..

Monsieur Edmond de C.,

Je me suis présenté plusieurs fois chez M. C. fils, votre correspondant,
pour recevoir le montant des comptes de votre navire, le Pactole. Il a
fini par me dire que vous aviez retranché mon compte de ceux qu'il est
chargé de payer. Présumant que votre intention est de solder vous-même
cet objet, je vous en remets ci-incluse la note, s'élevant à fr. 958 80 c.

pour laquelle somme je vous préviens que je me suis prévalu sur vous pour fin septembre prochain.

La crise financière est affreuse sur notre place; plusieurs des premières maisons ont suspendu leurs payements; cela nous réduit à une position très-critique et nous contraint à activer les rentrées.

Dans l'assurance que bon accueil sera fait à mon mandat, je vous prie d'agréer les salutations bien affectueuses de votre tout dévoué serviteur.

VICTOR FAURE.

Rouen, le... février 18..

Monsieur D., à Senlis.

Nous avons l'honneur de vous confirmer notre dernière lettre du 6 courant, par laquelle nous vous remettions la facture des marchandises expédiées il y a trois mois.

Comme il est d'usage que ces marchandises, sur lesquelles il y a fort peu de bénéfice, soient payées comptant ou à des termes très-courts, nous avons disposé sur vous du montant de la facture,

Fr. 715 25 c., en notre mandat ordre Durandeau, fin courant, dont nous vous créditons pour solde. Veuillez l'accueillir favorablement.

Dans l'attente de nouveaux ordres, nous vous saluons affectueusement.

DEBRY PÈRE ET FILS.

Berthèleville, le... décembre 18..

Monsieur T.,

Je vous remets ci-joint un certificat de MM. Bocellaud et Rechies de Joinville, montant à 10,147 kil. de fer Martinet, pour solde de notre ancien marché, à fr. 560 l'un, pour fr. 5,681 30 c., valeur au 6 juin.

Si vous voulez m'envoyer des effets à deux ou trois mois, vous me ferez plaisir.

J'ai l'honneur de vous saluer bien sincèrement.

Pour mon père,

DEMIMUID FILS AINÉ.

Châtillon-sur-Seine, le... novembre 18..

Monsieur T..., à Paris.

Nous venons vous prier, Monsieur, de vouloir bien nous adresser vos ré-
glements pour nos livraisons de fer des mois de septembre, octobre et novembre courant, c'est-à-dire environ 140,000 francs, aux échéances de mai,
juin et juillet prochains. Nous avons besoin de ces valeurs, et nous comptons
sur votre obligeance accoutumée, bien que la fabrication de novembre, qui
est encore en route sur les ports, ne vous soit pas encore parvenue.

Agréez, Monsieur, nos salutations affectueuses.

BASILE, LOUIS MAITRE.

Anvers, le... 18..

Monsieur L., à Verdun.

Je suis extrêmement surpris du contenu de votre lettre. J'ai avancé pour
votre compte, depuis six ou huit mois, 30,941 fr., et j'ai eu la réserve de ne
point vous presser de me rembourser cette somme tant qu'elle m'a été
inutile. Les fonds que vous me destiniez sont chez votre notaire, ou, du
moins, il a entre les mains des valeurs que vous lui avez donné ordre de
vendre. Voilà cinq mois qu'il promet de jour en jour d'effectuer cette
vente, sans cependant qu'il la termine.

Veuillez donc bien avoir la bonté de le presser de votre côté, et agréer,
Monsieur, l'assurance de mon respect et de mon entier dévouement.

SALMON AINÉ.

Châtillon-sur-Seine, le... 18..

Monsieur T., à Paris.

Nous sommes favorisés de votre lettre du 1er courant, nous apportant seulement fr. 100,000
Nous voyons, Monsieur, que vous avez mal compris la nôtre du 18 novembre dernier. Veuillez vous y reporter : nous vous demandions le règle-

ment de nos livraisons des mois de septembre, octobre et novembre, c'est-à-dire le règlement de 600,000 kil. de fer, à raison de fr. 400 les 1,000 kil., soit fr. 240,000.

Cette demande ne doit pas vous sembler extraordinaire; car, si vous n'avez pas encore reçu en totalité les livraisons du mois dernier, elles vous seront toujours rendues plus de six mois avant l'échéance de vos billets, puisque vous ne nous réglez qu'à sept et huit mois. Vous nous obligerez donc de nous envoyer le complément de la somme que nous vous avons demandée, aux mêmes échéances que les derniers règlements que vous nous avez remis; cela nous sera agréable, et nous comptons, Monsieur, sur votre obligeance à cet égard.

Nous avons transmis à la forge Marmont la commande de 100 barres bandages que vous nous donnez par votre susdite, et nous avons recommandé toute célérité dans l'expédition.

Votre lettre du 22 de l'expiré nous a apporté les divers comptes et états composant les réceptions et ventes de nos fers laminés, et l'extrait de notre compte courant balancé en votre faveur par fr. 152,754 17 c. au 31 octobre dernier.

Nous n'avons, sur ce compte, d'autre observation à vous faire que la suivante : vous percevez l'intérêt sur la commission de vente; cette commission, d'après votre traité avec le maréchal, ne vous est due qu'à dater du 20 avril 1829, et non du 31 octobre. Nous vous débitons donc à nouveau, pour cet objet, de fr. 617 46 c., 31 octobre.

Nous vous prions d'agréer nos salutations affectueuses.

ASILE, LOUIS MAITRE.

Paris, le... juillet 18..

Monsieur G.,

Nous avons l'honneur de vous remettre ci-joint copie d'une lettre de M. Frédéric Diesgardt, de Viersen, près Creveld, dans laquelle il nous renvoie un effet sur Madrid que nous avions tiré pour son compte, et qui a été protesté faute de payement.

Il nous engage à renvoyer l'effet et le protêt, ainsi que le compte de retour à Madrid, puisque c'est par inadvertance qu'on a fait faire le protêt, ainsi que vous le verrez par la lettre de MM. Craells et Cie.

Comme M. Diesgardt nous écrit que nous pouvons vous charger de cette affaire, nous vous adressons tous les titres y relatifs, et vous prions de nous rembourser du montant en fr. 3,759 contre quittance que le porteur de la présente vous remettra.

Dans le cas où il ne vous conviendrait pas de nous payer de suite ces fr. 3,759, nous attendrons jusqu'à ce que vous ayez la réponse de Madrid.

Agréez, Monsieur, nos félicitations empressées.

WORMS DE ROMILLY et Cie.

Paris, le... 18...

Monsieur I., à Bordeaux.

J'ai l'honneur de vous confirmer ma dernière du 16 courant où je vous priais de me renvoyer, si vous ne l'aviez pas encore utilisée, ma remise de fr. 5,000.

Voici ci-inclus :

        Fr. 3,000 Capgras au 13 février, à l'acceptation.
            2,000 acceptation Gousicot au 16 février.

    Ensemble   5,000

Le Bordeaux peut se prendre ici très-avantageusement dans ce moment ; je me déciderais à vous en remettre souvent si vous me faisiez plus promptement des retours.

A l'occasion remettez-moi de préférence des premières valeurs de banque, je sais que vous devez me les porter à un prix différent de nos conventions habituelles, mais je le préfère.

Je pense que vos remises se croiseront avec ma lettre ; dans le cas contraire il me serait agréable de recevoir vos retours pour la fin du mois.

Agréez mes affectueuses salutations.

LEBROTET.

Paris, le... novembre 18...

Monsieur de R., à Paris.

J'ai reçu la lettre que vous m'avez fait l'amitié de m'écrire, où vous m'annoncez que vous êtes en ce moment dans l'impuissance de vous libérer envers moi, pour votre intérêt souscrit dans l'opération du navire le *Duc-de-*

Bordeaux; mais qu'aucun sacrifice ne vous coûtera pour sortir d'une situation aussi pénible que nouvelle pour vous. Dans cette lettre qui, je me plais à le reconnaître, fait honneur à votre caractère, tout respire la franchise et la loyauté; je dois y répondre avec la même sincérité. Je ne vous cacherai donc pas que mon opération nouvelle pour les mers du Sud repose sur des bases tellement larges, que j'ai dû rassembler sans exception tous mes capitaux disponibles pour l'entreprendre.

Tandis que vous continuerez vos efforts pour réaliser, je chercherai de mon côté à négocier, soit votre contrat hypothécaire de 16,000 fr., soit une hypothèque sur votre propriété d'Anet, ainsi que vous me le proposez. Aujourd'hui même, j'en parlerai à un capitaliste, et je vous remettrai une lettre d'introduction auprès de lui.

Agréez, Monsieur, la nouvelle assurance de ma considération.

FRÉDÉRIC LAREY.

———

Paris, le 7... 18...

Monsieur R., à Cette.

Je vous confirme ma dernière du 17 courant renfermant fr. 11,525, en 13 effets, avec la recommandation de m'en faire les retours sur Paris vers le 25 de ce mois.

Sous ce pli, je vous remets de plus :

Fr. 2,000 au 15 mai sur notre ville.
2,000 au 5 juin   —

Ensemble, Fr. 4,000 à votre débit, que je vous prie de faire accepter, et dont vous voudrez bien me faire des retours avant la fin du mois, comme des précédentes.

Agréez mes salutations.

F. CHEVALIER.

———

Paris, le... 18...

Monsieur P. Th., à Paris.

Nous avons l'honneur de vous rappeler que vous avez à nous verser la somme de fr. 11,406 66 c. pour le second quinzième de l'intérêt que nous vous avons cédé dans la négociation des 12,514,220, rente.

Ce payement devra être fait le 5 novembre, au plus tard, à notre caisse, ou si vous préférez nous le faire verser en liquidation d'octobre, vous voudrez bien nous indiquer, avant le 4 novembre, le nom de l'agent de change que vous chargerez de ce payement.

La délivrance des certificats et le transfert des 10 0/0 de garantie vous seront faits après la liquidation.

Nous devons vous prévenir que la Banque de France a décidé qu'elle ferait l'avance du second quinzième à ceux des intéressés dont la négociation des fr. 12,514,220, rente, qui le désireraient, contre la remise par nous du récépissé portant quittance du premier quinzième et le transfert du dépôt de garantie de 10 0/0. Si vous désirez profiter de cette facilité, nous vous prions de nous faire connaître le plus tôt possible vos intentions à cet égard

Nous avons l'honneur de vous saluer.

BAGUENAUD et Cie.

———————

Rotterdam, le... 18...

Messieurs Ch. B. et A. G., à Paris.

Le 24 du mois dernier, nous avons eu l'honneur de vous écrire pour vous prier instamment d'en finir et de vendre la partie du bois de Sainte-Marthe qui est en compte en participation entre nous.

Par suite, nous nous étions attendus que vous nous en donneriez promptement avis ; d'autant mieux que, d'après votre lettre du 23 septembre dernier, vous confirmiez nos espérances ; mais, à notre grand étonnement, ainsi qu'à celui de nos amis Messieurs Balguerie, vous continuez à garder un silence qui, nous ne pouvons vous le cacher, excite nos vives inquiétudes.

Nous venons donc vous prier de vouloir bien nous donner de vos nouvelles par le retour du courrier et nous faire connaître où vous en êtes, non-seulement pour le bois de Sainte-Marthe, mais aussi pour le reste du poivre long.

Faites-nous, par le même courrier, quelques remises, car lesdits amis et nous, nous avons tous un bien pressant besoin de nos fonds.

Nous vous saluons cordialement.

PÉRIER et de JONGH.

———————

Paris, le... 18..

Monsieur **J.**, **à Paris.**

Nous avons l'honneur de vous prévenir que M. Salomon Solal, de Livourne, vient de nous renvoyer le billet de crédit, de M. H. Guys, d'Alger, de fr. 5,350, sur votre maison, avec la lettre que vous avez bien voulu nous écrire le 29 novembre, pour nous informer du motif de votre refus de payement.

M. Solal nous charge de vous inviter à effectuer ce payement, lorsque vous aurez recouvré la remise de M. Guys sur M. Moïse Benaim, qui est restée en souffrance. Nous vous prions donc de nous dire si vous continuez de suivre la rentrée de cette remise, et, dans ce cas, de vouloir bien prendre note de nous avertir du résultat dès qu'il sera déterminé, afin que nous vous fassions représenter le billet de crédit, ou que nous en fassions de nouveau et définitivement le renvoi à notre cédant.

Veuillez, Monsieur, agréer les assurances de notre parfaite considération.

ANDRÉ et COTTIER.

Paris, le... 18...

Monsieur **J. L.**, **à Paris.**

Nous nous sommes présentés chez vous, le 24 de ce mois, pour vous demander, en conséquence de la procuration qui vous manquait dans la disposition des rentes provenant de la succession de feu M. Etienne Mout, et qui vous est parvenue dès le 21 courant, de faire transférer, en nos noms de Mallet frères, les trois mille francs de rente 5 p. 0/0 qui nous sont délégués par MM. Laisné, Duquesne et Cie, par un mandat du 9 juillet dernier et que nous vous avons fait présenter dès le 25 juillet dernier.

Vous nous obligerez en nous accusant réception de la présente, et en nous faisant connaître si cette liquidation vous paraît marcher sans entrave. Des dispositions sont faites sur nous à valoir sur les 3,000 francs de rente, et nous ne voudrions pas les accueillir, avant d'être assurés de leur transfert en nos noms.

Nous avons l'honneur de vous saluer avec une considération très-distinguée.

MALLET FRÈRES.

Paris, le... 18..

Monsieur J. L., à Paris.

Nous avons reçu votre honorée du 4 courant.

Par celle du 30 janvier, vous nous dites qu'il faudra vendre 500 sacs de vos cafés Sumatra et vous en expédier 500.

Ces instructions arrivent trop tard pour rien changer à l'expédition. Vos cafés se trouvent à bord du chaland, où ils sont encombrés par des sucres en pains. Dans tous les cas, la douane n'a pas permis qu'on les réintégrât dans notre entrepôt.

Voici facture aux 1,000 sacs Sumatra, s'élevant à

Fr. 64,957 03 c., valeur 21 avril, à votre débit.

Nous vous créditons de

Fr. 3,359 25 c., valeur 21 avril, pour les 60 sacs facturés à M. Laisné, dont vous restez garant pour la traite que nous fournissons sur lui.

Vous savez qu'ici nos vendeurs n'entendent pas raison, et qu'il faut d'abord payer. C'est pourquoi vous eussiez dû nous envoyer 35,000 francs en vos bons pour ce que vous restez à peu près nous devoir.

Vous n'ignorez pas non plus que nous avons eu à négocier beaucoup de vos valeurs, et que nous sommes obligés de le faire avec réserve. Nous vous prions donc de nous remettre vos billets pour la fin de mars, sauf à les renouveler si vos cafés ne sont pas vendus à cette époque.

Les affaires sont bien calmes, mais tous les avis sont en faveur des cafés, et l'on s'attend généralement à une reprise. Offrir vos Sumatra aujourd'hui serait peine inutile ; il faut attendre les acheteurs. Comptez sur nos soins pour vendre au mieux possible vos 500 sacs.

Dans l'attente de votre prompte remise des 35,000 francs, nous sommes vos bien dévoués.

BAUDOUIN FRÈRES.

———————

Paris, le... 18..

Monsieur,

Par votre dernière du 17 janvier, vous me promettiez de me couvrir du montant de vos anciennes factures. Quatre mois se sont écoulés depuis, et je me vois à regret obligé de renouveler ma demande.

Veuillez donc enfin tenir votre promesse, et satisfaire à cette dette déjà trop ancienne.

J'ai l'honneur de vous saluer.

CH. DEVONS.

Nantes, le... 18..

Monsieur,

Depuis fort longtemps que notre compte est arrêté, je vous en réclame le payement, sans obtenir satisfaction, ni même de réponse. C'est vraiment abuser de ma patience.

Si d'ici à la fin du mois je ne suis pas satisfait, vous ne trouverez pas mauvais que j'aie recours aux voies judiciaires.

Recevez mes salutations.

J. DIDIER.

Paris, le... 18..

Monsieur,

Avant de signer des engagements pour les fr. 1,775, que je vous dois pour solde des opérations que j'ai faites par votre ministère, j'ai dû rechercher si j'avais quelques rentrées certaines d'ici aux époques que vous me désignez, savoir :

Fr. 775, au 1er janvier, et fr. 1,000, au 31 mars.

Malgré tout le désir que j'ai de me libérer envers vous, Monsieur, ce serait m'abuser et vous tromper vous-mêmes que de souscrire des effets pour une échéance à laquelle je suis certain de n'être pas en mesure ; ce serait, de ma part, un nouveau tort dont je ne dois pas me rendre coupable envers vous.

Ceux de vos collègues que je vous ai nommés, et avec qui j'ai dû prendre des engagements pour la liquidation de septembre, ont bien voulu m'accorder un délai d'un an ; c'est-à-dire que les effets que je leur ai souscrits sont payables le 1er octobre de l'année prochaine.

Veuillez, Monsieur, vous avec qui j'ai l'honneur de faire des opérations depuis 6 à 7 ans, sans que jamais j'aie été en retard d'un moment, m'accorder la même faveur.

Je désire que vous soyez certain de ma bonne foi, et que les précautions que je prends vous paraissent une garantie de mon exactitude à venir.

J'ai l'honneur d'être, Monsieur, votre très-humble serviteur,

REAGNIER.

Bordeaux, le... 18...

Monsieur H., à Paris.

Il ne m'est pas moins pénible qu'à vous, Monsieur, d'être obligé de réclamer votre indulgence au sujet du retard que vous éprouvez pour le solde
dont je vous suis redevable. Quoiqu'il ne soit pas très-important, je sens
bien que chacun a besoin d'opérer la rentrée de ses fonds dans des circonstances aussi difficiles : mais ces mêmes circonstances m'ont frappé si impitoyablement, qu'elles me réduisent à la dure nécessité de solliciter encore
le temps indispensab'e pour la liquidation de mes anciennes affaires.

A tant de pertes considérables, j'ai le malheur d'avoir à ajouter aujour-
d'hui celle de 180,000 francs, pour laquelle je me trouve engagée dans la
suspension de la maison J.-P. G. Il ne manquait que cette catastrophe à
toutes celles que j'ai déjà éprouvées ! Je me plais donc à ne pas douter, votre
caractère comme votre conduite passée m'en donnent l'assurance, que vous
voudrez bien attendre le résultat des efforts constants que je fais dans le
seul but d'arriver à une libération générale, objet de toutes mes pensées et
de tous mes vœux.

Dans cette confiance, je suis, Monsieur, avec une parfaite considération.

Par procuration de veuve Fonsèque,

FONSÈQUE fils.

Périgueux, le... 18...

Messieurs G., à Paris.

Nous avons reçu, chacune en son temps, Monsieur, les deux lettres que
vous nous avez fait l'honneur de nous écrire les 10 février et 15 expiré.

Nous avons bien du regret de n'avoir pu répondre plus tôt à la première,
mais nous avons éprouvé et éprouvons encore tant de difficultés dans notre
liquidation, qu'il nous a été impossible de régler plus tôt votre compte. Nous
sommes réduits à solliciter encore l'obligeance de nos créanciers, pour leur
demander de nouveaux délais, afin de liquider le reste de nos créances, et
vendre nos immeubles, qui sont encore intacts. Ils nous ont accordé les années
1837 et 1838. Nous espérons que vous, qui avez eu pour nous tant d'obligeance, vous ne refuserez pas à d'anciens correspondants cette nouvelle faveur.

Après avoir perdu toute notre fortune, le fruit de nos travaux passés et celui de plusieurs années à venir, nous aurons la douce satisfaction d'avoir payé intégralement tout le monde, et nous serons heureux de transmettre à nos enfants le nom sans tache que nous avons reçu de nos pères. Avec le concours et la bienveillance de nos créanciers, nous espérons voir tous nos efforts couronnés par le plus heureux, mais le plus pénible succès. C'est une tâche bien rude que nous avons entreprise, et il nous a fallu bien du courage et de la persévérance pour ne pas faillir à l'œuvre.

Nous avons établi d'autre part le relevé de votre compte chez nous, fixé au 31 octobre dernier, et balancé en votre faveur par f. 4,810 35 c. Nous y avons ajouté les intérêts à courir jusqu'aux échéances de nos règlements ci-joints, de :

Fr. 650 » Notre règlement à votre ordre, payable à notre domicile, à Bordeaux, au 31 août prochain.

  650 » dᵒ au 31 janvier prochain.

  603 40 dᵒ au 30 avril.

Fr. 1,903 40, ensemble, dont veuillez nous donner crédit pour solde de compte.

Vous pouvez compter sur l'acquittement exact de ces effets à leur échéance. Il nous a été impossible de pouvoir les faire à une époque plus rapprochée.

Comptant sur l'accueil bienveillant que vous leur ferez, nous avons l'honneur, Monsieur, de vous saluer bien sincèrement.

FORESTIER FRÈRES.

CHAPITRE XII

LETTRES

POUR RANIMER DES RAPPORTS LANGUISSANTS.

Si l'on remarque que les demandes d'un correspondant deviennent plus rares, ou que sa correspondance se ralentisse, on cherche à la ranimer par des lettres renfermant des avis qu'on sait l'intéresser, des cours raisonnés, des prix courants modérés, enfin des offres présentant un avantage réel.

Ces lettres, dont on fait un fréquent usage dans le commerce où les relations ont besoin d'être très-actives, doivent être nécessairement affectueuses. On s'y permet des reproches obligeants, qui témoignent des regrets qu'on éprouve de voir refroidir des relations auxquelles on attache le plus grand prix, et du désir qu'on a de les voir reprendre de nouveaux développements.

Quelquefois, on engage ses correspondants à s'expliquer sur la cause d'un refroidissement qui afflige, on fait appel à leur franchise amicale, on les prie de n'en pas cacher les vrais motifs, et l'on proteste du soin qu'on mettra à les faire cesser aussitôt. Se serait-on trompé par excès de zèle? les conditions paraîtraient-elles trop élevées? y aurait-il quelque cause à laquelle on pût remédier? on s'empresserait alors d'y satisfaire; aucun sacrifice ne devant coûter pour conserver un correspondant pour lequel on professe la plus haute estime. Enfin on renouvelle les protestations de zèle et de dévouement, comme dans les lettres d'offres de service, dont celles-ci ne sont qu'une espèce de répétition, bien qu'elles exigent plus de chaleur affectueuse.

On peut donc, au besoin, revoir le chapitre des offres de service.

Lille, le... 18..

Messieurs N. et P., à Paris.

Nous sommes favorisés de votre lettre du 13 octobre dernier. Depuis, nos rapports sont restés complétement nuls; nous le voyons avec un extrême regret. Cependant, personne plus que nous n'est disposé à vous traiter avec soin et empressement. Tâchez donc d'animer un peu nos relations, nous vous en saurons un gré infini.

Dans cette attente, nous vous saluons bien amicalement.

CHARVET et Cⁱᵉ.

Dunkerque, le... 18..

Monsieur J., à Paris.

Nous avons retiré du pli de votre lettre du 7 courant fr. 450, promesse de Baecque frères, à huit jours de vue, encaissée à votre crédit.

Nous sommes très-charmés, Monsieur, que vous ayez eu l'occasion d'utiliser notre ministère; nous désirons vivement qu'il s'en présente fréquemment de vous prouver plus particulièrement le plaisir que nous éprouvons à vivifier, avec un ancien ami, les relations que le calme des affaires a malheureusement amorties trop longtemps.

Veuillez croire, Monsieur, que nous saurons toujours apprécier votre confiance et votre amitié, et recevoir nos salutations affectueuses.

Vᵉ Dominique MOREL et fils.

Clamecy, le... 18...

Monsieur C., à Paris.

J'ai reçu vos lettres des 31 décembre dernier et 9 courant. J'aurais plus souvent recours à votre ministère si vous vouliez me traiter aux conditions suivantes, qui sont celles de MM. Fould-Oppenheim.

Intérêts réciproques à 4 p. 100.

Ports de lettres réciproques.

Commission 1/4 p. 100.

Envoi d'espèces par groupe de fr. 10,000 ; 3 fr. 25 cent., pour sacs et sacoche.

Si ces conditions vous conviennent, je tâcherai de donner à mes relations plus d'importance.

Veuillez, en attendant, acquitter, le 20 courant, mon mandat ordre Besquerel de fr. 650 65 c., dont votre compte est crédité.

Recevez mes bien sincères salutations.

CHARBONNEAU.

———————

Lille, le... 18...

Messieurs P. et T., à Paris.

Nous nous référons à notre lettre du 19 juillet, qui vous portait fr. 1,500 ; depuis, nous avons reçu celle que vous nous fîtes l'honneur de nous écrire en date du même jour ; vous nous remettiez

Fr. 1,333 44 c. sur Cambrai, que nous avons portés à votre crédit.

Nous regrettons beaucoup, Messieurs, que la nullité des affaires ait ralenti des relations qui n'ont jamais cessé de nous être mutuellement utiles et agréables ; nous espérons que, bientôt, vous pourrez leur rendre leur ancienne activité.

Agréez nos civilités empressées.

CHARVET ET Cⁱᵉ.

———————

Hambourg, le... 18...

Monsieur J., à Paris.

J'ai l'honneur de vous confirmer ma dernière du 5 décembre.

La clôture annuelle de mes livres et l'établissement des comptes courants

13

de mes correspondants, renouvellent en moi le regret bien vif que vous n'ayez pas encore eu recours à mon ministère.

Vous n'ignorez pas, Monsieur, combien je désire sincèrement me lier d'affaires avec votre respectable maison, et si vous avez différé jusqu'ici de répondre à mes désirs, je l'attribue, non pas à un manque de bonnes dispositions de votre part, mais aux circonstances peu propices aux affaires en général. J'espère qu'un changement favorable s'opérera bientôt, et, dans ce cas, je me flatte que vous saisiriez volontiers les occasions d'animer votre correspondance. Soyez convaincu de mon empressement à me rendre digne de votre confiance par le grand soin que je mettrai à ménager vos intérêts.

Vous trouverez annexé à la présente le bulletin raisonné de nos changes. Je serais charmé qu'il vous donnât lieu à l'ouverture de quelques opérations avec moi dans le courant de cette année.

En formant les vœux les plus sincères pour votre constante prospérité, j'ai l'honneur de vous assurer de ma parfaite considération.

F. MUZEMBECHER.

Anvers, le... 18...

Monsieur J., à Paris.

Privés depuis longtemps de vos nouvelles, vous nous obligeriez en nous indiquant le cours auquel vous pourriez réaliser nos obligations de Sicile; si vous pouviez en tirer 92 à 92 et demi, nous vous prierions de les vendre et de nous en réserver le net produit.

Pourrait-il vous convenir de nous ouvrir de nouveau le crédit à découvert que vous nous accordiez jadis, et que nous verrions avec plaisir s'élever de fr. 25,000 à fr. 30,000? Vous avez eu suffisamment l'occasion, Monsieur, d'apprécier nos principes en affaires, pour que nous puissions espérer une réponse favorable.

Nous serions charmés de voir prendre à nos rapports plus d'activité, et vous présentons nos salutations bien distinguées.

VAN GAMMESELMUZZ ET Cie.

Bordeaux, le... 18..

Monsieur J., à Paris.

J'ai reçu successivement les deux lettres que vous m'avez fait l'amitié de m'écrire les 9 et 14 courant.

La première m'a rapporté, avec protêt et compte de retour, un effet sur P. F. et Cⁱᵉ, de notre ville, auquel vous étiez intervenu pour l'honneur de ma signature; la seconde me remettait l'extrait de mon compte chez vous balancé en votre faveur par un solde de fr. 2,455; il a été vérifié, trouvé juste, et passé de conformité.

Je suis on ne peut plus sensible, Monsieur, à tout ce que vous me dites d'obligeant et d'affectueux sur le peu d'importance de nos rapports; il ne tiendra sûrement pas à mes soins qu'ils n'en acquièrent davantage.

Il fut un temps où j'avais l'occasion de vous être de quelque utilité; j'y trouvais d'autant plus de plaisir que c'était une préférence d'affection à laquelle j'attachais tout le prix qu'elle mérite de la part d'une maison comme la vôtre.

J'ai l'honneur d'être votre très-humble et très-obéissant serviteur.

OTARD.

Bruxelles, le... 18..

Monsieur P. J., à Paris.

Nous avons sous les yeux vos honorées lettres des 15 juin et 6 juillet courant; la première nous donne connaissance de la recommandation que vous avez bien voulu faire en notre faveur à votre ami M. D. L., de Rome. Nous vous en témoignons notre reconnaissance, et vous assurons que nous serons toujours jaloux de nous lier d'affaires avec une maison qui nous serait recommandée par vous, Monsieur.

Votre deuxième lettre nous prévient que vous avez mis notre adresse sur une lettre de crédit circulaire de 50,000 fr. en faveur de M. le marquis de R, dont vous nous remettez la signature; nous en prenons note pour y faire tout accueil, et nous nous conformerons du reste à vos instructions. Jusqu'à présent, nous n'avons pas encore eu l'honneur de voir M. de R.

Nous avons le plaisir de vous donner avis que, par ordre et pour compte de notre ami commun M. J.-J. L., d'Anvers, nous vous avons expédié hier par la diligence d'Heusschen et Cie, franc de port, un baril marqué G, n° 104 contenant :

Fr. 20,000, nous disons vingt mille francs, accompagnés d'un bordereau. Veuillez, s'il vous plaît, vous en entendre avec cet ami, et nous en accuse réception.

Nous éprouvons toujours le même regret de voir que les circonstances continuent à nous refuser l'occasion de donner lieu à quelques opérations entre nous, occasion que nous saisirions avec une indicible satisfaction : c'est vous dire combien nous vous sommes reconnaissants de tout ce que vous nous exprimez d'obligeant à cet égard.

Veuillez agréer, Monsieur, nos salutations amicales.

J.-P. MATHIEU ET MOEZEMANS.

Londres, le... 18..

Monsieur J. L., à Paris.

Nous croyons vous être très-agréables en venant vous faire part de la hausse assez remarquable que viennent d'éprouver les cafés Ceylan ; de 46 à 47 sh. qu'ils étaient, il y a quelques jours, ils sont montés à 52, prix auquel il s'en est fait 1,000 sacs samedi dernier.

Nous devons ajouter qu'il serait difficile d'acheter aujourd'hui même à ce dernier prix.

Les quelques parties de café Ceylan qui existent sont entre les mains de ceux qui ont payé plus cher, et qui manifestent la prétention d'obtenir un bénéfice.

Deux cargaisons de Saint-Domingue se sont vendues à livrer, l'une à 48 sh. 6, et l'autre à 50 sh., et quelques petites parties disponibles ont été faites à 52 sh.

En général, toutes les sortes suivent le mouvement de hausse.

Les prix que nous vous cotons s'entendent à l'entrepôt.

Nous désirons, Monsieur, que ces détails vous permettent de nous favoriser de quelques ordres.

Agréez nos salutations empressées.

Par procuration de C. Devaux et Cie

M. UZIELLI.

Fribourg, le... 18...

Monsieur J., à Paris.

Depuis ma dernière du 25 juillet, je n'ai pas reçu de vos agréables lettres.

Occupé du bilan annuel de mes livres et de la remise de mes comptes courants à mes nombreux correspondants, je remarque avec chagrin que je n'en ai pas à vous remettre. C'est aussi à mon grand regret que j'ai vu que vous ne répondiez pas, jusqu'à présent, au désir que je vous avais exprimé de me voir chargé d'une partie de vos affaires sur notre place. Peut-être l'occasion s'en offrira-t-elle pendant le cours de l'année qui commence, je compte sur vos bonnes dispositions à la saisir; de mon côté, je puis vous donner l'assurance que je vouerai à vos intérêts le zèle qui m'a mérité la bienveillance de tous mes honorables correspondants.

Je vous remets le bulletin de nos changes; il vous fournira peut-être déjà l'occasion de répondre à vos désirs.

Croyez à mon parfait dévouement.

ULRICH.

Dunkerque, le... 18...

Monsieur C., à Paris.

Nous sommes, Monsieur, en possession de votre chère lettre du 17 courant.

Elle nous demandait des renseignements sur une maison de notre ville, qui, nous le voyons, a frappé à plusieurs portes, puisque nous eûmes ces jours derniers à fixer sur son compte une maison de Paris; voici ce que nous lui avons dit :

« La maison sur laquelle vous nous demandez des informations ne jouit ici que d'un crédit très-médiocre; elle suspendit, il y a une vingtaine d'années, et remboursa 75 0/0 à ses créanciers, envers lesquels il paraît qu'elle n'a pu se libérer depuis. Nous pensons qu'on pourrait lui accorder de 10 à 12 mille francs de crédit. »

Nos relations avec vous, Monsieur et digne ami, sont, à notre grand regret, bien stériles; nous ne nous en consolerions pas s'il était en notre pouvoir de les raviver; mais nous n'avons avec Paris qu'une correspondance peu digne des rapports que nous pouvions y entretenir en de meilleurs temps. MM. Davillier sont spécialement chargés des embarras de nos misé-rables encaissements, ou de faire face aux crédits éventuels que nous pour-rions ouvrir chez eux. Vous savez ce que nous devons à leur vieille amitié, et vous comprenez que ce soit un devoir pour nous d'y rester fidèles.

Croyez, d'ailleurs, au plaisir particulier que nous éprouverions à vous convaincre de nos sentiments de haute estime et d'un bien affectueux dé-vouement, et recevez de nouveau l'assurance de l'inaltérable attachement de vos vieux amis.

Vᵉ D. MOREL ᴇᴛ Cⁱᵉ.

Londres, le... 18...

Monsieur B. fils, à Paris.

Nous vous confirmons de notre lettre du 6 courant, qui vous fixait sur la situation détaillée de notre marché et des améliorations probables que la tranquillité en Amérique doit y apporter.

Le calme a continué de régner ici, à l'exception des sucres de l'Inde, qui ont éprouvé une hausse de 8 sh.; ceux qu'on pouvait obtenir, il y a dix jours, à 111 sh., valent aujourd'hui 120 à 125 sh. Les demandes sont très-actives; il s'en est vendu environ 1,500 barriques à une hausse de 1 sh. sur notre cote. Nous avons tout lieu de croire que les prix se maintiendront.

Nous vous saluons avec considération.

ISCHIFFELLY, PERRIN ᴇᴛ ROCHAS.

Londres, le... 18...

Messieurs T. N. et P. aîné, à Paris.

Nous avons l'honneur de vous confirmer notre lettre du 13 décembre der-nier, et de vous faire part qu'un de nos principaux maîtres de forges nous a laissé entrevoir aujourd'hui qu'il ne dédaignerait pas un ordre de 8 liv. ster. pour le tonneau de fer en barres, bien que la cote en soit toujours à 9 liv. ster.

Comme ce prix est très-réduit, il vous conviendra peut-être de nous fa-voriser d'un ordre, d'autant plus qu'il paraît que les fers étrangers sont menacés d'un droit élevé à l'entrée dans vos ports. Si vous voulez bien remettre vos intérêts entre nos mains, vous pouvez compter d'avance qu'ils recevront nos soins les plus attentifs.

Les fontes restent tenues de liv. ster. 5 à 55.

Recevez, Messieurs, nos salutations bien respectueuses.

ROUGEMONT et BEHRENDS.

———————

Marseille, le... 18..

Messieurs Ch. B et G., à Paris.

J'ai reçu votre lettre du 14 passé, et suis très-sensible à tout ce que vous me dites d'honnête sur ma nouvelle maison. Je vois avec peine que vous soyez toujours indisposés contre l'ancienne, à cause de cette malheureuse réfraction qui vous fut refusée sur les borax ; croyez que si l'on avait pu l'obtenir du vendeur, on vous l'aurait accordée avec plaisir.

Je puis bien vous assurer que ma manière d'opérer est de ne compter exactement que mes déboursés, et de faire profiter mes amis de toutes les faveurs possibles. Je vous prie d'oublier le passé, et de me procurer l'occasion de vous dédommager par quelque bonne affaire.

Je vous salue de cœur.

A. TREILLET.

———————

Londres, le... 18..

Monsieur A. J. fils, à Paris.

Nous avons l'honneur de vous confirmer notre lettre du 14 courant, et venons aujourd'hui vous faire part de la baisse que les sucres bruts ont éprouvée à une vente qui a eu lieu aujourd'hui.

Cette vente, consistant en 900 barriques, a fait fléchir les prix de 6 à 8 sh. Vous trouverez ci-joints quelques échantillons de ces barriques, avec indications des prix auxquels elles ont été vendues ; nos raffineurs étaient les principaux acheteurs.

Nous ne croyons pas qu'il puisse se manifester de longtemps une plus forte baisse, et nous serions heureux que vous nous favorisiez de vos ordres, si cette denrée vous est nécessaire en ce moment pour votre raffinerie.

Notre ami Laurens pourra vous assurer des soins que nous mettrons à exécuter vos intentions.

Le change sur Paris est en hausse ; il s'est fait de 25 à 25 10 pour trois mois.

Nous avons l'honneur de vous saluer avec considération.

ISCHIFFELY, PERRIN et ROCHAS.

Saint-Malo, le... 18..

Messieurs Ch. B. et A. G., à Paris.

Notre lettre du 12 mai dernier vous faisait part du peu de succès de notre voyage à Brest.

Nous vous remettons échantillon d'un article de droguerie qu'on prétend être horchide ou coraline de mer, et qui doit se vendre sous peu dans nos environs. Veuillez nous fixer sur la valeur de cet article, nous dire s'il est de prompte vente chez vous et quelles sont les conditions pour tare escompte, etc.

Cette marchandise est en sac de 90 à 100 kilog. A quoi reconnaît-on la bonne de la mauvaise ? Un mot d'avis à cet égard nous ferait plaisir. S'il vous convenait de tenter un compte en participation, dans le cas où le prix ne serait pas trop élevé à la vente, nous le ferions avec plaisir.

Vous avez également, ci-joint, un échantillon d'une assez forte partie de cascarille, dont la vente aura lieu vers la fin de ce mois. S'en consomme-t-il beaucoup chez vous, et croyez-vous qu'on puisse l'acheter avec espoir de bénéfice ?

Nous saisissons avec empressement toutes les occasions qui se présentent d'utiliser nos rapports; malheureusement les circonstances deviennent chaque jour plus difficiles, et, à moins d'être sur des places qui présentent toujours quelques ressources, comme la vôtre, on est souvent réduit à l'inaction.

Nous sommes de cœur vos dévoués.

APURIL, KERLOGUEN et FILS.

Amsterdam, le... 18..

Monsieur D., à Paris.

Nous sommes fort sensibles au désir que vous nous témoignez de ranimer notre correspondance, et nous accepterions sans difficultés la proposition d'é-

tablir un compte à demi, s'il y avait apparence d'en retirer un bénéfice
équivalent au moins à l'intérêt des débours; mais, comme vous pouvez le
reconnaître vous-même, le cours entre nos deux places, étant presque toujours au pair, n'offre pas assez de marge pour couvrir les frais, et l'on ne
peut compter tirer parti des devises indirectes; car, Londres excepté, il se
passe des semaines entières sans opérations, faute de papier ou faute de
preneurs. Si, par la suite, nous voyons la possibilité d'entamer quelque affaire, comptez que nous nous adresserons à vous de préférence.

Quant à nos conditions, pour le cas où il pourrait vous convenir de nous
confier quelque opération, elles se bornent à 1/2 p. 100 de provision, y
compris la garantie de nos endossements jusqu'à leur échéance, et le remboursement de nos frais de timbre ou visa, courtages et ports de lettres.

Veuillez, Monsieur, disposer de nos services lorsqu'ils pourront vous être
utiles ou agréables, et recevoir l'assurance de notre parfaite considération.

LORLA et Cie.

Bâle, le... 18...

Messieurs C. B. et G., à Paris.

Il est au mieux que, par votre lettre du 17 courant, à laquelle je réponds,
vous m'ayez donné crédit de ma remise de fr. 3,331 13 c. sur Lyon, et que
vous ayez pris note de mes dispositions pour le carabé et le bleu de Prusse.

Le salep dont je vous parlais est arrivé, et, pour vous en faire connaître la
qualité, je vous en remets ci-inclus un petit échantillon. Je vous le céderai à
fr. 788, rendu franco à Belfort, s'il est encore invendu à l'arrivée de votre
demande.

Je profiterai des renseignements que vous avez bien voulu me donner sur
la maison indiquée, et je vous salue de cœur.

Jean-Rodolphe GEIGY.

La Rochelle, le... 18...

Messieurs G. et D., à Paris.

Nous sommes favorisés de votre lettre du 9 courant, qui nous accuse réception du solde que nous avons compté par votre ordre à M. Filleau.

Nous sommes surpris que vous nous reprochiez de vous avoir oublié tout à fait. Offrez-nous des avantages, et nous vous prouverons que nous sommes toujours prêts à vous acheter les articles à notre convenance.

Il ne vous serait pas difficile d'obtenir, en votre ville, le poivre 1/2 lourd à fr. 4, celui de la Jamaïque à fr. 4 50 c., et vous nous l'offrez à fr. 4 75 c. Il en de même des autres articles. Les sucres sont aussi sur votre place à bien meilleur prix que vous ne les cotez.

Jugez, d'après cela, si nous pouvons vous donner la préférence, malgré l'estime que nous avons pour votre honorable maison.

Nous sommes sans réserve vos très-dévoués.

GUILLEMOT ET FILS AÎNÉ.

Amsterdam, le... 18...

Messieurs Ch. B., à Paris.

Nous avons été favorisés, en son temps, de votre lettre du 19 avril.

Il nous serait agréable de voir s'établir entre nous des relations plus fréquentes.

Vous verrez, par le bulletin ci-inclus, que nous aurons une vente publique le 30 courant. Les épiceries sont, pour la plupart, de mauvaise qualité. Il est cependant probable qu'il y aura aussi de la bonne marchandise, et vous pouvez être persuadés que, dans le cas où vous nous favoriseriez d'un ordre, nous ne vous en achèterions pas d'autres. Les huiles et le caceris sont tels qu'on les a toujours vendus à la Compagnie des Indes. On présume que les prix seront les suivants :

Huile de girofle en lots de 15 liv.		Fr. 18 20 par livre,
— cannelle.	10 onces.	17 12 par once.
— macis.	50 —	25 30 p.
— muscade.	50 —	20 22 p.
Le caceris		8 20 par livre.

Nous verrions avec plaisir que vous nous donnassiez un ordre. Veuillez, dans ce cas, y joindre vos dernières limites.

N'avez-vous pas encore eu occasion de vendre le reste de la cannelle de M. Docking ?

Agréez, Messieurs, nos salutations cordiales.

P. FISTER ET Cie.

CHAPITRE XIII.

REPROCHES,

PLAINTES, RÉCLAMATIONS, RUPTURE.

Une lettre de reproches ou de plaintes ne saurait être écrite avec trop de prudence et de ménagement.

Il faut bien se garder d'y laisser courir sa plume et de s'y abandonner à son premier mouvement d'humeur. On doit se plaindre sans aigreur, et surtout sans jamais blesser l'amour-propre. Des reproches faits avec mesure s'acceptent avec facilité, mais les esprits une fois aigris ou blessés, s'aliènent et ne reviennent plus.

D'ailleurs, on doit comprendre qu'en se permettant de tout dire, on donne le droit de tout répondre. Une lettre trop vive provoque quelquefois une réponse malhonnête, et de là suit infailliblement une brusque rupture ; c'est ce qu'il faut éviter ; il est toujours préférable de cesser avec des rapports convenants que de les rompre violemment.

Il est des manières de se plaindre qui, tout en conservant les dehors de la politesse, laissent beaucoup à deviner, et produisent un effet plus efficace que des reproches trop animés.

Quelquefois, on peut réveiller adroitement l'amour-propre

de la personne en défaut, et par des éloges donnés sur les qualités réelles, lui faire accepter les reproches les plus amers; on souffre les uns, quoique pénibles, à la faveur des autres, qui sont toujours agréables.

Il est bon quelquefois de faciliter les moyens de se justifier en insinuant, pour ainsi dire, les excuses; on paraît tout attribuer à l'erreur ou à l'oubli; enfin, on blâme le fait, sans accuser l'intention. Ce sont là les moyens les plus propres à faire accueillir les plaintes, même les plus sérieuses.

De toutes les manières d'adresser des plaintes ou des reproches, cette dernière paraît, d'ailleurs, la plus conforme à cet esprit d'indulgence et d'égards réciproques qui doit animer entre eux les commerçants.

Nous n'avons que peu de chose à dire de la réprimande, qu'on distingue essentiellement du reproche, puisqu'elle vient toujours d'un chef, d'un supérieur envers son subordonné. Ces lettres doivent être écrites avec la raison et la sévérité froide qui acompagnent l'autorité.

Anvers, le... 18..

Monsieur J., à Paris.

J'ai été favorisé de votre honorée du 20 janvier, par laquelle vous m'assurez avoir pris bonne note des dispositions que M. Ch. Dubois de Liége, devait faire sur vous, pour mon compte, jusqu'à concurrence de fr. 25,000 dispositions auxquelles vous vouliez bien faire tout accueil à mon débit.

Jugez, d'après cela, de la surprise désagréable qu'a dû me causer une lettre de M. Dubois, par laquelle il me mande qu'il a reçu de Paris l'avis que ses traites se trouvaient en souffrance.

Comme chose semblable m'était arrivée avec vous en février 18.., tandis que quelques jours plus tard vous me disiez : « Je n'ai aucun motif de chan- » ger nos premières conditions, et vous avez toujours chez moi un crédit de « fr. 100,000. Je verrai avec plaisir que vous en fassiez souvent usage...» Et plus haut : « Ce n'est que par un malentendu que je vous ai écrit ma dernière lettre.» Je me plais à croire que, cette fois encore, c'est à une erreur que je dois attribuer ce qui m'arrive; car, grâce à Dieu, ma fortune n'a fait qu'augmenter, et ma moralité est aussi intacte qu'autrefois. Je ne saurais donc imaginer un motif plausible de méfiance de votre part, et si fort en opposition avec votre lettre du 20 janvier.

J'attends par retour du courrier des explications satisfaisantes relativement à cette affaire.

Quant à M. Dubois, j'ai mis les fonds nécessaires à sa disposition en lui envoyant votre lettre du 20 janvier.

J'ai l'honneur de vous saluer.

G.-J. MOLL.

Mons, le... 18..

Monsieur J., à Paris.

J'ai l'honneur de vous confirmer ma lettre du 7 janvier.

Je viens, Monsieur, vous témoigner mon étonnement du non payement de mon mandat sur vous de fr. 1,000 à l'ordre de la douairière D., née F. qui vient de m'être présenté au remboursement par une maison de cette ville; ce retour m'étonne d'autant plus que, lors même que vous auriez acquitté ce mandat, vous seriez encore mon débiteur d'environ fr. 200; or, je vois qu'il a été répondu au protêt que vous n'aviez reçu aucuns fonds pour faire honneur audit mandat.

Dans des moments comme ceux où nous sommes, des retours de cette nature affaiblissent la confiance déjà si violemment compromise par la crise où se trouve le commerce.

Ce refus de payement m'a donc vivement contrarié; j'avais compté sur un peu plus d'obligeance de la part d'un correspondant avec lequel mes relations m'avaient toujours été si agréables.

J.-F. WERGI-FOSSE.

Munich, le... 18 .

Monsieur J., à Paris.

Notre dernière lettre du 22 courant s'est croisée avec la vôtre du même jour, qui nous rend compte des liv. ster. 100 sur Londres, pour le produit desquelles nous vous avons débités par 2,506 85.

Nous vous adressons ci-inclus fr. 500 sur de Rothschild frères, à trois jours de vue, veuillez en opérer la rentrée à notre crédit.

Quant à vos remarques sur la manière de couvrir nos dispositions, nous devons supposer que vous désirez voir terminer nos relations. Veuillez, s'il en est ainsi, nous le dire franchement; nous solderons notre compte chez vous et disposerons autrement de nos valeurs; mais nous ne pouvons supporter des remarques qui nous offensent.

Nous vous saluons avec considération.

FRÈRES MARX

Mons, le... 18..

Monsieur J., à Paris.

J'apprends que vous avez refusé d'intervenir pour un effet Gérard, de fr. 1,000, au 28 février, et sur lequel j'avais apposé un besoin chez vous. Je viens vous prier de me donner les motifs qui vous ont dicté ce refus.

Dans cette attente, j'ai l'honneur de vous saluer.

N.-J. DESCAMPS.

Paris, le... 18..

Messieurs T. et P., à Paris.

J'ai eu l'honneur de vous dire verbalement que le sieur B., votre huissier, avait fait protester le mandat de fr. 2,000 formé par ma maison de Caen sur Messieurs Debeaume, Bessy et Cie, le 5 courant, quoique les fonds y fussent faits depuis longtemps et qu'on les lui ait présentés lorsqu'il a exhibé ledit mandat.

Je viens vous prévenir que je me suis pourvu par devant Monsieur le procureur du roi pour lui dénoncer la méchanceté que cet huissier a montrée en faisant timbrer le mandat qui était libre, et en occasionnant ainsi une perte de fr. 115 de frais.

D'après les renseignements que je me suis procurés, j'ai appris qu'un huissier n'avait pas le droit de faire protester pour défaut de payement d'une course. J'espère obtenir justice sur ce point.

Mais il m'importe, Messieurs, de démontrer que ce n'est pas vous qui avez donné ordre audit B., de faire soumettre au timbre et protester ledit effet, après qu'on a eu fait offre de le payer. Il m'importe, dis-je, de prouver à Monsieur le procureur du roi que cette indélicatesse vous est totalement étrangère, ainsi que m'a fait l'honneur de me le dire Monsieur P., et qu'elle ne peut être imputée qu'à l'esprit de cupidité et de vengeance qui a dirigé l'officier ministériel dans cet odieux abus de ses fonctions.

En conséquence, Messieurs, je réclame de votre justice un certificat constatant que vous avez ignoré que les fonds avaient été offerts à l'huissier avant qu'il ait fait les frais qui donnent lieu à ma réclamation.

J'ai l'honneur d'être, Messieurs, votre très-humble et obéissant serviteur.

L. LEJEUNE FILS AINÉ,

De la maison Le Jeune et fils, de Caen, rue du
Faubourg-Poissonnière, 8, à Paris.

Je vous demande, Messieurs, un certificat pour vous éviter ainsi qu'à moi, le désagrément de vous assigner en justice pour rendre témoignage.

Je suis prêt à rembourser l'effet, mais sous toutes réserves, relativement aux *frais faits*. Demain j'aurai audience de M. le procureur du roi, et je vous en ferai connaître le résultat.

LEDIT.

Bordeaux, le... 18..

Messieurs D. et D., à Paris.

Je ne puis vous cacher, Messieurs, combien ma surprise a été grande lorsque j'ai reçu votre lettre du 20 décembre, où vous m'annoncez qu'il vous est impossible de livrer à l'époque convenue les 5,000 rames de papier *florette*, quoique vous en ayez pris l'engagement écrit et que vous me l'ayez, depuis, confirmé de vive voix.

Pour satisfaire à mes engagements envers vous, j'ai dû conserver dans mon navire la place de 5,000 rames, et refuser d'autres propositions qui m'ont été faites du même article; jugez maintenant combien il me serait préjudiciable, non-seulement de ne pas utiliser une place précieuse, mais encore de manquer à mon bord du principal article de la cargaison. Veuillez, Messieurs, réfléchir au dommage notable que vous feriez subir à l'opération en n'accomplissant pas vos engagements, dont je persiste à réclamer l'exécution.

Agréez, Messieurs, mes salutations empressées.

LÉOPOLD CHATEAUVIEUX.

Toulouse, le... 18.

Monsieur C., à Paris.

Ci-joints nous avons l'honneur de vous remettre fr. 5,300, en deux effets.

SAVOIR :

Fr. 3,000 sur Paris, au 20 septembre prochain.
Fr. 2,500 sur Paris, au 31 octobre prochain.
Fr.   572 que nous avons payés ici pour M. D. de Besançon.

Ensemble, 6,072 dont nous vous prions de soigner l'encaissement à notre crédit.

Recevez mes salutations bien affectueuses.

PEYROLLE ET Cie.

P. S. Ce que vous me marquez de M. D., receveur général, doit me surprendre d'autant plus que, par sa lettre du 11 juin dernier, il m'engage à vous demander ce supplément de crédit, et me dit de vous renvoyer à lui pour la garantie. M. D., député, l'a confirmé à ma femme, nièce de ces Messieurs, à son dernier séjour chez moi; je ne conçois donc rien à votre réponse. Ces Messieurs savent bien que ma maison n'est pas dans une position à s'exposer à un refus, ni à demander quelque chose sans être assurée de l'obtenir; il n'y a que M. D. de Besançon, qui puisse expliquer votre réponse, si fort en contradiction avec sa lettre du 11 juin.

PEYROLLE.

Paris, le... 18...

Monsieur B., à Paris.

Nous n'avons pas été peu surpris en recevant hier soir l'avis que vous nous donnez d'avoir vendu, pour notre compte, à la bourse du 4 courant, dix-sept annuités au cours de 1020 et 1015, lorsque notre ordre portait *positivement* 1030 *et pas au-dessous*. En supposant, Monsieur, que vous ayez eu quelques inquiétudes sur le solde débiteur de notre compte de liquidation, vous auriez dû nous prévenir avant d'opérer d'une manière aussi onéreuse pour nos intérêts, et si nous n'avions pas eu à notre disposition les fonds nécessaires pour vous solder entièrement, nous aurions pu consentir à la vente, jusqu'à concurrence de la somme qui nous aurait manqué, mais non pour la totalité de nos annuités; nous vous prévenons que, nos ordres n'ayant pas été exécutés, nous n'acceptons pas le marché pour notre compte.

Nous avons établi votre compte avec nous; il se balance par un solde en votre faveur de fr 4,115, sauf erreur ou omission, non compris le mandat sur la Hollande qui est un objet à part. Nous vous prions d'examiner ce compte, et de nous faire connaître si vous le trouvez d'accord : le montant vous en sera compté par l'un de nous dans le courant de la journée.

Nous avons l'honneur de vous saluer.

LEVASSEUR FRÈRES.

P. S. Vous pensez sans doute, Monsieur, qu'après le procédé dont vous venez d'user à notre égard, toutes relations d'affaires sont devenues impossibles entre nous.

Lyon, le... 18...

Monsieur,

Ma lettre d'hier a dû vous faire voir combien je suis tourmenté, et chaque jour accroît mes angoisses. Ma santé ne me permettant pas de me mettre en voyage, il faut que vous agissiez dans mon intérêt comme vous feriez pour vous-même. Je ne vous ai pas répondu plus tôt parce que j'attendais que vous m'eussiez envoyé les engagements, et, par une fatalité bien grande, vous avez différé cet envoi de dix jours, pendant lesquels la rente monté d'une manière effrayante. Je vois qu'elle a fini hier, après la bourse

14

à 105,20. Je n'ai pas assez de courage pour supporter sans émotion cette nouvelle perte, et je vous avoue que j'aurais attendu de votre amitié un conseil utile avant d'arriver à ce point désespérant. Agissez, peu importe comment, pourvu que je sorte de ce gouffre, où je ne veux pas m'engloutir tout entier.

J'ai l'honneur de vous saluer bien sincèrement.

E. MAILLERES.

Paris, le... 18...

Monsieur D., à Dijon.

Il y a près de neuf mois que, sur l'invitation assez pressante que vous m'en aviez faite, je vous consignai 12 caisses de borax raffiné pour en opérer le placement au mieux de mes intérêts.

Depuis ce temps, je n'ai reçu aucune nouvelle de vous à ce sujet, et j'en suis étrangement surpris.

J'espère que, par retour du courrier, vous m'apprendrez les causes de ce long silence, et me donnerez l'espérance de voir finir convenablement cette affaire, depuis trop longtemps en suspens.

Agréez, Monsieur, mes bien sincères salutations.

C. DUBREUIL.

Paris, le... 18..:

Monsieur Ed. Q., au Havre.

J'ai sous les yeux vos deux lettres des 21 et 23 octobre.

Par la première, vous me reprochez l'*inconvenance* de mon silence. Je mérite ce reproche, si vous ne voulez tenir aucun compte de mes fréquentes absences; mais comme, en définitive, mon silence ne préjudicie en rien à vos intérêts, vous me permettrez de vous dire, à mon tour, que votre reproche me paraît plus inconvenant que mon silence.

Au surplus, je vais terminer cette affaire, qui le serait déjà, si je n'avais quelques observations à vous adresser sur le compte que vous m'avez remis.

La conduite du capitaine Bernard me paraît fort singulière, et je m'étonne qu'il se soit permis de faire pour son propre compte l'opération de Bourbon, quand cette opération était le but primitif de la nôtre.

D'un autre côté, pourquoi nous avoir fait des retours en café, lorsqu'il est à la connaissance de tout le monde que cette sorte de retour présente constamment de la perte? Il faut qu'il vous ait donné, pour motiver cette conduite, des raisons bien puissantes et que je désirerais connaître.

Je ne vois aucune nécessité à vous hâter de vendre notre cargaison de café; je vous prie même de ne rien terminer à cet égard, et de m'en envoyer un échantillon par la diligence.

Recevez, Monsieur, mes salutations empressées.

BARRIÈRE.

P. S. Je reçois à l'instant une lettre de M. John Bernard, dont le silence avait lieu de me surprendre. Sa lettre est la plus extraordinaire qu'on puisse écrire dans sa position; elle fourmille d'erreurs et de faits controuvés; si vous pouvez, sans indiscrétion, me donner quelques détails sur sa correspondance avec vous relativement à sa gestion et à ses tristes résultats, vous me rendrez service.

Paris, le... 18..

Messieurs C. et F. frères, à Bordeaux.

J'ai bien reçu votre lettre du 30 novembre, m'accusant réception du nouvel acte passé entre nous.

Voici donc enfin cette affaire terminée; mais je ne puis vous dissimuler que je regrette beaucoup le temps précieux que nous avons perdu en discussions stériles, et que nous aurions bien mieux employé dans l'intérêt de l'opération. Je déplore que vous n'ayez pas jugé convenable d'agir envers moi d'une manière plus large et plus décisive.

Je n'ai pas encore eu le temps d'examiner vos comptes d'armement et les pièces dont vous les appuyez; je ne puis donc vous renvoyer ces documents avant les quelques jours qui me sont nécessaires pour les étudier et en donner connaissance à mes co-intéressés. Ce petit retard indispensable me semble sans inconvénient pour vous.

Recevez mes bien affectueuses salutations.

CHARLES RAYMOND.

Rotterdam, le... 18

Messieurs Ch. B. et G., à Paris.

Le 2 du mois d'avril dernier, nous eûmes l'honneur de vous écrire en réponse à votre lettre du 24 courant, et nous y fîmes connaître notre désir, ainsi que celui de nos amis Balguerie, que vous vendiez enfin la barrique de garance, les bois de Sainte-Marthe et le poivre long.

Privés de vos nouvelles depuis plus de cinq mois, nous venons vous prier de nous dire où vous en êtes, et pour quelle époque nous pouvons espérer la fin de ces trois affaires, qui traînent depuis si longtemps en longueur.

Nous ne pouvons vous dissimuler que nous vous trouvons trop durs dans vos relations, et vous auriez déjà opéré ces ventes si vous n'aviez prétendu à un prix plus élevé que le cours. Nous voyons la cote du bois de Sainte-Marthe constamment fixée chez vous à fr. 80 ; en admettant que ce prix soit un peu exagéré, nous n'en sommes pas moins convaincus, qu'en lâchant la main jusqu'à fr. 75, on réaliserait promptement.

Tâchez donc d'en finir, et ne nous mettez plus dans le cas de vous faire de semblables reproches.

Nous avons l'honneur de vous saluer très-amicalement.

PERIER et de JONCH.

———————

Namur, le... 18..

Monsieur C., à Paris.

J'ai reçu votre lettre du 22 du mois dernier, qui me donne avis de votre disposition de fr. 473, 90 pour solde de compte au 31 décembre dernier, bien que je ne vous redoive que fr. 470, 65. Je ne sais pourquoi vous m'avez chargé, contre l'usage, de fr. 3,25. J'ai vu avec peine que vous aviez recommandé de protester votre traite sur moi, et cela sans attendre même la vérification de votre compte.

Assurément, après les relations que nous avons eues ensemble et leurs beaux résultats pour vous, je ne devais pas m'attendre à ce manque de procédé.

Je vous ai constamment témoigné les égards les plus bienveillants, et je croyais, Monsieur, pouvoir compter sur un peu de réciprocité. Je ne puis vous dissimuler combien il m'a été pénible de reconnaître que vous en aviez décidé autrement.

Je vous présente mes sincères salutations.

DE FONVENT.

Paris, le... 18..

Monsieur P., à Rouen.

Le 12 août dernier, nous avons fait verser dans vos mains une somme de fr. 735, 28, au crédit de MM. Borri et Cie, de Florence, pour être mise à la disposition de M. Robin Valori.

Ce monsieur s'est présenté plusieurs fois pour la retirer, mais MM. Borri et Cie lui ont constamment répondu que vous ne leur aviez donné aucun ordre à cet égard.

Il est constant que vous avez oublié de les instruire de ce fait, et qu'il ne faut s'en prendre qu'à cet oubli si M. R. Valori a éprouvé plusieurs refus et des retards d'autant plus désagréables qu'il était assuré que la somme avait été versée. Nous vous prions donc, Monsieur, de vouloir bien réparer cette omission le plus promptement possible, et de nous mander à nous-mêmes quand l'avis aura été donné, afin que nous puissions nous disculper aux yeux de nos amis d'une aussi grande négligence.

Nous avons l'honneur de vous saluer, Monsieur, avec une parfaite considération.

BERTHOUD FRÈRES.

Paris, le... 18..

Messieurs M. et C., à Bordeaux.

J'ai sous les yeux vos lettres des 27 novembre et 10 courant.

J'attends vos communications relatives à l'affaire Durando.

Je vois bien, par tout ce que vous me dites au sujet du brick la *Jeune-Caroline*, que vous n'êtes plus disposé à prendre un intérêt dans son achat ; il ne fallait pas alors m'en parler comme d'une excellente affaire, ce qui m'a porté à entretenir mes amis dans cette conviction, et à les décider à y prendre part.

Plus je réfléchis à votre lettre, et plus je suis frappé, permettez-moi de le dire, de la versatilité de vos idées. Après m'avoir vivement conseillé cette opération, votre lettre est conçue en des termes tels qu'il semble aujourd'hui que ce soit par une pure complaisance que vous y prendriez part. Je ne saurais accepter une aussi froide coopération, et je renonce à cette affaire.

J'ai l'honneur de vous saluer affectueusement.

JEAN DE PRÉAMENEUX.

Marseille, le... 18..

Messieurs P. père et fils, à Lyon.

Nous venons de rembourser la traite de fr. 957, 20 que nous avions formée sur vous, conformément au compte que vous portait notre lettre du 7 courant.

C'est, vous le savez, Monsieur, la troisième fois que pareil désagrément nous arrive avec vous, et vous savez aussi, qu'en vous avisant cette dernière traite, nous vous disions que, si elle n'était pas payée, nous fermerions votre compte.

Nous espérions que vous vous décideriez enfin à mettre plus de régularité dans vos payements, mais, puisque vous n'avez pas jugé à propos de le faire, nous devons vous prévenir, que nous venons d'adresser à un avoué de votre ville notre facture sur timbre et nos pouvoirs, à l'effet de vous poursuivre.

Nous avons l'honneur de vous saluer.

GREGORY FRÈRES.

Strasbourg, le... 18..

Monsieur S. fils, à Paris.

Les excellents rapports que j'avais conservés, pendant vingt ans, avec feu Monsieur votre père, devaient me faire espérer que ceux que j'aurais avec son fils ne seraient pas moins agréables. Votre lettre du 17 courant me prouve que vous avez jugé autrement.

Il me semblait qu'il devait vous suffire de ma parole pour croire que les molletons que vous m'avez adressés le 28 du mois dernier, sont d'une qualité au-dessous du médiocre. Vous exigez une expertise ; je vais la faire faire, mais ce procédé m'offense, et vous ne vous étonnerez pas si je cesse toute relation avec votre maison.

Votre compte est crédité chez moi de fr. 4,147,25 c., jusques et non compris le dernier envoi sur lequel les experts vont prononcer. Je vous remets ci-inclus.

Fr. 4,147,25 à vue sur Rothschild frères. Veuillez en créditer mon compte.

J'ai l'honneur de vous saluer.

                                        BARHMANN.

Marseille, le... 18...

Monsieur P., à Paris.

J'ai eu l'honneur de vous écrire le 12 du courant pour vous témoigner ma surprise, je ne dirai pas de votre silence, mais de la privation de vos lettres ; il m'est impossible d'imaginer quel peut être le motif de la cessation subite de votre correspondance au milieu d'une négociation aussi importante, dont vous avez paru vous être chargé avec plaisir dans nos communs intérêts, et dont vous aviez bien voulu jusqu'ici me faire connaître la marche et les progrès avec autant de complaisance que d'exactitude.

Il n'y aurait assurément rien d'extraordinaire à ce que le ministre vous eût refusé la grâce que vous lui demandiez. Vous m'avez même, dans votre dernière lettre, parlé de vos craintes ; mais il n'est pas à supposer que, dans ce cas, vous eussiez oublié de m'en instruire. Il m'est donc bien difficile de comprendre pourquoi, après m'avoir fait part, avec tant de détails, de la situation où vous aviez amené l'affaire, votre correspondance s'arrête au moment du dénoûment et me laisse dans une pénible incertitude.

Votre silence ouvre un vaste champ aux conjectures, mais vous pouvez être assuré que je ne m'arrêterai jamais sur aucune qui ne s'accorde avec la confiance entière dont je suis rempli en votre délicatesse et en votre loyauté.

Ne pouvant croire que votre silence ait pour motif le refus du ministre, il est de mon devoir de continuer à vous fournir tous les renseignements qui peuvent éclairer vos résolutions.

J'ai reçu, par ce courrier, des nouvelles très-fraîches de Calcutta, et je m'empresse de vous transmettre un prix courant de ce pays du 30 novembre. Vous y verrez que les cotons et les salpêtres y ont subi une forte augmentation, effet naturel des demandes qui ont eu lieu pour l'Europe. Lorsque nous serons dans le cas de prendre des déterminations définitives sur ces affaires, je vous présenterai mes observations.

Les sucres continuent à arriver avec abondance dans notre port; ils paraissent susceptibles d'une forte diminution. Les ports d'Italie ont fait chez nous leurs provisions.

J'ai l'honneur de vous saluer affectueusement.

MARTIN FILS.

La Rochelle, le... 18...

Messieurs B. et G., à Paris.

J'ai sous les yeux, Messieurs, votre lettre du 18 courant. Je ne suis jamais en retard pour remettre mes comptes, quand cela dépend de moi. Celui de la prise *Amalthea* doit être fait par l'administration de la marine à Nantes, puis à La Rochelle, par devant le tribunal de commerce. Dès que toutes les formalités auront été remplies, cette comptabilité se réglera.

L'*Impératrice-Reine* est partie de New-York le 12 avril. C'est par le navire l'*Eugène*, arrivé à Bordeaux, que je reçois cette fâcheuse nouvelle. Un pareil retard me fait supposer que ce navire a été pris. J'espérais un meilleur résultat de cette opération.

Votre réflexion relativement aux fr. 6,000 que je vous ai prié de verser pour mon compte à M. Fabe, n'est ni juste ni amicale. Vous me deviez, dès le 1er avril, la valeur des cotons, puisque je vous avais bonifié l'escompte. Je n'aurais certainement pas refusé de me rembourser sur vous à long terme, non-seulement pour cette somme, mais pour toute autre plus forte; mais il fallait, au moins, me faire connaître votre désir à cet égard.

Ce que vous avez fait dans cette circonstance n'est pas régulier.

J'ai l'honneur de vous saluer.

FILLEAU.

La Rochelle, le... 18...

Messieurs B. et A., à Paris.

J'ai reçu vos trois lettres des 4, 8 et 9 courant.

Cette dernière contient des réflexions tellement extraordinaires, je dirai même tellement injustes, que je renonce à y répondre.

Vous savez très-bien, Messieurs, que je ne puis m'expliquer par correspondance sur un pareil sujet, et qu'il faudrait pouvoir s'en entretenir verbalement.

Si mes propositions ne vous paraissent pas assez claires, cela tient à la nature de l'affaire, mais vous auriez dû interpréter favorablement ce qui ne vous a pas paru suffisamment expliqué. Il ne fallait pour cela qu'un peu de confiance et d'amitié. Le *dévouement absolu* dont vous me parlez n'était pas du tout nécessaire.

Au surplus, votre impétueuse franchise a son prix dans cette circonstance. Elle m'avertit des inconvénients qu'une participation de ce genre peut entraîner, et je suis heureux d'être encore à temps de m'en garantir.

L'affaire en question devient plus que jamais difficile et dangereuse. Je vais probablement me rendre sur les lieux pour tâcher d'en organiser et d'en assurer l'exécution. Je ne veux être tenu ni à vous consulter, ni à me rendre responsable, ni à rendre des comptes.

Vous n'avez pas assez de confiance en moi pour livrer dix ou vingt mille fr. à mon entreprise, quand vous savez que *je n'y admets* que deux amis, et que le reste me concerne.

Il n'est pas du tout nécessaire, pour vous en retirer, de m'accuser de manquer de générosité. Il l'est encore moins de nommer des arbitres. Votre proposition à ce sujet annonce assez la précipitation avec laquelle vous avez répondu à mes lettres.

Je vous salue cordialement.

FILLEAU.

Paris, le... 18..

Messieurs C. et F. frères, à Bordeaux.

J'ai reçu dans leur temps vos diverses lettres des 23 août, 4 et 5 du courant, dont je n'ai pris connaissance qu'à mon retour de la campagne où ma femme était retenue par une grave indisposition.

Je vous avoue que j'ai été singulièrement surpris et affecté du procédé qui consiste à me refuser tous nouveaux renseignements sur l'opération du navire le *D. de B.*, jusqu'à ce que vous soyez couvert de l'assurance. Cette prétention est nouvelle dans les relations d'affaires maritimes.

Quoi qu'il en soit, je vous autorise, Messieurs, à disposer sur moi pour cet objet de fr. 4,000, à 60 jours de vue.

Veuillez bien m'envoyer les copies déjà réclamées des polices d'assurances de retour. Il me manque encore une lettre contenant l'avis de la vente de nos dernières mules à Bourbon, puisque je n'ai en mains l'avis de vente que de 7 t.

Je réclame, en même temps, les nouveaux renseignements que vous a donnés le capitaine, et que rien, ce me semble, ne doit vous dispenser de me transmettre. Je vois à regret combien il vous est difficile de conserver des relations convenables; vous semblez toujours disposés à les rompre, et pourtant, je n'aperçois pour vous aucun avantage à en agir de la sorte.

Les bruits que l'on répand sur mon compte, dans ces moments de crises, m'étonnent peu. Il en court sur tout le monde ; de nombreux retours, des remboursements inattendus ont eu lieu chez moi, cela est vrai. J'opère ces remboursements peu à peu, et si je parais le faire trop lentement, c'est que je ne suis pas fâché de laisser actionner par des tiers plusieurs de mes débiteurs qui se gêneraient beaucoup moins avec moi.

C'est une marche qui a ses inconvénients, mais je l'ai crue nécessaire à mes intérêts, dans ces circonstances difficiles.

J'ai l'honneur de vous saluer.

CHARLES RAYMOND.

Paris, le... 18..

Monsieur C., à Saint-Etienne.

Nous sommes, comme vous, bien convaincus qu'*un mauvais arrangement vaut mieux qu'un bon procès*, et nous n'hésiterions pas à accepter les propositions que vous nous faites, en date du 14 courant, si, dans l'énoncé de la plainte que vous avez cru devoir former contre nous, vous n'aviez allégué des faits dont la considération que nous croyons mériter exige que nous démontrions publiquement la fausseté.

Les faits que nous avons énoncés nous-mêmes, dans la plainte reconventionnelle formée en réponse à la vôtre, vous étaient, sans doute, inconnus et auront modifié votre opinion à notre égard, mais il est trop tard, aujourd'hui, pour que cette modification nous soit une réparation suffisante. Les tribunaux sont saisis : ils prononceront.

Nous avons l'honneur de vous saluer.

LEPÈRE ET ROSET.

CHAPITRE XIV.

EXCUSES ET JUSTIFICATIONS

OU RÉPONSES A PLAINTES, REPROCHES ET RÉCLAMATIONS.

Celui qui reconnaît aujourd'hui qu'il s'est trompé prouve en quelque sorte, par là, qu'il est apte à mieux faire à l'avenir. Il est donc préférable, en général, de convenir avec franchise de ses torts, que de chercher à les justifier.

Les circonstances et les raisons plausibles qui motivent une réclamation, doivent régler la manière dont il convient d'y satisfaire.

Quelques personnes pensent qu'il y a de l'adresse à ne pas convenir de ses torts, et que, sans les nier précisément, on peut, en laissant planer un doute, éviter une réparation trop onéreuse, ou, tout au moins, se donner le mérite d'une concession. Nous persistons à croire que le meilleur moyen d'atténuer un tort est de le reconnaître clairement, et de s'en excuser avec franchise.

Quant au ton qu'il convient de prendre dans une lettre

d'excuse, il ne doit laisser voir ni dépit, ni mauvaise humeur, mais être empreint, au contraire, d'abandon et de bonne volonté.

La lettre d'excuse doit renfermer des explications propres à atténuer le fait, à faire valoir les bonnes intentions dont on était animé; témoigner du regret pour l'erreur commise, de l'empressement à la réparer, et surtout la ferme intention d'en prévenir le retour; enfin, on la termine par de nouvelles assurances de zèle et de dévouement.

Ajoutons que, quelle que soit l'aigreur ou la vivacité des réclamations ou des plaintes d'un correspondant, il est sage de ne point l'imiter dans la réponse, et qu'on doit, au contraire, y faire preuve de réserve et de modération.

———————

Nogent-sur-Seine, le... 18..

Monsieur C., à Paris.

L'erreur que je vous ai signalée dans l'extrait de mon compte courant a été commise dans mes bureaux : le renvoi dont je vous ai crédité valeur au 31 août, m'a été fait par un autre correspondant : je vous demande pardon de cette inadvertance. La rectification en étant faite, votre compte reste soldant à nouveau par fr. 2,585. Mes écritures sont passées de conformité

Je vous réitère, Monsieur, mes salutations bien cordiales.

DEMEUFVE.

———————

Lyon, le... 18..

Monsieur T.

Je trouve à mon arrivée de Beaucaire la lettre que vous m'avez fait l'honneur de m'écrire le 5 courant. J'avais effectivement perdu de vue l'échéance de vos factures. Ayant acheté plus que je me le proposais, j'ai eu beaucoup à payer les mois derniers et pendant ce mois-ci.

Veuillez donc m'excuser, et, pour régler ce que je vous dois, fournir sur moi la moitié du capital à peu près, reconnu d'abord à fr. 6,628 76 c., au 15 septembre prochain, et l'autre moitié, fin du même mois de septembre. Tout honneur sera réservé à votre signature ; vous établirez, d'après ce règlement, le compte courant que vous me ferez passer, s'il vous plaît, en m'avisant de vos dispositions.

Agréez l'assurance de ma considération.

M. PELLION.

Caen, le... 18..

Monsieur de Saint-G., à Paris.

C'est à tort que vous avez vu de l'humeur dans mes lettres. Ce qui a provoqué la vôtre m'explique vos surprenantes hésitations au moment d'accomplir vos engagements. Permettez-moi de le dire encore, je regrette qu'un mot ait éveillé votre susceptibilité ; mais je vous laisse à juger vous-même s'il est exact.

Vos nombreuses occupations vous ont fait perdre le souvenir de ce qui s'est passé entre nous, il y a dix mois ; vous croyez qu'il s'agit aujourd'hui d'un engagement nouveau, lorsqu'il est souscrit depuis longtemps.

Un engagement, dites-vous, est une promesse verbale ou écrite. Eh bien ! je vous envoie, Monsieur, copie de votre engagement écrit qui date du 17 février dernier.

Je me plais à croire, qu'après avoir pris connaissance de cet acte qui est un engagement bien formel, vous m'excuserez d'avoir paru surpris de vos délais, alors que le moment était arrivé de l'accomplir ; de mon côté, je vois bien maintenant qu'il n'y avait de votre part qu'oubli, et tout s'explique à mes yeux.

Jamais je n'ai entendu vous faire de grâce ; je n'ignore pas que vous n'en avez nul besoin, et ma dernière lettre, dont je relis en ce moment la copie, me paraît avoir été interprétée avec prévention, car je la trouve écrite dans un esprit bien différent de celui que vous lui supposez.

J'espère que ces explications vous satisferont complétement et conserveront à nos relations leur caractère affectueux.

Votre bien dévoué serviteur.

A. MAREY.

Cette, le... 18..

Monsieur G., à Granville.

J'ai sous les yeux votre lettre du 6 courant.

J'ignore qui a pu se croire fondé à vous écrire que mes affaires étaient dérangées, j'éprouve, comme tout le monde, dans cette crise terrible, quelque embarras à opérer des remboursements assez nombreux pour des maisons telles que MM. O., C. et Cⁱᵉ; mais enfin j'opère ces remboursements peu à peu, et, à moins de plus grands désastres, je traverserai sans trop de malheur cette effrayante crise.

Combien vous devez regretter, comme moi, d'avoir refusé la première garantie que je vous offrais pour le payement de la cargaison. Vous avez voulu préférer celle d'A.; vous en voyez les conséquences.

Dans tous les cas, je ne pense pas que vous puissiez être compromis dans sa déconfiture, car les valeurs déposées en ses mains pour votre cargaison sont un dépôt qui ne peut être confondu avec ses autres affaires.

Veuillez bien me dire la maison que vous investissez de votre confiance ici et de vos pouvoirs dans cette affaire, pour que j'en confère avec elle; par correspondance ce serait trop long et bien difficile.

J'ai l'honneur de vous saluer affectueusement.

PASCAL FILS.

———

Rouen, le... 18..

Monsieur L., à Paris.

J'ai reçu la lettre que vous m'avez fait l'honneur de m'écrire le 17 courant, et j'y lis à regret les reproches que vous m'adressez; ils sont un peu vifs, et je veux les croire échappés à un premier moment de mécontentement.

J'ai été malheureusement obligé de faire un petit voyage au Havre, et c'est pendant mon absence que l'envoi qui provoque vos plaintes vous a été fait; je reconnais qu'on n'y a pas mis tout le soin que j'apporte ordinairement aux expéditions que je vous adresse.

Veuillez avoir un peu d'indulgence pour cette fois, je réparerai ces torts par mon premier envoi, et je vous promets que ces désagréments ne se renouvelleront plus à l'avenir.

Ce serait agir avec une sévérité trop rigoureuse, que de laisser pour compte

ces marchandises pour une cause aussi légère. Si vous exigiez absolument
une réfraction sur le montant de votre facture, je consentirais à celle de
fr. 71,20; mais ne m'obligez pas à reprendre un envoi dont je serais très-
embarrassé sur votre place, et qui, s'il fallait le faire revenir, me constitue
rait en perte assez importante.

Veuillez agréer la nouvelle assurance de mon parfait dévouement.

LOISELEUR FILS AINÉ.

Toulouse, le... 18...

Monsieur G., à Draguignan.

Je ne puis consentir aux réductions exorbitantes que vous prétendez m'imposer, et encore moins approuver les motifs sur lesquels vous les appuyez.

Si vous pouviez détruire l'exactitude des faits que j'allègue pour ma jus-
tification, je souscrirais sans murmurer à la réfraction que vous proposez;
mais convenez que, dans le cas contraire, il ne serait ni juste ni admissible
de me faire supporter, à moi commissionnaire, la conséquence d'une baisse
de prix, puisque je n'aurais aucun droit aux bénéfices s'il était survenu une
hausse.

Espérant que vous apprécierez la justesse de mes motifs, je vous prie d'a-
gréer mes affectueuses salutations.

ÉDOUARD DIDIER.

Bordeaux, le... 18...

Monsieur J.-G. C., à Paris.

Votre lettre du 17 courant vient de m'être remise par MM. P. Portal et Cie,
qui, conformément à vos intentions, ont désiré connaître si vous étiez en
règle vis-à-vis de moi. Il m'a été facile de leur prouver, comme je vous l'ai
mandé, que vos droits étaient conservés et reposaient sur des bases solides.
Le traité signé par mes créanciers et par moi fait mention de ce qui regarde
votre privilège, sans qu'à cet égard il puisse y avoir la moindre objection,
et c'est après un mûr examen de toutes les pièces qui ont trait à cette af-

faire, que vos amis m'ont dit qu'ils ne feraient aucun frais, seulement ils garderont par devers eux le titre échu sans le renouveler.

J'ai remarqué dans votre compte courant fr. 41,35, pour timbres, légalisation et ports de lettres; c'est, je crois, une erreur; veuillez la rectifier s'il y a lieu, ou me dire ce qui motive cette somme à mon débit, et la date de la lettre où vous m'en donniez avis. Le reste est d'accord.

Venant maintenant, Monsieur, à ce que vous me dites relativement à votre complaisance à mon égard, et aux reproches que vous m'adressez, je vous l'avouerai, je croyais en être à l'abri. Certes, j'apprécie la confiance dont vous m'avez honoré, et, m'en croyant toujours digne, j'ai droit à mon tour de m'étonner du repentir que vous semblez en avoir. En ai-je abusé, quand, votre débiteur de près du double de votre créance actuelle, je vous ai remis ce que j'avais touché d'une vente de partie de vos vins? En ai-je abusé, quand j'ai poursuivi un ami pour obtenir une traite de 100 liv. sterl. pour vous couvrir? je ne le crois pas, et la manière dont j'ai consenti à vous donner une garantie bien plus que suffisante ne vous faisait-elle pas présager que vous aviez affaire à un homme d'honneur qui voulait se libérer? Les malheurs changent les positions et non les sentiments; les miens sont restés les mêmes. Vous, pas plus qu'aucun autre de mes créanciers, ne perdrez avec moi, et ce n'est pas après avoir dû plus d'un million que je voudrais me flétrir pour une trentaine de mille francs que je reste devoir à la masse.

Mon but, ma seule idée, sont de me libérer; j'y emploierai tous mes moyens; et si je perds beaucoup, je ne me serai pas du moins aliéné l'estime et la considération des gens de bien.

J'espère donc, Monsieur, qu'appréciant ce que j'ai fait pour diminuer ma dette envers vous, et ma conduite pour la garantir, vous reviendrez d'un moment d'humeur, et ne donnerez pas suite à des reproches qui sont aussi pénibles que peu mérités.

Recevez, Monsieur, l'assurance de ma parfaite considération.

MONRIBOT junior.

Paris, le... 18...

Monsieur L.

J'ai l'honneur, Monsieur, de vous remettre sous ce pli le duplicata de la traite de fr. 5,025 tirée par M. A. Leroux, de l'île Bourbon, sur MM. Roux et Duhautailly, de Nantes. Je vous l'aurais envoyé bien plus tôt sans le malheur que je viens d'éprouver, le 30 du mois dernier, en perdant mon mari, victime du cruel fléau qui vient de ravager la capitale.

Veuillez, Monsieur, recevoir mes excuses de ce retard, et l'assurance de la haute considération avec laquelle j'ai l'honneur d'être votre toute dévouée.

V⁰ LEROUX.

Paris, le... 18...

Monsieur J., à Paris.

Je viens de recevoir votre lettre du 14. Si je n'ai pu vous faire les fonds de mes traites, c'est que j'ai trop compté sur l'espoir que mes anciens bois seraient reçus, et que j'étais loin de croire que ceux d'orme et de frêne, livrés depuis six mois, subiraient, à cause de l'expédition d'Alger, d'aussi longs retards de réception. J'étais persuadé que MM. Toulas et Cⁱᵉ auraient pu retirer de fortes sommes du ministère et vous les auraient transmises.

Au surplus, nous voici, d'après ce que ces Messieurs m'ont annoncé, au moment où les recettes vont avoir lieu, et je ne doute pas que, quand même l'administration ne payerait pas de suite les vieux bois, elle n'effectue bientôt le payement des sommes qu'elle me doit sur les bois d'orme et de frêne ; or, ces sommes dépasseront de beaucoup votre créance. MM. Toulas et Cⁱᵉ ont l'ordre de vous faire passer aussitôt tout ce qu'ils recevront. J'ai donc la certitude que vous ne tarderez pas à rentrer dans vos déboursés.

Dans cette conviction, j'ai l'honneur de vous saluer bien amicalement.

Paul CARNEVALI.

Bordeaux, le... 18...

Monsieur J.-G. C., à Paris.

Je réponds à vos deux lettres des 18 et 24 mars dernier.

Bonne note a été prise de la négociation que m'apporte la première. L'explication que vous me donnez par la seconde a suffi, Monsieur, pour détruire l'impression défavorable que m'avait laissée votre lettre du 13 mars, et c'est avec un véritable plaisir que je continuerai à entretenir des relations qu'il m'eût été pénible de rompre.

J'ai fait pareillement prendre bonne note de la négociation que contient votre dernière.

15

Ayant fourni sur vous :

Fr. 10,127 » ordre Salles, Tieubert et Cie, 13 courant.
    6,000 »   —   —   14 —
    4,822 10   —   —   16 —

Fr. 20,949 10 ensemble, je vous prie de les accueillir favorablement à mon débit.

Je vous remets ci-joint :

Réaux de veillon 32,000
                28,000

Réaux de veillon 60,000 sur Cadix, 29 juillet, 1er et 2e.

Veuillez me créditer du tout, après avoir fait le nécessaire. J'espère que le Cadix rencontrera bien.

J'ai l'honneur de vous saluer bien sincèrement.

FLEURI GODDE.

Londres, le... 18..

Monsieur J. L., à Paris.

Nous avons l'honneur, Monsieur, de vous confirmer notre lettre du 28 du mois dernier. Depuis lors, nous sommes privés de vos nouvelles.

Aujourd'hui, nous venons répondre aux observations que nous faisait votre lettre du 11 août dernier, et vous demandons pardon de ne pas l'avoir fait plus tôt. Nous allons les prendre dans l'ordre que vous leur avez donné.

1o La bonification de 5 livres sterl. sur les poivres blancs est bien celle qui nous a été faite, comme vous le verrez, par le titre original de la compagnie des Indes que nous joignons à ce pli.

2o La bonification que nous vous avons faite sur les muscades et nacres de perle, est également celle qui nous a été allouée, et, si vous le désirez, nous vous en enverrons la preuve comme pour les poivres.

3o Cannelle Ceylan. La compagnie des Indes ne délivre pas les balles refaites pour l'exportation, et cette dépense de réemballage n'est jamais à la charge du vendeur, mais bien à celle de l'acheteur. C'est ce dont vous pourrez vous convaincre en écrivant ici à ce sujet.

Quant au marquage, comme ces marchandises furent achetées par nous, d'après l'ordre de M. Baudoin, et que, pour toutes les expéditions que nous lui avons faites, nous en avons agi ainsi, nous devions suivre la même marche dans cette occasion.

Pour ce qui est du quaiage et embarquement, nous l'avons bien payé. La marchandise était dans les docks de Londres, tandis que le navire se trouvait dans ceux de Sainte-Catherine. Or, les navires, lorsqu'ils sont dans un dock, ne veulent jamais en sortir qu'avec leur cargaison complète, ou pour partir, mais jamais pour aller chercher dans un autre dock des marchandises faisant partie de leur cargaison.

4° Poivre. Même observation, pour l'emballage, que plus haut. Relativement au quaiage et embarquement des docks des Indes-Orientales, nous l'avons payé à la compagnie des Indes Vous pourrez encore vous en convaincre en écrivant ici. Cette espèce de frais est dénommée *wharfage* et *sypping*.

5° Muscades. Emballage et marquage, même observation que ci-dessus. Les droits sur échantillons, nous les avons payés d'après l'ordre exprès de M. Guien, en les envoyant à MM. Baudouin. Pour l'entrée en douane, comme ces muscades et les 20 caisses lacdye, pour Calais, devaient être embarquées à bord d'un autre navire, nous ne les comprîmes pas dans l'entrée que nous fîmes des autres marchandises. Subséquemment, les courtiers de navire ayant trouvé la place de ce surplus sur le même bâtiment, cela donna lieu tout naturellement à une seconde entrée.

6° Myrrhe. Même observation.

7° Nacre de perle. Le transport et le port à bord sont bien ceux que nous avons payés. Seulement, votre observation, quant au raballage des barriques, nous fait découvrir une erreur ; car, au lieu du raccommodage, comme c'est l'usage en général, nous n'avons eu à payer que celui des cerceaux. C'est donc fr. 18 dont nous vous créditons.

8° Agence en douane. En vous informant encore ici sur ce chapitre, vous verrez qu'il est d'usage d'employer, pour remplir les formalités de douane, des agents qu'il faut payer, bien entendu. De là viennent les frais de fr. 12 20. Vous trouverez donc que ces frais figurent dans toutes les factures. Cependant, pour vous satisfaire, nous vous offrons d'en supporter la moitié, et portons, en conséquence, L. 1, 6, 3, à votre crédit.

9° Lacdye. Les frais relatifs à cette teinture sont absolument les mêmes que ceux payés par MM. Baudouin frères sur semblable article, sauf pourtant le quaiage et l'embarquement, qui sont plus chers en ce que le lacdye en question se trouvait dans le dock de Londres, dont les frais sont plus élevés que ceux des autres. En vous adressant à ces amis, vous pourrez en acquérir la preuve. D'ailleurs c'est régulier, puisque c'est pour ces Messieurs que nous avons acheté, quoiqu'ils nous aient donné ordre de fournir sur vous, et de vous remettre les factures à cause de votre compte à demi.

Quant au magasinage, nous n'avons pu l'éviter, puisque nous avons été obligés d'attendre, pour embarquer, qu'il y eût un navire en partance pour Ostende, et que nous fussions d'accord sur le prix du fret, longtemps débattu, dans vos intérêts. Nous avons tiré sur vous du 15 juillet, jour où tous les payements avaient été faits par nous, pour éviter des intérêts qu'il aurait fallu calculer si nous avions fait traite d'une époque postérieure.

Nous espérons, Monsieur, d'après ces explications et la bonification de L. 2, 4, 3, que nous vous allouons, que vous voudrez bien accepter notre traite dernière en en déduisant cette somme, faisant, au change de 25, 65 fr. 55, 75.

Vous n'aurez donc à l'accepter que pour fr. 6,151, 85, au lieu de fr. 6,208, 60, que comporte cette traite. Nous apprendrons avec plaisir que telle a été votre détermination.

Dans cette attente, nous sommes à vos ordres, et vous présentons, Monsieur, nos bien sincères salutations.

*Par procuration de Ch. Devaux et C*ie.

M. UZIELLI.

Bordeaux, le... 18...

Monsieur J.-G., à Paris.

J'ai exactement reçu, Monsieur, vos deux lettres des 28 juillet et 5 courant; j'ai retiré de la première :

Fr. 275, 45 sur veuve Parizot, de cette ville, dont vous avez été crédité.

Par la seconde, vous me témoignez des inquiétudes sur le sort de cette remise. Si je ne vous en ai pas accusé réception dans le temps, je vous prie de m'excuser, et de n'attribuer mon silence qu'au peu d'importance de l'objet et au désir de vous éviter un port de lettre inutile.

Vous avez été débité, le 5 courant, de :

Fr. 200, que j'ai compté à M. l'abbé de Gilibert, en vertu des ordres de M. de Gilibert, de Brives, qui a dû s'entendre avec vous.

Je suis sensible, Monsieur, à vos vœux du nouvel an, et vous prie de croire que j'en forme pour vous d'aussi sincères. Je verrais avec plaisir que nous pussions entretenir des rapports qui vous prouveraient combien je vous suis dévoué.

OTARD.

Londres, le... 18..

Monsieur J. L., à Paris.

Nous répondons à la lettre que vous nous avez fait l'honneur de nous écrire le 13 courant.

C'est avec bien de la peine que nous vous voyons, malgré nos explications, persister dans une partie de vos réclamations primitives; nous avions espéré que notre franchise réussirait à vous convaincre. Puisqu'il en est autrement, il faut bien que nous avisions au moyen d'arriver à conclusion, et nous n'en voyons pas d'autre que de nous en rapporter à un arbitrage après lequel vous reconnaîtrez, sans doute, que les faits, appelés par vous des plaisanteries, sont bien des réalités. Nous avons donné à cet effet plein pouvoir à M. Guien. Le sacrifice qu'il vous offrira de notre part terminera bien certainement le petit différend qui nous divise; mais comme il se passera encore quelque temps d'ici là, nous vous serions très-obligés d'accepter pour fr. 5,700 notre traite de fr. 6,208 60 restée en souffrance : cette déduction de fr. 508 60 laissera largement de quoi couvrir les bonifications que vous réclamez, en supposant qu'elles vous soient accordées. Nous écrivons à cet effet à MM. André et Cottier.

Constamment à vos ordres, nous avons l'honneur de vous saluer, Monsieur, très-sincèrement.

DEVAUX et Cie.

Le marché au café Ceylan continue à être ferme à 49 sh. 50.

Paris, le... 18..

Messieurs M. T., à Bordeaux.

J'ai sous les yeux votre honorée du 12 février.

Vous êtes surpris, dites-vous, que je n'aie pas satisfait de suite M. Cholet ; mais pouvais-je payer sans votre autorisation? Réfléchissez donc que M. Cholet réclamait fr. 3,500, et que vous prétendiez n'en devoir que 2,000. Des explications étaient donc indispensables, et je ne pouvais régulièrement disposer de vos fonds sans votre ordre formel.

Si ma facture fourmille d'erreurs, comme vous le prétendez, je suis tout prêt à les rectifier, lorsque vous me les aurez signalées. Je ne veux jamais que ce qui est loyal et juste ; mais vos reproches sont piquants, et il aurait été plus convenable de les suspendre jusqu'à notre première entre-

vue. J'attends avec impatience votre sieur M. pour terminer tous nos diffé-
rends, et je ne prévois pas à cela de grandes difficultés, s'il est vrai que
vous soyez, comme moi, animés de cet esprit de justice et de modération
qui doit dominer les contestations commerciales.

Recevez, Messieurs, mes affectueuses salutations.

HENRY DREVON.

Paris, le... 18..

Monsieur J., à Paris.

Vous nous demandez, Monsieur, par la lettre que vous nous avez fait
l'honneur de nous écrire hier, de vous bonifier l'intérêt de douze jours
que l'on vous réclame sur les L. 2,000 sur Livourne que nous vous avons
cédées le 19 octobre dernier, attendu que ces effets étaient tirés de Russie,
et avaient, par conséquent, douze jours au delà de l'échéance pour laquelle
nous les avons cédés.

Nous nous empressons, Monsieur, de faire droit à votre demande en
vous envoyant par le porteur fr. 13, 65 pour cette différence, à raison de
4 p. 0/0 l'an, et en vous faisant nos excuses de cette erreur, dont il ne nous
était pas possible de nous apercevoir, puisque ces effets ne portaient aucun
nom de ville en tête.

Nous vous présentons nos salutations empressées.

ANDRÉ et COTTIER.

CHAPITRE XV.

————

DES COMPTES COURANTS ET D'INTÉRÊTS,

REDRESSEMENT D'ERREURS ; COMPTES DE RETOURS ET DU
RECHANGE EN CAS DE RETRAITE.

On sait que, lorsqu'un effet n'est pas payé à échéance, si le cédant habite la même ville, on le lui présente au remboursement, avant le protèt ; que, s'il y a refus, on proteste le lendemain de l'échéance, et qu'enfin, si l'effet n'est pas remboursé, la loi prescrit de dénoncer le protèt avec assignation devant le tribunal de commerce. Mais, lorsque le cédant est un correspondant du dehors, il faut, de règle générale, faire protester, faute de payement, sauf l'exception introduite par la mention : *retour sans frais*, dont nous avons parlé précédemment. Le protèt étant fait, on retourne l'effet protesté, mais on peut aussi se rembourser de cet effet par voie de *retraite*, en tirant une lettre de change sur celui qui nous l'a transmise.

C'est ce qu'on appelle faire *retraite*.

Par le produit de la négociation de la nouvelle lettre de change ou retraite, on se trouve remboursé, et dans la même position que si la première eût été acquittée.

La retraite comprend le capital, les intérêts, les frais de protêt et autres frais légitimes, y compris le nouveau change payé à la négociation, appelé *rechange*. Elle est toujours accompagnée d'un bordereau ou *compte de retour*, qui est en quelque sorte la pièce justificative, et comprend tous les détails des frais que nous venons d'énumérer succinctement (1). On peut en prendre connaissance dans le modèle de compte de retour donné à la fin de ce volume.

Il faut prendre garde que la voie de retraite ne dispense pas des formalités de notification du protêt et de demande en justice dans la quinzaine; car, si la retraite n'était pas payée, et que ces formalités eussent été omises, la déchéance serait encourue.

Malgré toutes ces formalités et précautions légales, qu'il est indispensable de connaître, on se contente le plus souvent de renvoyer à son cédant la remise protestée; on le débite du capital et des frais; enfin, on l'invite à en créditer, de son côté, notre compte chez lui.

Lorsque l'effet porte la mention de *retour sans frais*, il va sans dire qu'on ne peut pas faire de compte de retour, ni de retraite, puisqu'il n'y a pas même lieu à protêt.

Les comptes de retour sont souvent une source de gains pour les banquiers, qui profitent de l'occasion pour faire payer chèrement les frais à leurs cédants. C'est pour éviter cet abus qu'on a introduit l'usage de la mention *retour sans frais*.

Les lettres auxquelles donnent lieu ces incidents sont fort simples, et à peu près semblables aux lettres d'envoi de remises ou d'avis.

(1.) *Le compte de retour* comprend les frais proprement dits du protêt et tous les autres frais tels que droit de commission, courtage, timbre, ports de lettres, frais de voyage (en cas d'affirmation), les intérêts du capital depuis le jour du protêt jusqu'au jour de la négociation, le prix du change ou *rechange* auquel la retraite a été négociée, lequel prix doit être certifié par un agent de change ou, à défaut, par deux commerçants.

Si la retraite est fournie sur un des endosseurs au lieu de l'être sur le tireur, il faut alors deux certificats. Il y a pour ce dernier cas, dans la loi, une certaine obscurité qui a donné lieu à controverse entre les légistes.

DES COMPTES COURANTS ET D'INTÉRÊTS.

On remet habituellement les comptes courants et d'intérêts à des époques fixes, par trimestre, par semestre, ou à la fin de l'année, en invitant les correspondants, après examen et vérification, à en passer écritures.

Celui qui reçoit ces comptes doit en accuser la réception, et promettre, qu'après examen et trouvé juste, il y conformera ses propres écritures.

Souvent, cet examen fait reconnaître des erreurs, qu'il suffit de signaler, ou provoque des réclamations qu'il faut exposer avec clarté ; enfin, lorsque ces erreurs sont nombreuses, elles donnent lieu à une espèce de compte de *redressement*, qu'on insère à part dans sa lettre, pour éviter des longueurs et la confusion.

Il y a, pour ces remises de comptes courants et d'intérêts, pour les accusés de leur réception, la promesse d'examen, la reconnaissance de leur exactitude, des phrases admises et usitées, dont plusieurs ont vieilli, et que la haute banque remplace par de plus convenables, qu'il faut préférer, puisque nous avons dit qu'aucunes améliorations, même celles qui ne tiennent qu'à la forme, n'étaient à négliger.

Les calculs d'intérêts se font d'après diverses méthodes, qu'il est indispensable de connaître pour comprendre les comptes qu'on reçoit, ou pour dresser, par les procédés les plus expéditifs, ceux qu'on remet soi-même.

La nécessité d'abréger le calcul des intérêts a fait rechercher les méthodes les plus expéditives.

La méthode ordinaire, avec nombres rouges, consiste, comme on le sait (1), à multiplier chaque somme ou *capital*

---

(1) Voir l'*Arithmétique commerciale et pratique* du même auteur, 5ᵉ édition.

par le nombre de jours pendant lesquels il doit produire intérêt, afin d'obtenir de nouvelles sommes, dont il ne s'agit plus que de trouver l'intérêt pour un jour; ce calcul s'opère en divisant ces sommes par un *diviseur fixe* connu, qui est par exemple 6,000 lorsque l'intérêt est à 6 0/0, 7,200 à 5, 9,000 à 4, et ainsi de suite selon le taux de l'intérêt (!).

Il existe une seconde méthode, plus ingénieuse encore, et plus commode en ce qu'on n'a besoin de connaître ni le taux de l'intérêt, ni l'époque de la clôture du compte; plus tard on peut choisir cette époque de clôture à son gré, et prépa‑ rer à l'avance l'immense travail du calcul des intérêts d'une multitude de comptes qui, par l'ancienne méthode, durerait des mois entiers.

Cette seconde méthode, que nous avons publiée il y a plus de vingt-cinq ans pour la première fois, et que nous avons exposée dans notre Arithmétique commerciale et pratique (paragraphe 840) est, aujourd'hui, la plus répandue, mais elle est encore susceptible d'une abréviation que nous croyons utile d'indiquer ici.

Cette abréviation consiste à multiplier le *capital* par le temps qu'il doit produire intérêt, ce temps étant, non plus exprimé par des *jours,* mais par des *mois* et *jours;* ainsi, au lieu de placer dans la colonne habituelle des jours, 183 jours, par exemple, on écrirait 6 mois 3 jours, et l'on mul‑ tiplierait le capital proposé par ce nombre complexe. Cette multiplication est très-rapide par les parties aliquotes, ayant pour multiplicateur constant de 1 à 12, nombre des mois, dont l'unique subdivision complexe est de 30 jours.

Il s'ensuit que les nombres qu'on obtient ainsi sont de nouvelles sommes dont on doit prendre l'intérêt, non plus pour un jour, mais pour un mois, et que, par conséquent, le *diviseur fixe* n'est plus 6,000 à 6 0/0, 7,200 à 5, 9,000 à 4, etc.,

---

(1) On sait qu'on obtient le *diviseur fixe* en divisant par le taux de l'intérêt, quel qu'il soit, le nombre 36,000, produit de la multiplication de 360, nombre de jours de l'*année légale*, par 100, base de l'intérêt.

mais qu'il est trente fois plus petit, c'est-à-dire 200 à 6 0/0, 240 à 5, 300 à 4, et ainsi de suite (1).

On comprend combien cette abréviation simplifie les calculs et les résultats, puisque les multiplications sont réduites au trentième.

D'un autre côté (2), la grande divisibilité du nombre des jours du mois *légal*, 30, facilite tellement les opérations du calcul, que les employés chargés de ce travail, dans les grandes maisons de banque, obtiennent, presque sans prendre la plume, tous leurs résultats avec une rapidité qui semble merveilleuse.

Nous avons aussi publié nouvellement des tables de calculs tout faits d'intérêts, qui servent à éviter les erreurs, et abrégent excessivement le travail (3).

Paris, le... 18...

Monsieur T., à Paris.

Nous avons l'honneur, Monsieur, de vous remettre sous ce pli l'extrait de votre compte courant chez nous, arrêté au 31 décembre, et présentant un solde en notre faveur, de :

Fr. 273,188 55 c., que nous avons porté à nouveau à votre débit; veuillez l'examiner et nous dire si vous le trouvez juste.

Agréez, Monsieur, nos civilités empressées.

J. LAFFITTE ET Cⁱᵉ.

---

(1) Pour trouver le *diviseur fixe*, on divise, par le taux de l'intérêt, quel qu'il soit, le nombre 1,200, produit de la multiplication de 12, nombre des mois de l'année, par 100, base de l'intérêt.

(2) En effet, 30 a pour facteur 2, 3, 5, 6, 10, 15, ce qui permet de prendre le 1/2, le 1/3, le 1/5, le 1/6, le 1/10 et le 1/15; ainsi pour 10 jours on prendrait le 1/3 de ce qu'on aurait pour un mois, c'est-à-dire du capital; pour 3 jours, on prendrait le 1/10, et ainsi de suite, par analogie.

(3) Tables ou calculs tout faits d'intérêts : 1° à tous les taux usités; 2° pour toutes les époques de l'année, et pour toutes les sommes depuis 1 fr jusqu'à 30,000 et en négligeant les centimes, jusqu'à 3 millions, avec les *nombres* ou produits de la multiplication des capitaux par les jours de l'année. Du même auteur.

Lille, le... 18..

Monsieur C., à Paris.

J'ai l'honneur de vous remettre sous ce pli l'extrait de votre compte courant et d'intérêts arrêté au 10 octobre 18.., et balancé par un solde de fr. 114,66 en ma faveur ; vous en êtes débité à nouveau, valeur dudit jour.

Après la vérification, que je vous prie de faire le plus tôt possible, vous voudrez bien me dire si nos écritures sont conformes.

Agréez, Monsieur, mes salutations affectueuses.

SAUVAIGE-FRETEN.

Lille, le... 18..

Messieurs R. et S., à Paris.

Nous sommes honorés de votre lettre du 19 courant, qui nous retourne protestée notre remise sur Paris de fr. 270 ; nous vous en créditons par fr. 278 34 de conformité.

Ci-inclus :

Fr. 468	»	Paris, 25 juin.		
338 38	»	30	»	
180	»	»	»	»
Fr. 986 38				

dont crédit et avis à l'occasion, s'il vous plaît.

Nous avons l'honneur de vous saluer.

CHARVET ET Cie.

Anvers, le... 18..

Monsieur J., à Paris.

J'ai reçu vos honorées lettres des 17 et 20 courant ; la première m'accusait réception de ma remise de fr. 5,646 10 sur Paris.

La seconde couvrait un protêt de non-acceptation à ma remise de fr. 1,877 30, je vous en ai reconnu, ainsi que de fr. 6,83 pour frais.

Occupé de la liquidation de mon ancienne maison, je prends la liberté de vous donner, d'autre part : 1° l'extrait de votre compte courant chez moi, réglé au 31 de ce mois par un solde en votre faveur de fr. 134 65 ; 2° l'extrait de ma colonne du compte à demi, réglé également à la fin du courant.

Veuillez, Monsieur, me remettre soldés à la même époque : 1° l'extrait de mon compte chez vous, et 2o celui de votre ligne au compte à demi avec le règlement. Il me serait très-agréable que vous transportassiez à mon compte les soldes du compte à demi de votre compte chez moi, pour n'avoir qu'un seul solde du tout.

Agréez, Monsieur, mes salutations cordiales.

J.-J. LEGRELLE,

Carlsruhe, le... 18..

Monsieur C., à Paris.

Nous avons bien reçu vos lettres des 24 octobre et 4 courant.

Par la dernière, vous nous remettez l'extrait de notre compte courant arrêté au 31 décembre, et soldant en votre faveur par :

Fr. 5,843 ; nous l'examinerons pour vous dire si nos écritures sont d'accord.

Agréez, Monsieur, nos remerciements sincères des vœux bienveillants et des expressions obligeantes que vous avez bien voulu nous adresser à l'occasion de la nouvelle année. Nous vous les rendons à notre tour, et vous assurons que nous contribuerons avec plaisir à l'extension et à l'activité de nos rapports, si les circonstances nous le permettent.

Recevez, Monsieur, nos salutations empressées.

S. DE HABER ET FILS.

Paris, le... 18..

Messieurs T. et P., à Paris.

Nous avons l'honneur, Messieurs, de remettre sous ce pli l'extrait de votre compte courant chez nous, arrêté au 30 juin, et présentant un solde en notre faveur de :

Fr. 186,289 90 c., que nous vous avons porté à votre débit à nouveau ; veuillez l'examiner et nous dire si vous le trouvez juste.

Agréez, Messieurs, nos civilités empressées.

J. LAFFITTE ET Cie

Paris, le... 18:.

Messieurs T. et P., à Paris.

Nous avons retiré, Messieurs, de votre lettre du 1er courant votre remise de :

Fr. 100,891 11, en 32 effets sur Paris.

Ayant reconnu l'exactitude des relevés que vous nous donnez par votre seconde lettre, sur l'extrait de notre compte, nous en avons rétabli le solde en :

Fr. 195,098 60 en notre faveur, valeur au 31 décembre dernier, d'après vos indications.

Agréez, Messieurs, nos bien cordiales salutations.

J. LAFFITTE et Cie.

Rouen, le... 18...

Monsieur T., à Paris.

Vos trois lettres des 25 septembre, 25 et 28 octobre nous sont parvenues. Votre compte a été crédité en temps utile des diverses remises qu'elles renfermaient.

Ayant balancé nos écritures à fin octobre, nous vous remettons ci-joint votre compte courant soldant en votre faveur par :

Fr. 1,759 87 à ladite époque.

Veuillez, après examen, en passer écriture conforme, et nous en accuser le bien être.

Nous avons l'honneur de vous saluer.

MANESSE FRÈRES.

Nogent-sur-Seine, le... 18..

Monsieur J., à Paris.

Votre lettre du 14 de ce mois vient de me remettre l'extrait de mon compte courant chez vous, arrêté au 31 décembre dernier. Je l'ai vérifié et trouvé exact, sauf une omission à votre préjudice.

Votre compte ne comprend pas fr. 157 75 c., montant de votre intervention pour mon compte à ma remise de fr. 130 protestée au 31 août dernier.

À quoi ajoutant fr. 2 70 pour intérêts, je trouve à votre avantage une différence de fr. 160 45, ce qui porte le solde en votre faveur à fr. 2,745 45.

Veuillez y conformer vos écritures, me dire si nous sommes d'accord, et agréer mes bien sincères salutations.

DEMEUFVE.

Paris, le... 18...

Messieurs T. et P., à Paris.

Sans aucune de vos lettres à répondre, Messieurs, nous nous bornons à vous remettre ci-joint le protêt de non-acceptation à votre remise de :

F. 715 au 20 septembre prochain, sur B. frères, de Paris.

Veuillez nous en créditer ainsi que de:

Fr. 6 85 c. pour le coût de l'acte, et nous transmettre vos instructions ultérieures.

Agréez, Messieurs, nos civilités empressées.

J. LAFFITTE ET Cᴵᵉ.

Havre, le... 18..

Monsieur J., à Paris.

Nous vous confirmons la lettre que nous avons eu l'honneur de vous écrire hier pour vous remettre trois effets sur votre ville, d'ensemble fr. 5,282 10.

Vérification faite de notre compte courant chez vous, et, après l'avoir reconnu juste, nous avons conformé nos écritures aux vôtres en vous créditant à nouveau de fr. 4,598, valeur du 31 décembre dernier.

Agréez, Monsieur, nos salutations bien cordiales.

Vᵉ HOMBERG, HOMBERG FRÈRES ET Cᴵᵉ.

Lille, le... 18..

Monsieur N., à Paris.

Privés de vos nouvelles depuis la lettre que nous eûmes l'honneur de vous écrire le 27 du présent, nous vous adressons l'extrait de votre compte courant, arrêté au 30 septembre; il se balance en notre faveur par :

F. 1,328 47. Veuillez, si vous le trouvez juste, nous en créditer à nouveau.

Nous espérons que le prochain compte sera plus important que celui-ci, les affaires ne pouvant toujours rester dans le même état de nullité.

Veuillez, Monsieur, agréer nos bien sincères salutations.

CHARVET et Cie.

Bordeaux, le . . 18..

Monsieur J.-G. C., à Paris.

Nous sommes honorés, Monsieur, de votre lettre du 9 courant, dans laquelle vous reconnaissez le bien être de l'extrait de votre compte au 31 décembre dernier. Agréez-en nos remerciements.

Vous nous remettez :

Fr.   658 31 sur Durand, à vue, 12 courant.   } Bordeaux.
      650 » sur Forestier frères, 31   —

Fr. 1,308 31 Ensemble à votre crédit.

Nous vous soumettons nos cours, et nous avons l'honneur de vous saluer bien amicalement.

P. PORTAL et Cie.

Lille, le... 18..

Messieurs T. N. et P. aîné, à Paris.

Nous vous confirmons notre lettre du 22 courant. Depuis, nous sommes privés de vos nouvelles.

Voici l'extrait de votre compte courant chez nous, arrêté au 30 juin. Il se balance en votre faveur, par :

Fr. 1,630 52. Veuillez le vérifier, et nous dire si nous sommes d'accord.

Agréez nos salutations cordiales.

CHARVET et Cie.

Amsterdam, le... 18..

Messieurs Ch. B. et G., à Paris.

Dans la lettre que vous m'avez fait l'honneur de m'adresser le 11 courant, j'ai trouvé le compte de vente de ma caisse de quina, produisant net Fr. 542 25, que je passe de conformité.

Quelque mince que soit le résultat de cette bagatelle, qui ne me donne que mes frais, je ne suis pas moins sensible à vos bons soins, et vous prie d'en recevoir mes sincères remerciements.

Je passe également de conformité l'extrait que vous me remettez de nos comptes courants, et, selon vos désirs, je les balance par mon mandat de ce jour :

Fr. 385 25 à mon ordre, que je recommande à votre accueil.

Je m'étais proposé de rentrer dans les affaires, mais les temps sont trop difficiles ; notre ami, M. Charles, aura pu vous dire comment on traite notre pays, jadis si heureux. Il faut au commerce une liberté, sans laquelle on doit plier bagage et aller labourer son champ. Je m'y prépare peu à peu, et cela me fournira l'occasion et le plaisir de vous voir sous quelques semaines, car je me propose de passer par Paris en allant à Bordeaux, où m'appellent mes intérêts, ou, pour mieux dire, celui de mes enfants.

En attendant, recevez, Messieurs, l'assurance de ma parfaite considération.

J. MASSAC.

———

Coblentz, le... 18..

Messieurs Ch. P. et A. G., à Bordeaux.

J'ai reçu vos lettres des 2, 13 avril et 12 juin, et je passe sous silence les articles sur lesquels nous sommes d'accord

Je trouve les prix des échantillons d'indigo que vous avez bien voulu m'envoyer trop élevés pour vous en donner une commission : comme votre place aura sous peu des arrivages, les prix diminueront, et il sera peut-être possible de vous adresser mes ordres. Veuillez, de temps en temps, me mander les variations du prix de cette teinture, qui fait l'objet principal de mon commerce.

Vous passez, dans votre compte courant, une bonification de fr. 47 72, pour perte de 46 1/2 kilog. huile de térébenthine, dont je vous parlais dans

16

ma lettre du 6 août de l'année passée, et vous me débitez, par contre, de fr. 98 04 pour erreur sur rocou, ce que je trouve bien singulier.

Vous m'avez facturé le rocou à fr. 3 60 le kilog., et c'est d'après ce prix que j'ai basé mes ventes. Aucun de mes acheteurs ne consentirait, après six ou neuf mois, à une restitution, et je ne puis vous payer que le prix porté par vous en facture.

Si l'erreur venait du calcul, comme pour les noix de galles, je l'aurais trouvée en vérifiant la facture; mais tout y étant fort régulier, il ne m'était pas possible de soupçonner une erreur; je regrette vivement qu'elle vous cause un dommage, mais ce n'est pas à moi de le réparer.

Pour solder mon compte, j'ai chargé M. J.-D. Herslatt de Cologne, de vous remettre fr. 1,907 74, à courts jours sur Paris. Vous voudrez bien m'en reconnaître après réception.

J'ai l'honneur de vous saluer.

C.-L. ARNOLD.

Caen, le... 18..

Messieurs F. et P.

Je suis honorée, Messieurs, de votre agréable lettre du 6 de ce mois, par laquelle vous me remettez l'extrait de mon compte courant chez vous, se balançant en votre faveur, au 31 octobre dernier, par:

Fr. 68,771 91

J'y ajoute: 7,196 60 pour vos factures diverses, et

15,366 37 montant des payements que vous avez faits pour moi dans le courant de novembre dernier.

Ensemble,   Fr. 91,334 88

Suivant vos désirs, je vous remets ci-joint mes trois billets à votre ordre:

Fr. 90,000 aux 10, 20 et 30 avril, dont je vous prie, Messieurs, de créditer mon compte, et m'accuser réception à l'occasion.

J'ai l'honneur, Messieurs, de vous saluer cordialement.

Par procuration de veuve Pivert,

PIVERT JEUNE.

Paris, le... 18..

Messieurs T. et Cⁱᵉ ont l'honneur de présenter leurs hommages à M. J.-G. C., et viennent lui signaler une erreur qui s'est glissée dans le calcul des deux effets sur Francfort qu'ils lui ont négociés le 3 de ce mois. Les deux effets en question, ensemble 1,500, ont été calculés comme *argent d'empire*, produisant. . . . . fr. 3,232 30 à 2 3/4 perte fr. 3,143 40

Tandis qu'ils sont effectivement *argent de change* et doivent produire   3,864 72   —   3,758 45

Différence. 615 05

que M. J.-G. C. voudra bien, après vérification du calcul, faire verser à leur caisse.

Aussitôt que les duplicata de ces effets seront parvenus à MM. T. et Cⁱᵉ, ils s'empresseront de les faire remettre à M. J.-G. C.

Pont-Saint-Pierre, le... 18..

Messieurs T. N. et P., à Paris.

J'ai reçu votre honorée du 20 mars, portant l'extrait de mon compte courant et d'intérêts réciproques soldant en votre faveur par

Fr. 1,306 49 au 1ᵉʳ novembre.

N'ayant pas le temps de vérifier ce compte, je ne puis vous dire si nous sommes d'accord, mais je le ferai par ma prochaine lettre.

En attendant le plaisir de vous voir bientôt, je vous prie d'agréer mes salutations.

RAFFI.

Londres, le... 18..

Monsieur,

J'ai l'honneur de vous confirmer ma lettre du 10 courant, ainsi que l'avis de mes traites de :

L. 350 3 9.

Voici l'extrait de notre compte social. J'ai cru entrer dans vos convenances en arrêtant les intérêts à votre époque du 30 juin. Le solde en ma faveur est de :

L. 244 4 5, dont j'ai disposé sur vous en :

Fr. 6,239 85, à trois jours de vue, ordre Rougemont de Lowemberg, au change de 25 55.

Veuillez y faire honneur et en passer écritures conformes, si vous n'y trouvez pas d'erreurs.

J'aurais dû, à la vue du profit insignifiant du dernier semestre, abandonner un compte qui donne tant de soins pour si peu de résultats ; aujourd'hui que ces opérations sont suspendues, ce n'est assurément pas la peine de les renouveler.

Vous devez à cette heure connaître parfaitement ma manière d'opérer ; s'il vous convient de me commettre des opérations pour votre compte, je les soignerai avec le plus grand zèle.

Disposez de moi sans réserve, et croyez-moi, Monsieur, votre dévoué serviteur.

Guillaume MITCHEL.

Naples, le... 18..

Monsieur J.-C., à Paris.

Nous avons reçu, Monsieur, depuis notre lettre du 2 courant, la vôtre du 20 janvier. Elle nous apprend que M. D. a rempli notre remise sur Légo.

Nous allons faire examiner l'extrait de votre compte au 31 décembre, que vous nous envoyez, et vous débitons encore de fr. 2,000, payés, suivant quittance incluse, le 1er février, à M. Gravill Brown, pour MM. Denaudy et Camps, de Palerme.

Nous vous saluons, Monsieur, très-cordialement.

FALCONNET et Cⁱᵉ.

Rouen, le... 18..

Monsieur C., à Paris.

J'ai l'honneur de vous remettre, sous ce pli, l'extrait de votre compte courant, arrêté au 31 décembre dernier, et balancé par un solde de fr. 209 02, qu'il présente en ma faveur. Vous en êtes débité audit jour.

Veuillez, je vous prie, le vérifier, y conformer vos écritures, et m'en dire le bien être, ou me faire part, le plus tôt possible, des observations auxquelles il pourrait donner lieu.

J'ai l'honneur de vous saluer bien sincèrement.

Par procuration de Miannay et Ci.

F. DE MIANNAY NEVEU.

Paris, le... 18...

Messieurs Ch. B. et A. G., à Paris.

Occupés du règlement annuel de nos écritures, nous vous remettons, ci-inclus, l'extrait de votre compte chez nous, balancé au 30 mars par un solde en notre faveur, de :

Fr. 1,281, dont nous vous débitons à nouveau.

Veuillez, après examen, nous en dire le résultat.

Agréez nos salutations amicales.

GUÉRIN DE FONCIN ET Cie.

Ath, le... 18..

Monsieur J. G., à Paris.

J'ai reçu vos honorées des 18 avril et 24 courant.

La première m'accuse réception de mes remises : la seconde me retourne, faute de payement, et avec frais, ma traite de fr. 314 82, que je porte à votre avoir.

Pour vous couvrir, vous trouverez ci-inclus :

F. 500, billet Remond, au 7 juin,

dont je vous prie de me reconnaître.

Les fr. 155 18, qui excèdent ce que je vous dois seront à porter à nouveau à mon crédit.

Recevez mes civilités.

DARNEAU.

Anvers, le... 18..

Monsieur C., à Bruxelles.

Nous avons retourné à Paris votre effet et vos titres de fr. 1,000 sur T. et Cⁱᵉ ; mais cette maison ne l'ayant pas acquitté, nous avons l'honneur de vous renvoyer l'effet, avec les documents originaux, pour vous mettre à même d'en opérer le recouvrement à Rio-Janeiro.

Selon vos désirs, nous avons fait prendre au consulat impérial des copies certifiées, et si, par malheur, les titres originaux venaient à se perdre, vous pourriez toujours vous en procurer des duplicata, les originaux se trouvant enregistrés au consulat.

Suivant le compte de retour ci-joint, vous aurez à réclamer pour capital, intérêts et frais, jusqu'au 24 courant, la somme de fr. 1,244 10.

Agréez, Monsieur, l'assurance de la plus haute considération, avec laquelle nous avons l'honneur d'être,

     Vos très-humbles serviteurs.

         VAN LANSCHAZ ET VAN BAERLE.

———

CHAPITRE XVI.

—

LETTRES DE CRÉDIT,

DE CRÉDIT CIRCULAIRE, DE CRÉDIT AVEC RECOMMANDATION SPÉCIALE.

L'origine de la lettre de crédit est due à la nécessité d'éviter aux voyageurs en pays étrangers les soins embarrassants et dangereux d'emporter du numéraire ou des traites à échéance fixe, dont il leur faudrait toucher le montant quand bien même ils n'auraient aucun besoin de fonds. La lettre de crédit a cet avantage, qu'elle laisse au commerçant dont l'opération ne se réalise pas, ou au voyageur dont les dépenses ont été inférieures à ses prévisions, la faculté de ne pas se servir de sa lettre de crédit, ou de n'en user qu'au fur et à mesure de ses besoins.

La lettre de crédit a pour objet de donner à un correspondant l'ordre de payer au porteur l'argent qui lui sera nécessaire, jusqu'à concurrence d'une somme qui, presque toujours, est spécifiée dans la lettre, mais qui, quelquefois, est indéterminée, ou n'a d'autres limites que les besoins de l'*accrédité*.

Il est d'usage de faire apposer sur la lettre de crédit la signature de la personne qui en est porteur, afin que le

correspondant qui doit payer puisse confronter cette signature avec celle de la quittance qu'il recevra au moment où il
effectuera le payement ; il en résulte que ces lettres ne sont
pas négociables. Ce sont des titres personnels, dont le porteur peut seul recevoir le montant.

Celui qui paye une lettre de crédit, en totalité ou en
partie, prend toujours du porteur une quittance par duplicata, dont il garde un exemplaire, et transmet l'autre à son
correspondant.

Comme l'accrédité peut ne pas user de sa lettre de crédit,
ou n'en user qu'en partie, on limite quelquefois le temps
pendant lequel la lettre de crédit sera valable.

L'accrédité ne peut contraindre à payer la personne sur
laquelle la lettre de crédit est donnée, mais aussi il n'est
tenu à aucune formalité judiciaire en cas de refus de payement (1).

Dans la haute banque, on fait un usage fréquent de la
lettre de crédit circulaire, ainsi nommée, parce qu'elle est
adressée à plusieurs maisons dont les noms sont inscrits en
tête, et que le porteur, qui voyage en diverses contrées,
peut la présenter successivement à chacune de ces maisons,
et toucher ainsi dans la ville où il veut séjourner une partie
ou la totalité du crédit que cette lettre a pour objet de lui
ouvrir.

La forme de la lettre de crédit circulaire est la même
que celle des simples lettres de crédit ; la seule différence
est qu'on y indique les noms des diverses maisons auxquelles elle est adressée. Chacune de ces maisons doit inscrire au dos de la lettre de crédit circulaire la somme qu'elle
a remise à celui qui en est porteur, pour faire connaître
aux autres maisons à combien se trouve réduit le crédit
primitif et circulaire, qu'on ne doit jamais dépasser ; l'o-
mission de cette inscription indispensable rendrait la mai-

---

(1) On se sert quelquefois de la voie de la lettre de crédit pour cautionner ; car, une
lettre de crédit, donnant autorisation de compte, *sous garantie formelle,* a tout
l'effet d'un cautionnement.

son qui l'aurait commise responsable des conséquences.

Il est assez d'usage d'ajouter à une lettre de crédit un paragraphe de recommandation en faveur de l'accrédité; mais ce paragraphe doit être rédigé en termes assez généraux pour qu'on ne le considère que comme un acte de courtoisie, n'ayant aucune conséquence et n'entraînant pas d'obligations sérieuses.

Cette observation ne se rapporte qu'aux lettres de crédit ordinaires, car, celles accompagnées d'une véritable recommandation particulière, renferment toujours en faveur du recommandé des éloges bienveillants, des témoignages flatteurs, des injonctions pressantes, qui ne peuvent s'appliquer qu'à lui.

Quelquefois, la recommandation d'un banquier pour son parent, son ami, un protégé qu'il aime ou un personnage éminent qu'il révère, est tellement instante et chaleureuse, que le paragraphe relatif au crédit n'en devient, pour ainsi dire, que l'accessoire. Alors, c'est bien moins une lettre de crédit avec recommandation, qu'une véritable lettre de recommandation avec crédit.

Ainsi on distingue :

1° La lettre de crédit pure et simple, espèce de mandat, de titre personnel et au porteur, qui renferme la recommandation polie, mais banale, dont nous avons parlé;

2° La lettre de crédit circulaire, adressée à plusieurs maisons de banque, au lieu de l'être à une seule;

3° Enfin, la lettre de crédit avec recommandation spéciale, qui doit être manuscrite et tient beaucoup des lettres de recommandation, dont il est traité avec étendue au chapitre suivant.

On aura l'occasion de remarquer toutes ces nuances dans les modèles qui vont suivre et les exemples pris en France et à l'étranger.

On donne avis d'une lettre de crédit, comme on le fait pour une traite, et si, par déférence ou par nécessité, on n'a pu faire apposer la signature de l'accrédité sur la lettre même, c'est l'occasion opportune de l'envoyer sur un petit bulletin dans la lettre d'avis.

On recommande aux correspondants de retenir à l'accrédité, sur les sommes qui lui seront payées, tous leurs frais et commissions qui, par conséquent, ne reparaissent pas dans les comptes.

Voici donc, en résumé, les stipulations essentielles de la lettre de crédit. Elle devra contenir :

1° Le nom et les qualités de l'accrédité, et, autant que possible, sa signature en marge ;

2° Le chiffre du crédit qui lui est ouvert ;

3° L'invitation au correspondant de retenir ses commission et frais particuliers sur la somme remise à l'accrédité ;

4° Celle de prendre des reçus par duplicata, et d'en transmettre un exemplaire ;

5° L'autorisation de se rembourser en traites à vue sur nous, ou tel autre correspondant qu'on désigne, afin de balancer les débours ;

6° La recommandation de faire bon accueil à l'accrédité et de lui rendre les bons offices qu'il pourra réclamer ;

7° Enfin, on limite souvent, dans une note, la durée du temps pendant lequel la lettre de crédit sera valable ;

Les lettres de crédit, simples ou circulaires, avec ou sans recommandation, doivent toujours être remises ouvertes à l'accrédité.

ANTÉCÉDENTS ET SUITES D'UNE LETTRE DE CRÉDIT

Pour compléter ce sujet important qu'aucun auteur n'a traité, nous croyons devoir parler des précédents et des suites d'une lettre de crédit, c'est-à-dire des lettres qui doivent la précéder et la suivre, et, pour plus d'intelligence, indiquer succinctement comment les choses se passent à ce sujet.

Lorsqu'il est demandé une lettre de crédit à une maison de banque par un correspondant connu, celui-ci n'a pas besoin de donner une garantie spéciale, et le chiffre de la lettre entre dans son compte courant; mais si c'est un étranger qui réclame une lettre de crédit, il doit en déposer préalablement le montant, soit en espèces, soit en tout autre valeur agréée par le banquier, pour servir de payement anticipé, ou simplement de garantie au payement des sommes qu'il aura touchées. Quelquefois, c'est un correspondant de la maison à laquelle on demande la lettre de crédit qui vient lui garantir, par lettre, le remboursement des avances qu'elle consent à faire.

Lorsque le demandeur est d'une solvabilité bien connue de la maison qui fournit la lettre de crédit, elle le dispense de tout payement anticipé, dépôt en garantie, et se contente de son simple engagement de payer à son retour le montant des avances qui lui auront été faites pendant le cours de son voyage.

Nous avons dit que le banquier, dès qu'il remettait une lettre de crédit, en donnait avis à celui sur lequel il la fournissait, ou à tous ceux dont elle portait l'adresse, si c'est une lettre de crédit circulaire. Ceux-ci, dans leur première lettre, accusent réception de cet avis, et promettent en termes polis, affectueux, de faire le meilleur accueil à la lettre et à la personne qui doit la présenter. Plus tard, si quelque payement s'effectue, un exemplaire du reçu par duplicata est aussitôt transmis, avec l'avis de la traite tirée pour balancer cette avance, dont tous les frais ont été retenus à l'accrédité.

Quant au porteur qui a donné garantie ou caution, s'il n'épuise pas, dans le cours de son voyage, l'importance du crédit qui lui a été ouvert, il reçoit, à son retour, l'excédant de son versement en espèces, ou il retire, après avoir remboursé avec intérêts et frais le capital dont il a disposé, les valeurs déposées en garantie, ou bien encore il fait décharger de sa garantie la maison qui l'avait cautionné.

Quand tous ses comptes sont réglés, l'accrédité renvoie avec remerciements la lettre de crédit qui lui est restée, et dont il n'a plus à faire usage.

On trouvera, ci-après, des exemples de ces demandes de lettres de crédit, de garanties données à ce sujet par des tiers, d'avis de lettres de crédit, d'accusés de réception de ces avis, de remises de reçu d'un payement fait à l'accrédité avec avis de la traite pour se rembourser, et de lettres renvoyant la lettre de crédit éteinte, après le règlement définitif auquel elle a donné lieu.

Paris, le... 18...

Monsieur J., à Paris.

Nous vous prions de vouloir bien nous donner une lettre de crédit sur Florence, de la somme de dix mille francs, en faveur de notre sieur Camille Seguin, dont nous vous remettons la signature.

Sous le couvert de la présente, vous trouverez dix obligations de mille francs chacune, portant intérêt à 6 p. 100, jouissance du 1er juillet 1850, de la compagnie du chemin de fer de Saint-Étienne à Lyon, sous les numéros 540, 539, 538, 536, 524, 525, 526, 527, 528, 529, pour garanties des sommes que notre sieur Camille pourra prendre sur ce crédit et que nous vous rembourserons à Paris.

Nous vous présentons nos salutations les plus empressées.

SEGUIN FRÈRES.

Avignon, le... 18..

Monsieur J., à Paris.

En vous confirmant ma précédente du 5 courant, je viens recourir à vos dispositions obligeantes pour vous prier de me rendre un petit service auquel j'attache beaucoup de prix.

Mon fils Émile, qui est en ce moment à Erberfeld, ne connaît ni la Belgique, ni les Pays-Bas; comme mon intention est de lui faire visiter ces contrées, pour tâcher d'ouvrir de nouveaux rapports avec les consommateurs qui emploient nos produits en garances et en chardons, je vous serais infiniment reconnaissant de le recommander, avec cette bonté dont vous m'avez donné tant de preuves, à vos amis et correspondants de Bruxelles, et de lui ouvrir un crédit dans cette ville de fr. 1,000 en lui envoyant la lettre qui en fera mention à l'adresse que vous trouverez ci-bas.

Ce nouvel acte de complaisance, en contribuant au succès du voyage de mon fils, ne fera qu'augmenter les sentiments de reconnaissance dont je puis pénétré pour vous, et avec lesquels je serai toute ma vie,

Votre très humble et tout dévoué.

LAZARE AMIC.

Paris, le... 18..

Monsieur J., à Paris.

Profitant de votre obligeance, nous venons vous demander une lettre de crédit de deux mille cinq cents francs en faveur de Madame V^e M , de Lille, sur vos amis de Nice, Milan et Rome.

Nous resterons garants de cette somme envers vous, et nous nous empresserons de vous en tenir compte, ainsi que de vos frais, sur la remise des reçus de ladite dame.

Nous sommes avec une parfaite estime, Monsieur, vos dévoués serviteurs.

GARETTE ET MINGUET.

Paris, le... 18..

Monsieur R., à Paris.

Vous avez déjà eu la complaisance de me donner, en faveur de Monsieur Ch. S., mon ami, des lettres de crédit et de recommandation pour diverses villes de l'Italie.

Monsieur S. désirant en avoir une à Rome pour Messieurs Torlonia, je viens vous prier de le recommander de la manière la plus particulière à cette maison, et de l'accréditer auprès d'elle pour une somme de vingt-cinq mille francs.

Je me rends personnellement garant de ce crédit, et je vous rembourserai les avances faites à Monsieur S. au fur et à mesure des avis.

Pour vérification, je joins sa signature à cette lettre.

Je compte sur votre extrême obligeance, à laquelle, d'ailleurs, vous m'avez accoutumé.

Agréez, Monsieur, l'assurance de ma considération distinguée.

LEFEBVRE,
Ancien agent de change.

Paris, le... 18..

Monsieur C., à Paris.

Etant dans l'intention de parcourir différentes régions de l'Italie et de la Suisse, je viens vous prier de vouloir bien me faire expédier une lettre de crédit sur les places ci-après désignées, et montant à la somme de *vingt-cinq mille francs*, savoir :

Lyon, Genève, Milan, Venise, Turin, Nice, Gênes, Florence, Rome, Livourne et Naples.

Les fonds que je toucherai, Monsieur, en vertu de ce crédit, vous seront remboursés, au fur et à mesure des payements qui s'effectueront par vos divers correspondants, par Monsieur L., successeur de Monsieur B., mon fondé de pouvoirs.

Par mesure de prévoyance, je désire que cette lettre soit également au nom de Madame d'E., et, en conséquence, je joins, ci-après, ses noms et prénoms.

Agréez, Monsieur, l'hommage des sentiments distingués avec lesquels j'ai l'honneur d'être,

Votre très-humble et très-obéissant serviteur.

MARQUIS D'E.

Anvers, le... 18..

Monsieur C., à Paris.

La présente vous sera remise par notre sieur Edmond Clegg, qui se propose de vous rendre visite en passant par votre ville. Si, pendant son séjour, il se trouve avoir besoin d'argent, nous vous prions de lui en fournir, pour notre compte, autant qu'il vous en demandera.

Veuillez agréer nos cordiales salutations.

JAMES CLEGG BROTHERS.

Boulogne-sur-Mer, le... 18...

Monsieur,

Cette lettre vous sera présentée par Monsieur John Collins, que nous recommandons particulièrement à votre obligeante attention.

Nous vous prions de lui payer, pour notre compte, jusqu'à concurrence de la somme de mille francs, sans déduction de tous vos frais, et contre ses quittances en double dont vous nous adresserez l'une, en prenant votre remboursement à vue, sur nous-mêmes, ou à un mois de date sur Monsieur J., banquier, à Paris.

Vous ferez au dos de la présente l'annotation de vos payements.

Recevez d'avance nos remerciements pour les égards dont notre recommandation sera l'objet.

Nous avons l'honneur d'être, avec une parfaite considération, Monsieur,

Vos très-humbles et très-obéissants serviteurs,

Signature :   FOWELL, HUDD ET Cᵗᵉ.

JOHN COLLINS.

Lettre de crédit de fr....., valable pour un an (1).

Boulogne-sur-Mer, le... 18...

Monsieur J., à Paris.

J'ai l'honneur d'introduire auprès de vous, par la présente, Monsieur Henry Bishop, que je recommande à votre bon accueil.

Veuillez lui compter, pour mon compte, jusqu'à concurrence de la somme de quatre mille huit cents francs, contre reçu en double et sous déduction de tous vos frais.

Il vous plaira de noter au bas de la présente tous les payements que vous ferez à Monsieur Henry Bishop.

Agréez l'assurance de ma parfaite considération.

Signature :   F.-K. FOWELL.

HENRY BISHOP.

Lettre de crédit de fr. 4,800, valable pour six mois seulement (2).

---

(1) Quelques maisons font graver ces lettres de crédit, en laissant en blanc le nom et la somme qui sont remplis à la main. Celle-ci est gravée.
(2) L'original de cette lettre est gravé.

Carlsruhe, le... 18...

Monsieur J.-G. C., à Paris.

Nous avons reçu la lettre que vous nous avez fait l'honneur de nous adresser le 8 passé.

La présente a pour but de vous prévenir que nous avons pris la liberté de remettre à Madame E., de notre ville, une lettre de recommandation sur votre respectable maison ; par la même lettre nous l'accréditons chez vous pour une somme de 2,000 fr., que vous voudrez bien lui verser contre ses quittances à nous transmettre et sans aucune déduction.

Nous vous remettons la signature de cette dame et nous vous saluons bien sincèrement.

S. DE HABER ET FILS.

P. S. Ayant trouvé juste le compte courant que vous nous avez remis, arrêté le 31 décembre et soldé par fr. 2,830 en votre faveur, nous en avons passé écriture de conformité à compte nouveau.

LESDITS.

––––––––––––

Naples, ce 4... 18...

Monsieur H., à Paris.

Favorisés de votre lettre du 16, nous réservons tout honneur aux deux lettres de crédit circulaires que vous nous annoncez, l'une de fr. 20,000 en faveur de Madame la marquise de B., douairière, et l'autre de fr. 25,000 en faveur de M. de B., payables sous déduction de nos frais, contre quittance, et notre remboursement sur vous de la manière accoutumée.

Voici un reçu de fr. 200 payés à M. G., dont nous vous débitons. Nous devons, en outre, vous prévenir que nous avons remis à M. L., une lettre sur vous, portant un crédit de fr. 2,000 en faveur de M. F., dont nous vous adressons un duplicata, afin que vous ayez la complaisance de vous conformer à son contenu ; veuillez en prendre bonne note.

Nous vous renouvelons, Monsieur, l'assurance de nos sentiments distingués.

FALCONNET ET Cie.

––––––––––––

Moulins, le... 18..

Monsieur S., à Paris.

Cette lettre vous sera présentée par Monsieur le vicomte de C.

Nous vous prions de l'accueillir avec empressement et de lui payer contre ses quittances les sommes dont il pourrait avoir besoin jusqu'à concurrence de douze mille francs.

Nous serons très-reconnaissants de tous les bons offices que vous pourrez rendre à Monsieur de C., et vous prions d'en agréer d'avance nos bien sincères remerciements.

Recevez, Monsieur, l'assurance de notre considération.

ALLARD FRÈRES ET MICHEL NEVEU.

Toulon, le ... 18..

Le Receveur général à Monsieur J., à Paris.

La présente vous sera remise par le jeune P., de cette ville, que son goût pour la peinture et ses heureuses dispositions décident à se rendre dans la capitale, pour se perfectionner par l'étude des grands maîtres des diverses écoles

Veuillez avoir la complaisance de lui faire compter la somme de cent francs par mois, payables d'avance, pour tout le temps qu'il séjournera à Paris ; je m'empresserai de vous reconnaître sur la remise que vous me ferez de ses reçus. (Sa signature vous parviendra par la poste.)

Je vous remercie d'avance, Monsieur, des peines et soins que je vous cause, et vous renouvelle les expressions de ma considération la plus distinguée.

J. FLET.

Je prie Monsieur C. de compter au jeune P. la somme de quatre-vingt-dix francs, pour mon compte, dès son arrivée à Paris ; il m'en débitera en m'envoyant la quittance du preneur.   LEDIT.

17

LETTRES DE CRÉDIT CIRCULAIRES.

Paris, le ... 18..

Messieurs Hentsch Blanc et Cie, à Genève ;
>Frères Nigra, à Turin ;
>Th. Carli, à Milan ;
>Dom Lavaggi, à Rome ;
>Falconnet et Cie, à Naples ;
>Jacob Maroni, à Mantoue ;
>Cæsar Lampronti et Cie, à Florence.

Cette lettre vous sera présentée par Monsieur Boucher-Desnoyers, membre de l'Institut de France et des Académies de Vienne et de Genève, qui se rend en Italie pour y visiter principalement les chefs-d'œuvre d'architecture et de sculpture qu'elle renferme.

Permettez-moi, Messieurs, d'ajouter ma recommandation particulière à celle que porte avec lui le nom d'un artiste aussi distingué. Je regarderai comme personnel l'accueil que vous voudrez bien lui faire et les services que vous serez à même de lui rendre.

Si mon recommandé vous demande des fonds, je vous prie, Messieurs, de vouloir bien lui en donner, pour compte, jusqu'à concurrence de vingt mille francs, contre ses reçus, qu'il vous plaira de me transmettre en vous remboursant de leur montant, conjointement avec vos frais.

Je me plais à croire que vous voudrez bien avoir égard à ma recommandation, et je vous prie d'en agréer d'avance mes plus sincères remerciements.

J'ai l'honneur de vous saluer cordialement.

J.-G. CACCIA.

Florence, le ... 18..

Messieurs Gaulin frères, à Gênes ;
>Pascal fils et Cie, à Marseille ;
>J.-G. Caccia, à Paris.

Nous avons l'honneur, Messieurs, d'accréditer auprès de vous Monsieur le comte Isidore Sobanski, pour la somme de dix mille six cent vingt-deux francs soixante-quatre centimes de France, que nous vous prions de lui compter au fur et à mesure de ses demandes, déduction faite de vos frais ; vous voudrez bien noter vos payements au revers de la présente, nous remettre ses quittances, et nous indiquer par vos lettres d'avis le moyen que vous aurez choisi pour vous rembourser sur nous.

Nous vous serons aussi bien reconnaissants de toutes les attentions particulières que vous voudrez bien avoir pour ce seigneur distingué.

Nous serions heureux de pouvoir vous être utiles à notre tour, et vous prions, en attendant, d'agréer nos civilités empressées.

F. BORRI et Cie.

Paris, le... 18..

Messieurs Hentsch et Cie, à Genève ;
      Frères Nigra, à Turin ;
      Thomas Carli, à Milan ;
      Ange Papadopoli, à Venise ;
      F. Borri et Cie, à Florence ;
      J.-B. Ricci, à Gênes ;
      Torlonia et Cie, à Rome ;
      Falconnet et Cie, à Naples ;
      Pascal fils et Cie, à Marseille.

Le porteur de la présente est mon ami, Monsieur Alexandre Bourjot, de cette ville, que je prends la liberté de vous recommander avec un intérêt particulier.

Je vous prie en même temps de lui fournir, pour mon compte, la somme de deux cent cinquante francs, de quarante-cinq en quarante-cinq jours, sous la déduction de vos frais et contre ses reçus, que vous voudrez bien me transmettre en vous remboursant sur moi.

Agréez, Messieurs, mes salutations bien sincères.

J.-G. CACCIA.

Paris, le ... 18..

Messieurs P.-J. Franck, à Strasbourg ;
      A.-L. d'Eichtal, à Munich ;
      Geymeuller et Cie, à Vienne ;
      Frères Schickler, à Berlin ;
      H.-G. Bassenge et Cie, à Dresde ;
      Bethmann frères, à Francfort.

Le porteur de la présente est Monsieur Augustin Moretus, d'Anvers, qui voyage pour son agrément. Je prends la liberté, Messieurs, de vous le recommander avec le plus vif intérêt; je vous serai infiniment obligé de l'accueil que vous voudrez bien lui faire. Ayez la bonté de contribuer, autant que cela dépendra de vous, à lui rendre agréable son séjour dans votre ville.

Sur sa demande, je vous prie de lui fournir jusqu'à concurrence de trente mille francs, sous la déduction de vos frais et contre ses reçus, que vous voudrez bien me transmettre en vous remboursant sur moi.

Je désire, Messieurs, que vous me procuriez des occasions de vous témoigner ma reconnaissance de l'accueil que mon recommandé recevra de vous, et vous prie, en attendant, d'agréer mes salutations bien affectueuses.

J.-G. CACCIA.

LETTRES DE CRÉDIT AVEC RECOMMANDATION SPÉCIALE.

Turin, le ... 18..

Monsieur M., à Paris.

Madame la marquise de B., qui se dispose à visiter votre ville, a bien voulu agréer la présente, par laquelle nous mettons à sa disposition chez vous la somme, fixée par elle-même (1) à dix mille francs, et que vous voudrez bien lui compter sur sa demande, moins vos frais et contre la remise de ses quittances.

Nous vous prions de faire l'accueil le plus favorable à Madame la marquise, qui appartient aux familles les plus distinguées du Piémont; nous serons très-sensibles aux égards que vous aurez eus pour elle. Nous vous en remercions d'avance, et vous saluons avec estime.

FRÈRES NIGRA.

Bayonne, le ... 18..

Monsieur,

La présente lettre vous sera remise par Monsieur H. de Josué Léon, l'un des chefs de la respectable maison de Messieurs les fils de Josué Léon, de cette ville ; il se rend à Paris pour affaires de commerce.

Nous prenons la liberté de vous le recommander de la manière la plus

---

(1) *Fixée par elle-même* : c'est une manière très-polie de limiter la somme; on laisse à entendre que le crédit eût été beaucoup plus considérable si l'accréditée n'en avait *elle-même* limité le chiffre.

pressante, et vous prions, Monsieur, de vouloir bien tenir à sa disposition, pour notre compte, la somme sans limite dont il voudra faire usage. Sur votre avis, nous vous en créditerons.

Nous vous remercions d'avance de tout ce qu'il vous plaira faire en faveur de notre recommandé ; en pareille, comme en toute autre occasion, nous verrons avec plaisir que vous ne nous ménagiez pas.

Agréez, Monsieur, nos salutations bien amicales.

RODRIGUES et SALZEDO.

Anvers, le... 18..

Monsieur P., à Paris.

Il m'est bien agréable de pouvoir remettre la présente lettre d'introduction auprès de votre respectable maison à Monsieur A.-J. A., banquier à Bruxelles, mon beau-frère depuis peu de jours, et qui fait, avec sa femme, un voyage d'agrément dans votre capitale.

Je vous recommande, Monsieur et ami, ces voyageurs d'une manière toute particulière, et je regarderai comme étant personnelles toutes les complaisances que vous voudrez bien avoir pour eux.

J'accrédite en même temps Monsieur A. pour une somme qu'il a fixée lui-même à trois mille francs, et que je vous rembourserai aussitôt votre avis.

Veuillez, à votre tour, disposer de moi toutes les fois que je pourrai vous être utile ou agréable, et recevoir l'assurance de ma parfaite considération.

Louis de COCQUIEL.

Monsieur J., à Paris.

Nous avons l'honneur de vous adresser par la présente notre neveu et cousin, Monsieur Joseph Barucco, qui se rend en votre ville pour affaires relatives à son commerce. Veuillez, Monsieur, l'accueillir avec votre bienveillance ordinaire, lui prêter votre assistance, et lui fournir les renseignements dont il pourrait avoir besoin.

Nous accréditons auprès de vous Monsieur Barucco pour la somme, fixée par lui-même, à quinze mille francs, que vous aurez la bonté de lui payer contre ses reçus à nous transmettre.

Nous nous flattons que Monsieur Barucco recevra de votre part un accueil obligeant. Nous vous exprimons d'avance notre gratitude, et vous prions d'agréer nos salutations empressées.

FRÈRES NIGRA ET FILS.

Dunkerque, le... 18..

Monsieur B., à Paris.

Cette lettre vous sera remise par M. M., chef de la maison M. et Cⁱᵉ, de Saint-Pierre (Martinique), que ses affaires conduisent momentanóment à Paris.

Permettez-nous de vous le recommander de la manière la plus particulière ; nous regarderons comme nous étant personnels tous les services que vous aurez pu lui rendre, et ce que vous aurez fait pour contribuer à l'agrément comme à l'utilité de son séjour chez vous.

Monsieur M. se proposant de faire quelques achats à Paris, nous vous serons obligés de tenir à sa disposition la somme de vingt à vingt-cinq mille francs, que vous lui compterez contre ses reçus en double, dont vous voudrez bien nous envoyer un exemplaire ; nous vous. en créditerons avec reconnaissance.

Nous vous renouvelons nos bien amicales salutations.

VEUVE D. MOREL ET FILS.

RENVOI DE LETTRES DE CRÉDIT DONT ON A FAIT USAGE.

Paris, le... août 18..

Monsieur J.-G. C., à Paris.

Je vous remercie de la lettre de recommandation et de crédit de dix mille francs que vous avez eu la bonté de me remettre sur Messieurs Vincent et de Villas neveu. — Je reconnais, par la présente, que je ne vous ai point remis ladite somme de dix mille francs, et que je vous serai redevable des sommes que j'aurai touchées. Je vous les rembourserai à mon retour à Paris.

Recevez mes remerciements et mes salutations amicales.

J.-J. DE BEZ.

REÇUS, ENVOIS DES REÇUS AVEC AVIS DES DISPOSITIONS POUR SE REMBOURSER.

Naples, le... 18..

Reçu de Messieurs Falconnet et Cie la somme de mille francs d'ordre et pour compte de Monsieur J.-G. Caccia, de Paris, sur son crédit en ma faveur, du 22 décembre dernier, dont quittance double ne servant que pour une seule.

J. MARCEL.

———

Paris, le... 18..

Reçu de Monsieur J.-G. Caccia la somme de deux mille francs d'ordre et pour compte de Messieurs M.-L. Biedermann, de Vienne, dont quittance double ne servant que pour une seule.

LE COMTE PAUL LICHY.

———

Naples, le... 18..

Reçu de Messieurs Menricoffre-Sorvillo et Cie, d'ordre et pour compte de Monsieur J.-G. Caccia à Paris, la somme, de trois cents francs. Fait double, ne valant que pour simple.

J.-L. LEGRAND.

———

Reçu de Monsieur Descat, receveur général du département du Gers, la somme de mille francs, à valoir sur le crédit qui m'a été ouvert par Monsieur Caccia, banquier à Paris.

Fait à Auch double, pour ne valoir que pour un, le... 18..

J., CARD. D'ISOARD.

———

Nice, le... février 18..

Nous avons reçu la lettre que vous nous avez fait l'honneur de nous écrire le 13 de ce mois, et par laquelle vous nous prévenez que vous avez délivré une lettre de crédit sur nous en faveur de Son Éminence Monseigneur le cardinal d'Isoard, archevêque d'Auch.

L'accueil le plus distingué est réservé à ce crédit, et nous nous conformerons à vos prescriptions.

Nous avons acquitté votre traite sur nous, de

Fr. 550, du 13 courant, à dix jours de date, à l'ordre d'Eugène d'E.

A ajouter,

5 50 commission et différence du change à 1 0/0.

————

Fr. 555 50

Pour nous en rembourser, nous avons fourni notre traite sur vous, de fr. 555 50 de ce jour à quinze jours, de date, à notre ordre.

Nous vous prions d'y faire accueil.

Agréez, Monsieur, nos salutations empressées.

AVIGDOR L'AINÉ ET FILS.

———————

Auch, le... juillet 18..

Monsieur J.-G. C., à Paris.

J'ai l'honneur de vous confirmer ma lettre du 25 mai dernier, et de vous remettre, avec la présente, fr. 1,000 en un bon de Monseigneur le cardinal d'Isoard, à valoir sur le crédit que vous lui avez ouvert chez moi.

Pour me couvrir de ce payement, j'ai fourni aujourd'hui sur votre caisse un mandat de fr. 1,003, ordre de moi-même, payable le 16 courant.

Je vous prie de réserver un bon accueil à cette disposition.

Agréez l'expression des sentiments distingués avec lesquels j'ai l'honneur d'être, Monsieur, votre très-humble et très-obéissant serviteur.

DESCAT FILS.

———————

Berne, le... mai 18..

Monsieur J.-G. C., à Paris.

J'ai l'honneur, Monsieur, de vous remettre, ci-inclus, la quittance d'un payement de fr. 2,000 que j'ai fait à Messieurs Van de Woestine, en date de ce jour et sous la déduction de mes frais, à valoir sur votre lettre de crédit circulaire du 1er décembre dernier, de fr. 100,000, en faveur de ces Messieurs.

Cette lettre de crédit a été transférée à mon adresse par nos amis communs Messieurs Carli, feu Thomas et Cie, à Milan; ils ont omis toutefois de m'en donner avis, ainsi que vous le verrez par la lettre incluse de MM. Van de Woestyne.

Je prends la liberté de me rembourser de la somme ci-dessus en ma traite sur vous à mon ordre, de ce jour à quinze jours de date, que je vous prie de vouloir bien accueillir pour balance de ce payement.

Je serais charmé, Monsieur, que vous trouvassiez de fréquentes occasions d'utiliser mon ministère, et vous renouvelle les assurances de mon entier dévouement.

L.-F. SCHMIDT.

Berlin, le... 18...

Monsieur J.-G. C., à Paris.

Nous vous confirmons notre lettre du 20 mars.

Nous avons l'honneur de vous remettre ci-joint une quittance de Monsieur François Ullens de Schoolen, de fr. 1,000, dont nous lui avons payé la valeur sur votre lettre de crédit, moins nos frais.

Par contre, nous fournissons sur vous fr. 1,000 à notre ordre à deux mois de date, vous priant d'y faire accueil pour solde de cet objet.

Nous avons l'honneur de vous saluer avec une parfaite considération.

Les Frères SCHICKLER.

Berlin, le... juin 18...

Monsieur J.-G. C., à Paris.

Nous avons reçu la lettre que vous nous avez fait l'honneur de nous écrire le 16 mai, et nous avons pris note des lettres de crédit dont elle nous prévenait, de

Fr. 16,000 en faveur de Monsieur Neyer.

Fr. 4,000 »   »   de Monsieur le colonel Macdonell.

Nous avons fourni à Monsieur Neyer, suivant quittance ci-jointe, fr. 1,000 et nous nous en sommes remboursés sur vous, Monsieur, du 26 mai à deux mois de date, à l'ordre de nous-mêmes. Veuillez y faire accueil et balancer l'un par l'autre.

Nous soignerons l'encaissement de l'effet que vous nous avez remis, de fr. 325, au 31 juillet, et nous vous en ferons le retour par appoint.

Nous avons l'honneur de vous saluer.

LES FRÈRES SCHICKLER.

Anvers, le... 18...

Monsieur,

S'il pouvait vous rester encore quelque doute sur les sentiments de gratitude qui m'animent ainsi que mon compagnon de voyage, pour les bons effets que nous ont procurés vos recommandations, je vous prierais d'en recevoir par la présente les assurances les plus sincères. Pour vous couvrir des sommes dont j'ai disposé pendant mon voyage, je vous remets sous ce couvert un effet de fr. 2,615, 50, qui en fera la balance selon la note ci-après.

Quant aux intérêts et à votre commission, je désire que vous les reteniez sur mon semestre à échoir le mois prochain.

Je vous remets également, selon l'usage, la lettre que vous avez eu la bonté de m'expédier le 11 mai dernier pour vos divers correspondants, et je saisis cette occasion de vous renouveler l'assurance de la reconnaissance et du dévouement de votre très-affectionné serviteur.

AUGUSTIN F. J. MORETUS.

Touché le 18 juin, à Munich, chez M. A. E. d'Eichtal, fr.		600
Le 30 juillet, à Francfort, chez les frères Bethman,		2,400
Montant des dispositions,	fr.	3.000
A déduire le semestre échu le 22 mars dernier,	fr.	384 50
Solde :	fr.	2,615 50

CHAPITRE XVII.

———

LETTRES

DE RECOMMANDATION, AVEC OU SANS CRÉDIT, D'INTRODUCTION.

Une lettre de recommandation est celle par laquelle on réclame de son correspondant, en faveur d'un parent, d'un ami, ou d'un protégé, le bon accueil et les services qu'on serait en droit d'en attendre soi-même.

Nous donnons en France assez légèrement des lettres de recommandation ; c'est, à nos yeux, un acte de pure courtoisie, qui est considéré comme sans conséquence. Les Anglais se montrent plus réservés et ne recommandent qu'avec circonspection et connaissance de cause, parce qu'ils estiment que ce genre de lettre est, en quelque sorte, un engagement portant caution des relations futures de leur recommandé.

C'est un usage répandu de prendre des lettres de recommandation, d'introduction ou de crédit, quand on doit séjourner quelque temps dans une ville étrangère : elles ne sont jamais inutiles pour faciliter les premiers rapports, quelle que soit la position élevée que l'on occupe.

Les hautes maisons de banque ont bien souvent à satisfaire, par amitié ou par bienveillance, à des demandes de recommandation. Il est vrai que les occasions sont nombreuses où l'on ne peut refuser ce service sans paraître incivil ou désobligeant.

Il faut distinguer ici la lettre de recommandation pure de la lettre de recommandation *avec crédit*. Dans ces dernières, le crédit fait le fond, l'essentiel de la lettre, quoiqu'il n'y apparaisse, au milieu des témoignages d'intérêt et des éloges flatteurs donnés au recommandé, que comme un accessoire de peu d'importance.

Ces lettres de recommandation avec crédit sont une branche intéressante, lucrative et délicate du commerce de la haute banque par les suites qu'elles amènent, les résultats qu'elles produisent et les relations affectueuses qu'elles engendrent.

On doit insérer, en général, dans la lettre de recommandation quelques éloges sur la personne recommandée, afin de justifier d'abord l'intérêt qu'on lui porte et celui qu'on veut inspirer en sa faveur. On fait connaître la nature des services qu'on réclame pour elle, et l'on termine en assurant de la reconnaissance qu'on conservera soi-même pour les prévenances dont elle aura été l'objet.

La lettre sera toujours remise ouverte et sous enveloppe, au recommandé, pour qu'il puisse prendre connaissance, s'il le juge à propos, de tout ce qu'on a bien voulu dire de lui. Ce serait un défaut de savoir-vivre, un manque réel de politesse, que de remettre une lettre de recommandation cachetée ; comme il serait d'une imprudence impardonnable de placer dans une lettre, quoique sous cachet, le moindre mot contraire aux intérêts de la personne qu'on en aurait rendue porteur.

Certaines personnes, après des lettres de recommandation les plus instantes et les plus flatteuses, remises à un correspondant auquel elles voulaient témoigner une grande estime, écrivent par la poste des lettres confidentielles pour limiter et restreindre l'étendue de leur recommandation officielle.

C'est une extrémité, utile peut-être en de rares circonstances, mais toujours fâcheuse dans le commerce, où la sincérité devrait faire la base des relations ; elle rejaillit défavorablement sur ceux qu'on voit y recourir, et révèle chez eux peu de franchise aux yeux mêmes de la maison à laquelle s'adressent ces secrètes instructions.

Dans la lettre confidentielle, il faut, au moins, expliquer la nécessité où l'on se trouve de réduire la recommandation officielle à sa juste valeur, non-seulement pour mettre à l'abri sa propre responsabilité, mais, plus encore, pour ne pas compromettre l'obligeance de la maison à laquelle s'adresse cette recommandation.

Comme les lettres de recommandation, en dehors des services relatifs aux affaires, donnent encore lieu à des prévenances personnelles, et même à des invitations qui peuvent être plus ou moins intimes, selon le rang et l'éducation du recommandé, il convient toujours d'y faire connaître, sans affectation, sa position dans le monde, afin qu'on puisse régler la réception à lui faire sur ce qui lui est réellement dû.

Il faut mettre un certain tact à rédiger avec convenance ce genre de lettres, qui s'écarte de la ligne des missives commerciales pour se rapprocher des lettres qu'on s'écrit dans les relations ordinaires. On s'y permet un peu plus de recherche dans les pensées, d'élégance dans l'expression, et c'est même une occasion naturelle de montrer cette habileté gracieuse de l'homme du monde, qui sait à la fois satisfaire l'amour-propre du recommandé, inspirer de l'intérêt en sa faveur et flatter aussi la supériorité du personnage auquel on l'adresse.

Dans tous les cas, il ne faut pas oublier qu'on peut donner, sans trop d'inconvénients, des lettres de recommandation à beaucoup de personnes, mais qu'on ne doit se permettre d'en adresser qu'à des amis sûrs, qu'à des correspondants avec lesquels on soit lié de rapports intimes, ou qui peuvent, à leur tour, réclamer de nous le même genre de service.

Turin, le... 18..

Monsieur J., à Paris.

La présente vous sera remise par notre associé, Monsieur O.-C. G.., que nous vous prions d'accueillir avec toute la bonté qui vous caractérise. Nous désirons que sa visite personnelle puisse contribuer à donner de l'essor à nos relations, et vous convaincre du désir que nous avons de cultiver votre aimable correspondance.

Veuillez, en attendant, agréer l'assurance de notre parfait dévouement.

BRANTANO BOVARA et URBIETA.

Boulogne-sur-Mer, le... 18.

Monsieur J., à Paris.

J'ai l'honneur d'introduire auprès de vous Monsieur H., capitaine de la marine de S. M. Britannique, qui se rend à Paris pour son plaisir.

Vous m'obligerez beaucoup en lui rendant le séjour de la capitale aussi agréable que possible. Je vous prie à l'avance de recevoir mes remerciements pour tout ce que vous voudrez bien faire pour Monsieur le capitaine H.

Veuillez disposer de moi sans réserve en pareille ou toute autre occasion.

Recevez mes sincères salutations.

F. R. FOWELL.

Bâle, le... 18..

Monsieur J. C., à Paris.

Nous avons l'avantage d'introduire auprès de vous Monsieur J., attaché à notre maison, et prenons la liberté de vous le recommander de la manière la plus particulière. Veuillez agréer d'avance nos remercîments de tout ce que vous voudrez bien faire en faveur de notre recommandé, des services que vous aurez la bonté de lui rendre et de vos bons conseils, s'il est dans le cas de les réclamer.

En vous priant de vouloir bien disposer de nous en pareille ou toute autre occasion, nous avons l'honneur d'être, avec une parfaite considération, vos dévoués.

ECHINGER et Cⁱᵉ.

Anvers, le... 18..

Monsieur C., à Paris.

Je prends la liberté d'introduire auprès de vous Monsieur W., de cette ville, qui se rend à Paris pour des affaires de famille.

Je recommande très-particulièrement Monsieur W. à votre bon accueil, et je vous prie de contribuer à l'agrément de son séjour, tout en lui rendant les services qu'il pourrait réclamer de votre complaisance.

Veuillez, Monsieur, agréer mes salutations respectueuses.

Par procuration de JOSEPH J. LEGRELLE :

Henry J. LEGRELLE.

Anvers, le ... 18..

Monsieur J., à Paris.

La présente vous sera remise par mon fils, qui aura l'honneur de faire votre connaissance personnelle.

Comme il est inconnu dans votre ville, je prends la liberté, Monsieur, de le recommander à votre maison, pour que vous ayez la bonté de lui donner les renseignements qu'il serait dans le cas de réclamer de votre complaisance.

En revanche, veuillez disposer de mon ministère sans réserve, et agréer mes salutations respectueuses.

C. F. DEGROOF.

Milan, le ... 18..

Monsieur J. L., à Paris.

La présente vous sera remise par Monsieur D.

Ayant liquidé les affaires de son commerce pour retourner dans sa patrie, Monsieur D., qui nous est attaché par les liens d'une amitié intime, a bien voulu agréer nos recommandations auprès de vous, Monsieur, et nous vous les adressons avec d'autant plus de plaisir que nous ne doutons pas de leur bon effet.

Veuillez donc faire, Monsieur, auprès de notre recommandé, tout ce que vous dira votre amitié pour nous, soit par votre accueil le plus aimable, soit par l'appui sincère que vous lui prêterez à l'occasion.

Dans le cas où Monsieur D. aurait à disposer de quelques sommes, vous auriez la bonté de les lui fournir.

Agréez d'avance, Monsieur, nos vifs remerciements et l'assurance de notre amitié.

VINCENT DELACHO ET FILS,

Londres, le ... 18..

Monsieur C., à Paris.

Le porteur de la présente est notre ami, Monsieur W., qui voyage en France avec sa famille pour son agrément, et qui ne fera peut-être qu'un séjour de deux ou trois mois dans votre belle capitale.

Nous le recommandons vivement à votre gracieux accueil, persuadés que vous lui prodiguerez les aimables attentions que vous accordez à tous nos amis et vous prions d'agréer d'avance les sincères remerciements de vos dévoués serviteurs.

DARTHÈS FRÈRES.

Bordeaux, le ... 18..

Monsieur C., à Paris.

La présente vous sera remise par Monsieur B., que je prends la liberté de vous recommander d'une manière toute particulière. C'est un ami distingué que je vous présente, et il me serait infiniment agréable de voir s'établir entre vous des relations, qui, sous tous les rapports, seraient mutuellement avantageuses et agréables.

Monsieur B... possède, et mérite à tous égards mon entière confiance. Sa moralité et sa position commerciale le placent au premier rang de nos négociants les plus respectables.

Je compte sur votre bienveillance accoutumée pour accueillir mon recommandé comme il mérite de l'être ; c'est vous dire que, quelque chose qu'il puisse vous demander, vous pouvez le lui accorder en toute confiance.

Veuillez agréer d'avance mes sincères remerciements pour tout ce que vous ferez en faveur de Monsieur B..., et disposer de moi sans réserve en pareille ou toute autre circonstance.

J'ai l'honneur de vous saluer avec estime et considération.

Par procuration de VEUVE FONSÈQUE JEUNE,

Fonsèque fils.

Poitiers, le... 18..

Monsieur R., à Paris.

Usant des offres gracieuses que vous avez bien voulu nous faire, nous prenons la liberté de réclamer votre bienveillance pour Monsieur P..., porteur de la présente, qui sollicite une admission dans les bureaux de la banque de France.

Ce jeune homme a travaillé pendant plusieurs années dans notre maison, et sa conduite irréprochable nous a inspiré pour lui le plus vif intérêt.

Nous osons espérer, Monsieur, que vous voudrez bien l'honorer de votre protection.

Recevez d'avance nos remerciements de tout ce que nous nous flattons que vous voudrez bien faire en faveur de notre recommandé. Son mérite justifiera notre sollicitation.

Nous nous estimerions heureux, Monsieur, de pouvoir vous être ici bons à quelque chose ; veuillez, si l'occasion s'en présente, ne nous point épargner, et recevoir la nouvelle assurance de nos sentiments distingués.

Par procuration de MINORET PÈRE ET FILS,

Anne d'Auvillers.

Bordeaux, le... 18..

Monsieur,

M. B.., qui a dirigé ici, avec autant de sagesse que d'intelligence, la maison
C. et C., est venu me prier de vous écrire en sa faveur et de manière à vous
inspirer dans sa maison toute la confiance à laquelle elle a droit; je m'en
suis chargé avec d'autant plus de plaisir que Messieurs Vᵉ Fonsèque fils
et Cⁱᵉ font toutes ses affaires, qu'ils la connaissent mieux que moi encore,
et que je ne doute pas qu'ils ne vous en parlent de manière à justifier l'éloge
que je vous en fais.

Comme je n'ai en vue que de vous procurer une relation de toute solvabilité, vous m'obligerez d'en dire un mot à cette maison.

Votre bien dévoué serviteur,

OTARD.

Lorient, le ... 18..

Messieurs T. et P., à Paris.

Je vous confirme la lettre que j'ai eu l'honneur de vous écrire le 7 courant,
en vous retournant vos effets sur C...

De nouveaux arrangements que je suis sur le point de prendre pour
donner plus d'extension à mes affaires, m'obligeant à renoncer aux recouvrements, je crois devoir vous en prévenir, et vous adresser, comme méritant toute votre confiance, mes amis, Messieurs H... et B..., de cette ville,
dont la loyauté et l'exactitude sont les qualités distinctives.

Je verrais avec plaisir que vous pussiez former avec eux des liaisons dont
vous n'aurez qu'à vous féliciter.

J'ai l'honneur de vous saluer.

Jʜ. FOURCHON.

Paris, le ... 18..

Monsieur C., à Paris.

Le porteur de la présente, Monsieur Gustave D., après avoir travaillé six
ans dans notre maison, désire commencer le courtage; nous vous le recom-

mandons avec confiance, persuadés qu'il saura mériter, à tous égards, votre bienveillance.

Monsieur D. appartient à une famille des plus respectables, et son père a été pendant longues années chargé de la caisse de notre sieur B. L. Fould, et de celle des salines ; son fils suit les bons exemples qu'il en a reçus, et a déjà su mériter la confiance et l'amitié de ceux qui le connaissent.

Nous nous intéressons beaucoup à ce jeune homme, et vous serons très-reconnaissants du bon accueil que vous voudrez bien lui faire.

Agréez nos bien affectueuses salutations.

FOULD et FOULD OPPENHEIM.

———

Carlsruhe, ce... février 18..

Monsieur L. J., à Paris.

Pour obliger un de nos amis, nous prenons la liberté de remettre la présente à son fils, Monsieur J. S..., de notre ville, qui habite Paris depuis un an. Ce jeune homme, qui a été envoyé par son père à Paris, pour y apprendre le commerce et se perfectionner dans la langue française, désirerait se placer dans une bonne maison où il pourrait compléter ses connaissances commerciales.

Nous sollicitons en sa faveur votre obligeance accoutumée ; nous vous saurions infiniment de gré, si vous pouviez le placer ou, peut-être même, le faire travailler dans vos bureaux.

Persuadés que vous ferez tout ce qui dépendra de vous pour répondre à nos désirs, nous vous en remercions à l'avance, et vous offrons nos services en pareille ou toute autre occasion.

Recevez, en attendant, l'expression de notre parfaite considération.

S. DE HABER ET FILS

———

Paris, le... 18..

Monsieur,

Le porteur de ma lettre est M. P..., habile graveur sur pierres dures, qui nous a été instamment recommandé par nos amis de Naples et de Rome.

Nous savons aussi qu'il vous a remis, dans le temps, une lettre de MM. Torlonia. Nous avons secondé M. P... de notre mieux à Paris, mais nos services ne lui ont porté aucun fruit; il espère être plus heureux en Belgique, nous le souhaitons plus que nous ne l'espérons.

Dans tous les cas, son travail ne peut être apprécié que par les nobles du pays, et comme nous n'en connaissons aucun, tandis que vous êtes en relation avec un grand nombre d'entre eux, nous avons pensé que vos recommandations lui seraient plus utiles que les nôtres.

Nous vous adresserons donc M. P..., et vous serons personnellement reconnaissants de ce que vous voudrez bien faire pour lui.

Tout à vous,

RIVET.

Ordonck, ce... 18..

Monsieur R..., à Paris.

Mon neveu, Monsieur le comte Joseph de B..., me prie de vouloir bien l'introduire auprès de vous. Il va mettre sa fille en pension au Sacré-Cœur, et il désire vous la recommander pour être assuré qu'en cas de maladie ou d'indisposition, elle ne manquera d'aucun secours.

Comme je connais depuis longtemps, Monsieur, votre amitié pour moi et tous les miens, je prends la liberté de vous adresser mon neveu et de réclamer pour ma nièce vos soins et votre appui.

En les lui accordant vous acquerrez un nouveau titre à ma reconnaissance et ajouterez encore aux sentiments d'attachement et de considération avec lesquels j'ai l'honneur d'être, Monsieur,

Votre très-humble et obéissant serviteur,

Baron DE NÉVÉLE.

Le Havre, le... 18..

Monsieur C., à Paris.

Le porteur de cette lettre est M. Émile M..., notre parent, qui, après avoir travaillé dans nos bureaux, à notre très-grande satisfaction, se rend à Londres, en passant par votre ville, pour les affaires de notre maison. Nous vous le recommandons de la manière la plus particulière, et serions enchantés que le court séjour qu'il va faire à Paris fût l'occasion de donner quelque a îment à notre correspondance avec vous. M. M... ne pourra jamais vous exprimer assez combien ce désir est vif de notre part et combien nous somm es disposés à tout faire pour le réaliser.

Recevez, Monsieur, nos salutations affectueuses.

V⁰ HOMBERG ET HOMBERG FRÈRES.

———————————

Bordeaux, le... 18...

Monsieur E., à Paris.

Le porteur de la présente est Monsieur F..., dont je vous ai annoncé, par ma lettre du 29 juin dernier, le prompt départ de Bordeaux pour la capitale.

Monsieur F... va réaliser un grand projet, parfaitement conçu, qui offre des avantages immenses, et dont la mort prématurée de Monsieur Balguerie Stutemberg a seule ajourné l'exécution ; je serais infiniment flatté d'avoir pu contribuer à ce que vous succédiez, dans cette opération, à un homme aussi honorable et aussi vivement regretté.

Vos larges conceptions, votre grande facilité de travail et vos puissants amis semblent vous avoir placé dans les meilleures conditions pour une affaire de cette importance, et j'ai pensé, qu'après l'exposé du plan qui vous sera soumis, non-seulement vous ne balancerez pas à donner la main à cette entreprise, mais que vous me remercierez encore de vous l'avoir adressée.

Agréez les salutations bien affectueuses de votre tout dévoué et affectionné serviteur.

Victor FAURE.

———————————

Londres, le... 18...

Monsieur J. C., à Paris.

Vous connaissez sans doute Monsieur B..., que sa grande entreprise pour le passage sous la Tamise va rendre immortel ; mais vous ne connaissez peut-être pas son neveu, Monsieur R..., un des avoués très-respectables de cette ville ; ce Monsieur se rend à Paris, et vous remettra la présente.

Il vous dira quel est le but de son voyage, et ce qu'il désirerait ; si vous pouvez lui rendre quelques services, vous y trouverez le plaisir d'avoir fait une connaissance honorable, et moi j'aurai la satisfaction d'y avoir contribué.

Ma maison, et moi en mon particulier, nous vous assurons, Monsieur, de notre reconnaissance pour ce que vous ferez en faveur de Monsieur R...

J'ai l'honneur de vous saluer avec estime et considération.

Ludovico MONDOLFI.

Amiens, le... 18...

Monsieur L., à Paris.

Nous prenons la liberté d'introduire auprès de vous et de recommander à votre obligeant accueil Monsieur A. D., notre parent, associé de la maison D. frères, négociants en étoffes de notre ville.

Nous vous prions de vouloir bien l'aider de vos avis, le seconder dans ses démarches, lui rendre enfin tous les services qu'il pourra réclamer de vous et dont nous vous serons aussi reconnaissants que si vous nous les rendiez à nous-mêmes.

Dans cette espérance nous avons l'honneur de vous présenter, Monsieur, nos salutations sincères.

FATTON RELLENCOURT et Cⁱᵉ.

Anvers, le... 18...

Monsieur J. G., à Paris.

J'ai l'honneur d'introduire auprès de vous Monsieur d'H., régent de la Banque d'Anvers, et l'un de mes meilleurs amis.

Je recommande Monsieur d'H. à votre bon accueil et vous prie de lui rendre tous les services qu'il pourra réclamer de votre complaisance et dont je me considérerai comme personnellement obligé.

Veuillez, Monsieur, agréer mes salutations affectueuses.

Par procuration de JOSEPH J. LEGRELLE.

J. Legrelle.

Paris, le ... 18..

Monsieur B. F.. à Paris.

Pleins de confiance dans la moralité et dans l'intelligence de Monsieur G.,
qui se propose de faire le courtage de change sur cette place, nous n'hési-
tons pas à le recommander de la manière la plus pressante, et c'est dans
cette vue que nous prenons la liberté de lui remettre cette lettre pour votre
respectable maison, vous priant de lui être favorable dans l'exercice du
genre d'affaires auquel il va se livrer.

Nous vous présentons, Monsieur, nos civilités empressées.

Vos très humbles serviteurs,

P.-F. PARAVEY et Cie.

Paris, le... 18..

Monsieur R., à Reims.

J'ai l'honneur de recommander à votre bienveillant accueil Monsieur
F. Leguey, porteur de la présente, et qui désire faire le commerce des
laines.

Je pense que vous n'aurez qu'à vous louer des rapports que vous aurez
avec ce jeune homme auquel je porte le plus vif intérêt, et qui mérite votre
confiance.

Je vous remercie à l'avance de ce que vous voudrez bien faire pour lui,
et je vous présente mes salutations empressées.

DELAMARRE-MARTIN DIDIER.

Bordeaux, le... 18..

Monsieur J. C., à Paris.

La présente lettre de recommandation vous sera remise par Monsieur S.
Magnus l'aîné, qui, voyageant dans les intérêts de la respectable maison
Wustenfeld, du Port-au-Prince, se rend dans votre ville et de là au Havre,
afin d'augmenter les relations de sa maison.

Désirant contribuer au succès de son voyage, nous vous recommandons cet ami de la manière la plus particulière, vous priant de l'aider de vos bons avis et conseils dans le choix des personnes avec lesquelles vous pensez qu'il pourrait se lier.

Recevez d'avance nos remerciements de tout ce que vous ferez en faveur de notre recommandé, et veuillez nous fournir de fréquentes occasions de pouvoir vous être agréable à notre tour, en pareille ou toute autre occasion.

Agréez, Messieurs, l'assurance de notre parfaite considération.

Par procuration de BETHMAN ET Cⁱᵉ,

Ed. Bethman Lasse.

Marseille, le... 18..

Monsieur J. H., à Paris.

Nous prenons la liberté de vous recommander Monsieur Trumpler, ancien négociant de notre ville, maintenant établi à Zurich, et qui se rend à Paris. Nous vous prions, Monsieur, de lui donner tous les témoignages d'intérêt qui seront en votre pouvoir.

L'attachement que nous inspire Monsieur Trumpler et son mérite personnel nous font désirer vivement de lui être utiles. Nous ne pouvons lui en donner une plus grande preuve que de le recommander à l'amitié et aux bons soins de votre respectable maison.

Recevez, Monsieur, la nouvelle assurance de notre sincère attachement.

AUGUSTE ANTHOINE ET Cⁱᵉ.

CHAPITRE XVIII.

REMERCIEMENTS,

EXPRESSIONS DE RECONNAISSANCE.

Lorsqu'en dehors des affaires il nous a été rendu un service, ou que nous avons été bien accueillis par un correspondant, nous devons nous empresser de lui en adresser par lettre nos remerciements et l'expression de notre reconnaissance. C'est un devoir pour tout homme bien élevé, et c'est par conséquent un usage admis entre négociants. Seulement, on y consacre rarement une lettre entière, et l'on en fait l'objet d'un paragraphe dans la première lettre qu'on écrit à ce correspondant.

Dans ce genre de lettres, il faut exprimer, en quelques mots bien sentis, combien on est touché de l'accueil bienveillant, des témoignages d'amitié qu'on a reçus ; combien on est pénétré de reconnaissance des bontés, des services et des politesses dont on a été comblé. Il faut moins ici faire preuve d'esprit, que s'abandonner à ce langage naturel et facile qui part du cœur et prouve que ces remerciements sont un devoir vraiment agréable et doux à remplir.

On peut faire ressortir la générosité de celui qui oblige, ou les attentions délicates, les soins recherchés, les circonstances bienveillantes qui ont entouré l'accueil qui nous a été fait. C'est montrer qu'on en sent tout le prix.

Quelques personnes laissent entrevoir qu'à la première occasion, elles useront de retour. C'est une manière qu'on blâme, en général, comme n'étant pas de bon goût ou d'un bel usage dans le monde ; mais, en affaires, où l'intérêt joue un grand rôle, on ne peut affirmer que, dans certaines cir·constances, il ne soit à propos d'en agir ainsi.

Quelquefois, mais rarement, on introduit quelques mots respectueux et flatteurs pour la maîtresse de la maison, selon la nature des politesses et de l'accueil qu'on a reçus.

Paris, le... 18..

Monsieur C., à Paris.

Notre ami, M. G. R., de la Parra, pour qui vous avez eu la bonté de nous fournir, dans le temps, une lettre de crédit de vingt mille francs, sur Messieurs Falconet et Cie, de Rome, ne s'étant pas trouvé dans le cas de faire usage de ce crédit, nous nous hâtons de vous renvoyer cette lettre.

Nous saisissons cette occasion pour vous réitérer, Monsieur, l'expression de notre reconnaissance de tous les services que vous nous rendez, et de la permission que vous nous avez donnée hier de nous mettre en rapport avec Monsieur J.-G. M. Nous en avons profité sur-le-champ.

Si, de notre côté, Monsieur, nous sommes assez heureux pour pouvoir vous être agréables, veuillez ne pas nous ménager ; nous sommes sans réserve à vos ordres.

Nous avons l'honneur d'être, Monsieur, vos très-obéissants serviteurs.

AGUIRREVENGOA FILS ET URRIBARREN.

Gênes, le ... 18.

Mon cher Monsieur,

Il y a longtemps que je voulais, que je devais vous écrire. J'ai été bien occupé depuis trois mois ; j'ai trouvé beaucoup d'affaires arriérées, et j'ai voulu me mettre au courant. Ne croyez pas pour cela que j'aie oublié l'ac-

cueil vraiment aimable et amical que j'ai reçu de vous pendant mon séjour
à Paris ; mon cœur en est encore plein et ma reconnaissance en sera éter-
nelle. Vous pouvez être persuadé que plus d'une fois nous avons causé de
vous et de votre excellente épouse, avec Madame L. et ma femme ; ces dames
trouvaient un véritable plaisir à se rappeler les moments qu'elles ont passés
avec vous à Paris, à la Muette, et elles vous remercient de tout ce que vous
avez bien voulu faire pour nous.

Vous avez désiré avoir des nouvelles du marquis d'O. ; Monsieur R., qui
m'avait prévenu de votre désir, et auquel j'ai transmis toutes celles qui étaient
à ma connaissance, doit vous les avoir communiquées. Aujourd'hui je dois
vous dire que ce monsieur a fait viser son passe-port pour Turin, où il a déclaré vouloir séjourner quelque temps.

Vous trouverez ci-joint le certificat de vie de Monsieur P., pour toucher,
pour le compte de B., deux années de rente viagère. Veuillez en retirer le
montant. Monsieur B. dira ensuite ce que l'on devra en faire, déduction
faite des frais.

Mes hommages respectueux à Madame C., mes amitiés sincères à notre ami
L., et mille salutations amicales pour vous.

S

Bordeaux, le... 18..

Monsieur J. J., à Paris.

Après avoir adressé à votre chargé de pouvoirs, ainsi qu'à tous mes autres créanciers, l'avis officiel qui donne une date certaine à notre traité et
le rend exécutoire, c'est pour moi un besoin autant qu'un devoir de vous témoigner en particulier toute l'étendue de ma reconnaissance, pour les égards
et pour cette persévérance soutenue dont il vous a plu d'user envers moi,
dans mon infortune.

Grâces à votre noble conduite, je sens que je suis moins malheureuse,
Monsieur, puisque le nom de celui qui mérita votre confiance et le titre
d'homme de bien a été préservé d'un éclat dont sa mémoire aurait eu tant
à souffrir.

Ce résultat vous flattera aussi, je n'en doute pas, Monsieur; il vous rendra plus facile l'oubli d'un préjudice que je déplore, mais que moi et les
miens n'oublierons jamais, et que tous nos efforts réunis tendront à réparer, si un jour le ciel nous le permet ; c'est dans ces sentiments que j'ose
encore solliciter, non pour moi qui touche à la fin de ma carrière, mais

pour mon fils, seul héritier du nom et des vertus de son père, la continuation de votre amitié et de votre bienveillante protection. C'est le seul espoir qui reste encore à celle qui a l'honneur d'être, Monsieur, votre très-humble servante.

Ve F...

Lyon, le ... 18..

Monsieur C., à Paris.

J'ai reçu votre lettre du 25 février, et je vous crédite, d'accord avec son contenu, en fr. 4,925.

Je vous remercie mille fois de votre obligeante apostille au sujet de mon neveu T.; j'espère qu'il vous paraîtra digne de votre bienveillance, et j'en suis d'avance fort reconnaissant.

J'ai eu, je vous assure, beaucoup de plaisir à voir votre fils ; outre l'intérêt que m'inspire tout membre de votre famille, j'ai trouvé en lui un air de bonté, de douceur et un attachement si bien exprimé pour sa famille, que je ne doute pas qu'il n'en fasse le bonheur, et vous savez toute la part que je prends à ce qui peut contribuer à votre satisfaction.

Agréez, Monsieur, mes salutations empressées.

C. GASPARD VINCENT.

Turin, le... 18...

Monsieur L. B., à Paris.

Votre estimable lettre du 19 courant s'est croisée avec notre dernière du 22, que nous vous confirmons.

Monsieur votre fils, accompagné de R., nous a remis, à son passage, les papiers relatifs à l'affaire de Monsieur le marquis de M. contre Monsieur le comte P.; nous ne saurions vous remercier assez des soins que vous avez bien voulu lui donner, et surtout des témoignages d'affection dont elle a été l'occasion.

Nous avons été très-enchantés d'avoir l'honneur de faire la connaissance personnelle de Monsieur votre fils et de Monsieur R , votre neveu, et c'est avec bien du regret que leur court séjour dans notre ville nous a ôté tous les moyens de leur témoigner l'estime que nous portons à vos recommandés, et particulièrement à des personnes qui vous appartiennent de si près.

A la vérité, ils s'y sont pris un peu tard pour arriver à Rome pour la semaine sainte, et ils n'ont pas le temps de s'arrêter dans les villes principales qu'ils ont à parcourir ; mais nous pensons que la lettre que nous adressons aujourd'hui à Monsieur votre fils le trouvera encore à Florence.

FRÈRES NIGRA ET FILS.

P. S. Nous avons compté à Monsieur R. fr. 600, dont nous vous débitons.

Aubagne, le... 18..

Monsieur C. L., à Paris.

J'ai successivement reçu les lettres que vous avez eu la bonté de m'écrire le 8 et le 9 de ce mois.

J'étais convaincu d'avance, par tant de services déjà reçus de votre part, de votre empressement à vous acquitter auprès de mes enfants de l'effroyable nouvelle ; mais les égards vraiment paternels qui ont accompagné vos démarches, et qui les caractérisent à un degré éminent, vont au delà d'une amitié ordinaire : les expressions me manquent pour vous en témoigner toute ma gratitude ; permettez, Monsieur, que mon silence et mon cœur y suppléent.

J'espère que la divine Providence veillera à leur conservation ; quant à ma femme ainsi qu'à moi, notre consolation, dans une catastrophe qui n'en admet aucune, est dans la douleur même.

Oserai-je vous prier d'être l'interprète de nos sentiments de reconnaissance auprès de Mesdames C et B. Vous supplier, Monsieur, de continuer vos bontés à mes enfants, serait peu reconnaître les sentiments d'amitié que vous avez pour eux, et qui me sont un bien doux et sûr garant qu'ils ne sauraient pas avoir un protecteur plus dévoué.

J'ai l'honneur d'être, avec la considération la plus distinguée, Monsieur, votre très-humble et très-obéissant serviteur.

P.-G. MORETTUS.

Londres, le... 18...

Mon cher Monsieur,

Permettez-moi de vous exprimer ma reconnaissance de tout ce que vous avez fait pour faciliter la marche de mes opérations à Paris.

Veuillez aussi recevoir mes excuses des importunités de mes références continuelles en considérant tout le plaisir et l'utilité que devait y trouver un jeune homme que vous honorez de votre appui, et qui reste profondément touché de vos bonnes dispositions à son égard et de vos services affectueux.

Je serais heureux de pouvoir, à mon tour, vous être utile ou agréable dans les colonies, où je vais résider. Soyez convaincu que ce serait pour moi un plaisir précieux de vous en donner des preuves.

J'ai l'honneur d'être respectueusement, mon cher Monsieur, votre très-dévoué.

F. H.

Havre, le... 18..

Monsieur

Avant de quitter la France, je veux vous redire combien je me félicite des relations amicales qui se sont établies entre nous, et combien j'ai été sensible aux marques d'intérêt dont vous m'avez comblé. J'espère que ma longue absence ne diminuera point l'estime que vous avez bien voulu me témoigner, comme elle n'affaiblira en rien mes sentiments d'affection et de gratitude.

Je vous dois aussi des remerciements pour la recommandation que vous m'avez donnée auprès de Messieurs Homberg frères; leur maison m'a témoigné beaucoup d'empressement, et si j'avais été dans la nécessité de réclamer quelques services, j'aurais accepté ceux qu'elle m'a offerts de la meilleure grâce du monde.

Veuillez bien me croire, Monsieur, votre très-affectionné et très-dévoué serviteur.

SALLES.

CHAPITRE XIX.

LETTRES

DE FÉLICITATIONS, CONDOLÉANCES, DE COMPLIMENTS, OU VŒUX DE LA FIN DE L'AN.

Dans les affaires, ces trois circonstances donnent lieu bien rarement à une lettre entière et spéciale ; mais elles font presque toujours l'objet d'un paragraphe.

Pour les lettres de condoléances, on se borne, la plupart du temps, à témoigner la part qu'on prend à la perte ou au malheur dont on nous a donné connaissance. Quelquefois on joint à ses regrets quelques éloges de la personne dont on déplore la perte, surtout si elle était connue de nous depuis longtemps.

L'amitié ou la bienséance prescrivent quelques lettres de félicitations, même dans le commerce, parce qu'il est naturel de se réjouir avec ses amis de leurs succès ou des événements heureux qui leur arrivent.

Quant aux compliments, aux vœux de la fin de l'année ou de commencement de la nouvelle, l'usage général d'en adresser, vers l'époque du premier jour de l'an, a pénétré dans les relations commerciales, surtout lorsqu'on veut qu'elles soient affectueuses et amicales.

Il convient donc d'insérer, dans les lettres écrites quelques jours avant ou après la fin d'année, un petit paragraphe à cette occasion.

On peut cependant négliger cette politesse, lorsqu'il n'a existé aucune relation personnelle entre nous et le correspondant auquel on écrit. Toutefois, ces attentions de bonne compagnie ne sont jamais omises dans la correspondance des grandes maisons, qui se distinguent des autres par une politesse si affectueuse entre elles, qu'on pourrait même la trouver poussée à l'excès, dans ces temps où l'on semble s'appliquer à supprimer ou à réduire toutes ces démonstrations de civilité bienveillante.

—————————

Bordeaux, le... 18...

Monsieur J.-G. C., à Paris.

J'ai reçu, Monsieur, les deux lettres que vous m'avez fait l'honneur de m'écrire le 21 et le 30 du mois dernier; il est au mieux que vous ayez refusé à M... le crédit qu'il vous demandait.

Recevez, Monsieur, à l'occasion du nouvel an, l'expression des vœux sincères que je fais pour votre bonheur et celui de votre famille; mes sentiments vous sont trop connus pour que j'aie besoin d'insister sur leur sincérité. Croyez donc à tout le plaisir que j'aurais à me trouver fréquemment en mesure de vous en donner des preuves.

Votre bien dévoué serviteur.

OTARD.

—————————

Havre, le... 18...

Monsieur J.-G. C., à Paris.

La lettre que vous nous avez fait l'honneur de nous écrire le 9 du courant renfermait l'extrait de notre compte courant arrêté au 31 décembre dernier, et balançant en votre faveur par fr. 28,903. Ce compte a été reconnu juste.

Mille grâces de vos obligeants souhaits de bonne année ; nous y sommes extrêmement sensibles, et vous prions d'agréer les vœux que nous formons à notre tour pour votre conservation et votre parfait bonheur. Puissiez-vous jouir longtemps encore de la réputation si honorable qui vous est acquise. Conservez-nous votre bienveillante amitié, et croyez que nous ne négligerons rien pour donner, cette année, à nos relations avec votre respectable maison tout le développement possible.

Le paquebot de New-York, arrivé ce matin, nous apporte des nouvelles jusqu'au 20 décembre. On y était encore bouleversé par l'horrible incendie dont vous avez eu connaissance par la voie d'Angleterre ; mais déjà les esprits se remettaient, des mesures énergiques pour venir au secours des compagnies d'assurances allaient être prises, et l'on faisait des arrangements pour que les payements des incendiés ne fussent pas arrêtés.

Espérons qu'en définitive le mal sera moins grand qu'on pouvait le craindre. Ce triste événement ne nous atteint pas directement, Dieu merci, et nous espérons qu'il en sera de même pour vous.

Nous vous réitérons, Monsieur, l'assurance de notre parfait dévouement.

Vᶜ HOMBERG, HOMBERG FRÈRES ET Cⁱᵉ.

Dunkerque, le... 18...

Monsieur J.-G. C., à Paris.

Nous avons successivement reçu, Monsieur, vos amicales des 30 novembre et 14 courant.

La première nous accusait réception de l'effet de fr. 1,500 que nous avons payé pour votre compte, par intervention, et qui était accompagné de son protêt, ainsi que du compte de retour. Nous regrettons la petite irrégularité que vous nous signalez dans cette dernière pièce, mais nous espérons qu'elle n'aura donné lieu à aucune difficulté. Nous ne vous prions pas moins d'excuser notre inadvertance.

Nous vous remercions, Monsieur, des vœux obligeants que vous voulez bien nous adresser, et vous prions d'agréer ceux bien sincères que nous formons pour votre bonheur et votre prospérité.

Nous n'avons pas été sans remarquer comme vous, et avec infiniment de

19

CORRESPONDANCE COMMERCIALE.

regrets, la nullité de nos relations pendant l'année qui vient de finir, mais nous n'en pouvons accuser que les circonstances.

Espérons que l'année dans laquelle nous entrons, nous fournira de fréquentes occasions d'alimenter une correspondance que vous avez su nous rendre si agréable.

Comptez, Monsieur, que nous serons empressés de saisir toutes les occasions qui s'en présenteront, et veuillez recevoir nos salutations dévouées et bien amicales.

DOMINIQUE MOREL ET FILS.

Milan, le... 18...

Je m'empresse, mon cher ami, de répondre à votre lettre d'hier, d'abord pour vous remercier de la continuation de vos bons offices, ensuite pour vous complimenter sur la nouvelle dignité dont vous êtes revêtu. Je reconnais, dans le résultat de la délibération qui vous a porté à la régence, qu'à Paris comme ici, l'on sait apprécier vos bonnes et excellentes qualités.

Au nom de toute ma famille, je vous remercie des bons souhaits que vous m'avez chargé d'exprimer à chacun. Croyez, qu'en retour de dispositions si affectueuses, nos vœux pour vous, pour Madame C. et pour vos chers enfants, ont toujours pour objet votre bonheur commun.

Madame de La S., à qui j'ai fait part de votre respectueux souvenir, me charge aussi de vous exprimer ses sentiments d'estime et d'attachement.

Agréez, mon cher ami, l'assurance de mon entier dévouement et de ma sincère amitié.

R.

Orléans, le... 18...

Monsieur P., à Paris.

J'ai eu l'avantage de recevoir votre lettre du 26 janvier, contenant mon compte que j'ai trouvé parfaitement juste.

Je vous remercie de l'exactitude que vous avez bien voulu mettre à acquitter les mandats que j'ai eu occasion de tirer sur votre maison; dans ces circonstances vous m'avez extrêmement obligée.

Permettez, Monsieur, que je vous exprime ici tout le plaisir que j'ai éprouvé d'apprendre le mariage de Mademoiselle Aglaé : ne doutant pas que cette union n'ajoute au bonheur de votre famille, je vous prie d'en recevoir mes félicitations bien sincères, et l'assurance de mes sentiments affectueux.

J'ai l'honneur d'être, Monsieur, votre très-humble servante.

Ve FROE.

Anvers, le... 18.

Monsieur C. B., à Paris.

J'apprends avec le plus grand chagrin la perte cruelle que nous venons de faire, vous du plus excellent des pères, moi du plus ancien et du meilleur de mes amis. Rien ne peut l'adoucir si ce n'est l'assurance que celui que nous pleurons n'a terminé sa carrière qu'après l'avoir parcourue avec honneur et probité, vous laissant un nom justement honoré. Que cette pensée modère votre douleur; il faut supporter avec courage, résignation et fermeté ce malheur inévitable et sans remède. Aujourd'hui, l'amitié que je portais à votre père vous est naturellement acquise, et je me console en la reportant tout entière sur vous.

Avez courage et persévérance.

Votre bien affectionné,

MEYEL. JUNIOR.

Paris, le... 18..

Monsieur C., à Paris.

Nous sommes honorés, Monsieur, de votre lettre du 9 courant.

Vous nous remettez pour votre compte fr. 4,912 sur B.-C. et Cie, au 13 courant, sur Bordeaux, à votre crédit.

Nous sommes bien sensibles aux vœux que vous nous adressez. Veuillez, Monsieur, agréer ceux que nous formons pour votre bonheur et votre santé, avec la nouvelle assurance de nos sentiments bien affectueux.

P. PORTAL et Cie.

Vienne, le... 18..

Monsieur,

Je vous prie de recevoir mes remerciements des lettres que vous m'avez fait l'honneur de m'écrire en date des 1er janvier et 17 mars dernier; ell me sont parvenues en même temps.

J'ai appris avec un plaisir tout particulier que le roi a récompensé vos services en vous nommant chevalier de la Légion-d'honneur, et que S. A. R. le duc de Modène vous a conféré la même charge jadis remplie par Monsieur votre père. Recevez, Monsieur, mes félicitations pour l'une et l'autre de ces distinctions, et veuillez croire que je prendrai toujours une part bien vive à tout ce qui vous concerne.

Agréez, Monsieur, avec l'expression de ma reconnaissance des marques d'amitié que vous ne cessez de me donner, l'assurance renouvelée de ma considération très-distinguée.

LE FÈVRE RECHTENBURG.

Vienne, le... 18..

Monsieur J.-G. C., à Paris.

En nous référant à notre lettre d'hier, nous avons eu le plaisir de vous remettre ci-joint l'extrait de votre compte, arrêté au 31 courant, et soldant par :

Fr. 205, 75 à vous créditer à nouveau.

Veuillez de plus, cher ami, animer autant que possible ce compte pendant la nouvelle année, à l'occasion de laquelle nous vous prions d'agréer nos vœux les plus sincères pour votre constant bonheur, et nous continuer votre bienveillante amitié.

Nous vous saluons bien affectueusement.

M.-L. BIEDERMANN et Cie.

Nantes, le... 18..

Monsieur J.-G. C., à Paris.

En réponse à la lettre que vous nous avez fait l'honneur de nous adresser le 29 du mois dernier, nous vous remettons sous ce pli, d'après votre désir, l'extrait de votre compte courant avec nous, arrêté au 31 du mois dernier, et balancé à cette époque par :

Fr. 183, 03 en notre faveur. Vous voudrez bien, pour la bonne règle, nous dire si vous le trouvez juste et nous en accuser le bien être.

Nous formons, à l'occasion du nouvel an, les souhaits les plus sincères pour votre prospérité, et vous présentons nos salutations les plus affectueuses.

B. DUFOU, P. CIRET ET Cⁱᵃ.

Anvers, le... 18..

Monsieur J.-G. C., à Paris.

Me référant à ma dernière du 30 courant, qui vous remettait, pour le compte social, fr. 3,153 25, j'ai l'honneur de vous faire adresser la présente par Monsieur S., qui part ce soir pour votre ville ; vous recommandant de nouveau cet ami, je profite de sa complaisance pour vous faire un nouvel envoi de 238 coupons de certificats napolitains, faisant 2,975 ducats, dont je vous prie de me créditer.

Je saisis cette occasion pour vous souhaiter l'année qui va commencer heureuse et prospère ; je souhaite aussi que nos relations deviennent plus étendues et cimentent de plus en plus cette amitié qui nous lie depuis si longtemps.

Agréez ces vœux, et veuillez me croire avec la plus parfaite considération et estime,

Par procuration de JOSEPH LEGRELLE,

Gérard et A. Legrelle.

CHAPITRE XX.

REVERS, ARRANGEMENTS, FAILLITES.

Quand on se trouve dans la triste nécessité de faire à ses créanciers l'aveu de son impuissance à payer ses engagements, et qu'on est réduit à leur demander du temps ou quelque diminution sur sa dette, il convient de prendre dans ces lettres pénibles et importantes le langage simple et naturel, sans aucune recherche de style, qui s'y trouverait déplacée, ni sans la prétention d'émouvoir ses créanciers, ce qu'on ne pourrait atteindre que bien difficilement.

Outre que le ton pathétique que les débiteurs malheureux sont naturellement disposés à prendre, approche souvent du ridicule lorsqu'il n'est pas touché avec mesure, quel espoir raisonnable peut-on avoir d'apitoyer sur son sort des gens prévenus et troublés par le premier avis d'une perte qui vient tout à coup les frapper? Atteints dans leurs intérêts essentiels, leur propre malheur, quoique relativement plus léger, les rend insensibles à celui des autres ; et la difficulté serait grande d'éveiller en eux des sentiments de commisération dans ce premier moment, où ils sont en proie à des passions toutes contraires.

Il faut donc écrire ces lettres avec naturel et simplicité, dire sans réserve les revers et les échecs qui nous ont accablés ; heureux si l'évidence des faits vient disculper de tout reproche d'imprudence ou d'incapacité, et si l'on peut attribuer sa chute à l'une de ces révolutions subites, de ces crises commerciales, à ces circonstances enfin extraordinaires qu'il n'est pas donné à la prudence humaine de pré· voir ou d'éviter.

Cette pénible ouverture une fois faite, ce premier coup porté, il convient de proposer de suite le remède et de présenter les arrangements qu'on a jugés convenables, en s'appliquant à faire ressortir leur efficacité, non pas au point de vue du débiteur, qu'il faut oublier, mais dans l'intérêt seul du créancier, dont on doit se montrer uniquement préoccupé.

Il est à croire qu'une lettre écrite dans ce sens, et faisant appel aux intérêts raisonnés du négociant plutôt qu'à ses sentiments de générosité ou d'indulgence, atteindra plus généralement son but, que de vaines doléances ; insensible à un langage qu'on ne peut se permettre qu'avec un véritable ami, il prêtera l'oreille à des propositions utiles, il les acceptera peut-être, si l'on a su les lui rendre plausibles ; mais, dans tous les cas, le créancier irrité se sentira retenu dans son premier mouvement et combattu dans son penchant naturel aux voies de rigueur par les dédommagements dont on lui fait l'offre et l'espoir entrevu d'alléger promptement sa perte.

Dans tous les cas, on doit, dans ces lettres, s'exprimer dignement et avec le respect de soi-même, sans descendre au ton humble du suppliant.

Mais, d'un autre côté, il ne faut jamais employer ce ton d'ironie ou de cynisme qui va si souvent contre son but en provoquant la rigueur du créancier, qui préfère alors au soin de ses vrais intérêts la satisfaction de punir tant d'inconvenance (1).

_____

(1) On en voit un exemple dans la dixième lettre, page 303, où le débiteur demande avec menace et revient sans ménagement sur certaines circonstances fatales aux créanciers et dont il parle de profiter, si l'on n'accepte pas l'arrangement qu'il impose

Lorsqu'il s'agit de répondre à de semblables lettres, un négociant ne doit jamais laisser échapper d'expressions offensantes pour son débiteur ; le droit de le poursuivre judiciairement qu'il tient de la loi ne l'autorise point à le blesser de ses injures. Ce serait d'ailleurs frapper un homme à terre et encore s'exposer à une réplique toute de représailles, de la part d'un débiteur aigri déjà par l'adversité.

Au surplus la colère et l'animosité ne rencontrent généralement que le blâme, et l'on doit parler avec égard au malheur. Le négociant, toujours calme, n'en surveille que mieux ses intérêts, et c'est agir avec convenance et dignité que de ménager un collègue renversé qu'on avait honoré de sa confiance et qui faillit sous le poids d'un malheur, dont, au surplus, on peut être un jour frappé soi-même.

Bien que la loi ne reconnaisse pas d'arrangements amiables, certains négociants se sont fait un système de ne pas repousser les ouvertures de cette espèce, instruits par l'expérience qu'il vaut mieux prêter appui à l'honnête homme qui chancelle que de précipiter sa chute par des poursuites actives, menant droit à l'abîme de la faillite où tout va s'engloutir sous l'énormité des frais et les désastres forcés des ventes à tout prix.

Plus soucieux de leurs intérêts, ils préfèrent les réalisations sans frais et sans cet éclat qui tue non-seulement l'avenir du débiteur, mais qui porte encore atteinte au crédit du créancier ; ils comprennent bien que leur perte sera moindre en laissant le débiteur réaliser lui-même un actif dont personne ne connaît mieux les ressources et ne peut tirer un meilleur parti.

C'est sous l'empire de ces idées et sans doute aussi de la nécessité, qu'après la révolution de février, on fit fléchir la rigueur de la loi devant les circonstances de cette crise, en introduisant par un décret, dans notre législation, la *liquidation judiciaire*, terme moyen moins sévère et moins désastreux que la faillite. Supprimée depuis, cette innovation, par le seul fait de son apparition et de son emploi temporaire, semble donner raison à ce système d'arrangements amiables, auquel on a fait précédemment allusion.

Les Anglais et les Américains poussent plus loin que nous l'esprit de résignation et de tolérance en matière de faillite ou de revers. Leurs intérêts se trouvent-ils compromis dans une chute commerciale? tout résignés, ils s'accusent eux-mêmes et se reprochent seulement de s'être mépris sur la solvabilité d'un correspondant qu'ils avaient cru solide. Devenus plus prudents ils ne songent qu'à de nouvelles affaires, et loin de s'acharner contre leur débiteur en poursuites stériles, ils acceptent sans trop de difficultés les premières offres d'arrangements qui leur sont faites.

C'est un usage admis de prévenir ses correspondants des symptômes précurseurs d'une faillite, de la suspension de payement d'une maison, ou d'annoncer la catastrophe aussitôt qu'elle éclate, en désignant les maisons de commerce les plus gravement compromises et dont le crédit doit en souffrir : c'est donner à son correspondant le moyen d'éviter, s'il en est temps encore, ou du moins d'atténuer les conséquences fâcheuses de l'événement.

Lorsqu'on donne un pareil avis, on doit dire, si cela est vrai, *qu'on est sans intérêt dans cette faillite ;* c'est la phrase consacrée, et l'on exprime le vœu qu'il en soit de même pour les amis auxquels on écrit.

Paris, le... 18..

Messieurs,

C'est avec la plus profonde affliction, qu'après vingt années d'une existence commerciale laborieuse et honorée, je me vois réduit à vous faire l'aveu de mon impuissance actuelle de payer mes engagements souscrits pour la fin du mois.

J'ai pensé qu'il était dans votre intérêt de vous prévenir avant l'événement et de fixer dès aujourd'hui votre attention sur la triste position de mes affaires ; elle n'est cependant pas sans remède, si, avec un courage soutenu d'une part et une généreuse confiance de l'autre, il intervient, entre mes créanciers et moi, quelqu'arrangement amiable qui, tout en sauvegardant leurs intérêts, me permette de me vouer tout entier à l'allégement de leurs pertes.

La révolution qui vient d'éclater d'une manière si imprévue et la crise financière qui l'a suivie, ont fait tomber successivement, vous le savez, les premières maisons de nos villes maritimes, sur lesquelles j'avais à recouvrer des remises importantes provenant de mes armements.

D'un autre côté, de nombreux remboursements sont venus fondre à la fois sur moi pour des sommes si considérables qu'ils me mettent dans l'impossibilité absolue, mais peut-être momentanée, de faire face à tant de désastres.

Péniblement affecté de cette démarche, je viens vous prier d'assister soit par vous-même, soit par un fondé de pouvoir, à l'assemblée de mes créanciers qui aura lieu le 20 de ce mois, chez Messieurs T. et S. qui, gravement compromis eux-mêmes, me conservent, malgré ces circonstances de force majeure, leur estime et leur amitié ; dans cette réunion je ferai connaître toutes les ressources de mon actif, et soyez convaincus, Messieurs, que tout ce qu'il sera humainement possible de faire pour diminuer aujourd'hui le préjudice que je vais involontairement vous causer, je l'accomplirai sans réserve, avec la plus grande abnégation, trop heureux si je puis, par ma persévérance, vous en indemniser intégralement un jour.

Recevez, Messieurs, l'assurance de mon entier dévouement.

A. LEGRAND.

Rouen, le... 18..

Monsieur Legrand, à Paris.

Je ne saurais vous exprimer toute ma surprise à la lecture de votre lettre du 17 courant, qui m'apprend ce que j'étais loin de soupçonner.

Je désire que la vive part que je prends à votre malheur puisse en adoucir l'amertume.

Mes intérêts en péril ne me font pas changer d'opinion sur votre compte, et je me hâte de vous dire qu'en perdant votre fortune vous avez conservé mon estime.

Je vous ai toujours tenu pour un négociant intègre et je suis convaincu qu'un homme de votre caractère peut bien devenir malheureux, mais jamais improbe ni incapable,

C'est assez vous dire que je suis tout disposé à vous laisser à la tête de vos affaires, gérer votre actif pour le mieux de nos intérêts, et croyez qu'il ne dépendra pas de moi que dans la réunion où je tiens à aller moi-même, tous les autres créanciers ne suivent mon exemple et ne vous témoignent, en cette circonstance grave, la confiance dont je vous crois digne

Armez-vous donc de courage et n'oubliez pas que bien d'autres que vous ont fléchi, qui se sont plus tard heureusement relevés.

Je vous renouvelle l'assurance de mon amitié sincère.

PÉLISSIER.

Dijon, le... 18..

Monsieur D. B., à Paris.

Je reçois une lettre de convocation pour assister à l'assemblée des créanciers de la maison A. L. de votre ville, qui se dit réduite à suspendre ses payements à la fin de ce mois, par suite de la crise actuelle. Il paraît que cette réunion a pour but de procéder à un arrangement amiable hors de la présence du tribunal.

Quoique compromis pour une somme majeure, je connais cependant fort peu personnellement Monsieur A. L..., avec lequel je me suis trop légèrement engagé sur le bien qu'on m'en a dit. Je viens vous prier de me fixer sur son compte et sur les véritables causes de sa chute.

Aussitôt ces renseignements reçus, je vous adresserai une procuration à l'effet de me représenter dans cette affaire, avec une instruction particulière, si toutefois vous voulez bien accepter le soin de mes intérêts.

Autant je répugne à persécuter un homme honnête et malheureux, aussi peu je suis disposé à favoriser les calculs de l'astuce ou de l'improbité.

Mais, en général, mes principes sont d'éviter l'éclat et les frais d'une faillite, et de me montrer facile avec les débiteurs de bonne foi.

Dans l'attente de vos renseignements, veuillez agréer mes bien affectueuses salutations.

TAVERNIER.

Paris, le... 18..

Monsieur Tavernier, à Dijon.

Vous me priez, par la lettre que vous m'avez fait l'honneur de m'écrire le 17 courant, de fixer votre opinion sur le compte de M. A. L..., qui vous a fait part de la nécessité où il se trouve de suspendre ses payements et de rassembler ses créanciers pour prendre un parti sur cet événement.

Je vais satisfaire à votre désir et je consens volontiers à vous représenter dans cette affaire qui m'est parfaitement connue.

Je puis vous dire avec certitude que M. L... jouit généralement de la réputation d'honnête homme, et qu'il a toujours dirigé, quoique jeune, ses affaires avec sagesse, intelligence et capacité ; il passe sans contredit pour un des négociants les plus habiles de notre place.

Ses malheurs sont exactement tels qu'il vous les a dépeints, et tout le monde ici s'en trouve affligé ; il mérite donc les ménagements avec lesquels vous voulez qu'on traite le commerçant qui ne doit sa disgrâce qu'à ces événements extraordinaires qu'il n'est donné à personne d'éviter.

Les créanciers sont parfaitement disposés en sa faveur et à tout concéder pour le maintenir. Je n'ai pas besoin de vous dire que moi-même, avec l'opinion que vous me connaissez, je signerai pour mon compte avec confiance son arrangement, et j'ajouterai que, pour vous, je ferai absolument comme pour moi-même.

Agréez, Monsieur, la nouvelle assurance de notre entier dévouement.

DAVANNE.

Montluçon, le... 18..

Monsieur,

Vous savez, sans doute, que j'ai eu le malheur d'être déclaré en faillite, par jugement du 8 courant, et que mes créanciers sont convoqués pour le 28 de ce mois.

J'ai l'intention de leur faire ce jour-là des propositions en rapport avec ma malheureuse position ; je donnerai des garanties. Je viens donc vous prier, Monsieur, d'adresser immédiatement une procuration à une personne de votre confiance, à l'effet de prendre part à cette réunion et de signer au besoin le concordat que j'espère obtenir. J'ai la conviction que, prenant part à mon malheur, vous ne ferez pas obstacle à ce concordat ; au surplus, quelles qu'en soient les conditions, croyez bien, Monsieur, que vous ne perdrez rien avec moi, et que ce ne sera entre nous qu'une question de temps.

Recevez, Monsieur, l'assurance de toute ma considération.

R. COULANJON.

———————

Lille, le... 18..

Messieurs,

Je viens de recevoir l'avis accablant de la faillite de la maison B. et Cie, de Bordeaux, dans laquelle je suis gravement compromis.

Jusqu'ici j'avais pu supporter plusieurs pertes assez considérables, mais cette dernière m'écrase définitivement et me réduit à la cruelle extrémité d'arrêter mes payements.

Si je continuais plus longtemps à travailler avec la conviction de mon impuissance et dans des conditions aussi critiques, je croirais abuser de la confiance de mes créanciers en dilapidant ainsi mon actif par des réalisations pénibles et des efforts onéreux.

J'ai eu trop de confiance en la solidité de correspondants dont la chute entraîne la mienne ; j'aime la droiture et la sincérité : j'ai cru la rencontrer aussi chez les autres ; je me suis trompé et j'en suis cruellement puni. Mais ce qui accroît mon chagrin, c'est que les intérêts de mes amis, et surtout les vôtres, doivent en souffrir.

M. T... convoque chez lui, samedi 30 du courant, tous mes créanciers ; je mettrai sous leurs yeux le bilan de ma situation, en y ajoutant verbalement les éclaircissements que réclament les circonstances.

Après un examen approfondi, ils prendront avec connaissance de cause, le parti le plus convenable à leurs intérêts ; je me soumettrai aveuglément à leur décision, rien ne me coûtera pour leur témoigner mon désir, qui ne s'éteindra qu'avec ma dette, de les indemniser de la perte ou des retards qu'ils vont éprouver.

J'ai l'honneur d'être, Messieurs, votre tout dévoué.

LUBSAC.

Paris, le... 18..

Messieurs H. et Cⁱᵉ.

N'ayant pu réaliser les remises qui m'avaient été adressées de Constantinople, j'ai le regret de vous annoncer que je ne pourrai acquitter le billet que je vous ai souscrit pour le 31 courant.

Les nouvelles remises que j'ai demandées ne devant pas m'arriver immédiatement, je ne puis que vous offrir un renouvellement à 90 jours.

Recevez, Messieurs, mes salutations empressées.

J. THOMASSIN.

Paris, le... 18..

Monsieur J. Thomassin, à Paris.

Nous voudrions pouvoir vous rendre le service que vous nous demandez, mais la situation des affaires nous mettant dans l'impérieuse nécessité de réunir toutes nos ressources, nous ne pourrions accepter votre renouvellement que dans le cas où vous nous donneriez en espèces au moins la moitié du montant de votre billet fin mars.

Dans le cas contraire, Monsieur, nous avons le regret de vous dire que nous laisserons protester votre billet et prendrons les mesures ultérieures qui pourront en assurer le payement.

Agréez, Monsieur, nos salutations empressées.

L. HACHETTE ET Cⁱᵉ.

Londres, le... 18..

Monsieur C. et Cⁱᵉ, à Paris.

Quoique nous n'ayons pas répondu régulièrement à votre lettre du 26 octobre, nous ne vous avons pas moins crédité de votre remise de 458 liv. sterl. sur M. Clémenti et qui a été dûment encaissée.

Nous sommes chargés de vous voir sans intérêt dans les diverses faillites qui ont éclaté chez vous: ici nous en avons aussi : celles de S. Barts Green et Nickols; Jean David, P. Caumont. La maison Camphel Bouden et Cⁱᵉ a été soutenue par la Banque : tout cela ne nous concerne pas plus que vovs ; nous jouons serré depuis longtemps.

Agréez nos salutations amicales.

HEATH ET FILS AINÉ.

P. S. On parle aujourd'hui de la suspension de payement de la maison Whise et Bath pour 300,000 liv., dans la branche des soies. Veuillez cependant ne pas en parler en cas de fausse alarme. Il paraît qu'il y a beaucoup de gêne dans ladite branche.

Autun, le... 18..

Messieurs L. H., à Paris (1).

La révolution de février 1848 me trouva dans la position de tous les autres petits commerçants, c'est-à-dire avec quelques arriérés et un certain nombre de factures à échoir ; mais quelles que fussent ces charges, le courant de mes ventes, dont la moyenne journalière s'élevait de 40 à 50 fr. par jour, joint à ce qui m'était dû, pouvait facilement balancer ma position et me sortir d'embarras.

Cependant qu'arriva-t-il? Au lieu de ce chiffre de 40 à 50 fr., mes ventes descendirent d'abord à 8 ou 10 fr. (encore une partie était-elle a crédit), et elles tombèrent bientôt à 4 ou 5 fr. Quant aux rentrées, elles sont encore irréalisables.

Il n'y a que la patience qui puisse en tirer bon parti.

D'après cet exposé sincère il vous est facile d'expliquer les nombreux retards que je vous ai fait éprouver ainsi que l'inexécution de mes promesses. Trompé moi-même dans mes espérances, force m'était de vous faire partager quelquefois mes déceptions.

Cet état de gêne, *malheureusement trop justifié*, qui devait par cela même trouver des ménagements, ne rencontra pourtant que le contraire, et j'eus bientôt la douleur de me voir poursuivre de toutes parts ; ma maison devint le rendez-vous général des huissiers, parce qu'au lieu de s'arrêter à mes explications (*ou de les vérifier si elles paraissaient douteuses*), mes créanciers n'ont jamais voulu connaître ma position que par les yeux de mes concurrents ou des hommes de lois qui, assurés qu'ils sont d'être les premiers payés, soit par l'une, soit par l'autre des parties, n'ont aucun

---

(1) Cette lettre, écrite sur un ton inconvenant, est celle citée dans le préambule.

motif d'épargner les frais. Aussi n'exagérerai-je pas en vous disant que, dans ces derniers quinze mois, il m'a été fait plus de 3,000 fr. de frais pour des créances qui, réunies, ne formeraient peut-être pas un total de 5,000 fr.

Il est vrai qu'il y avait un moyen bien simple d'arrêter tout ce désordre: c'était celui d'entrer de suite en *liquidation*. Mais un motif puissant a combattu cette résolution dans mon esprit.

C'est qu'une liquidation, qu'elle fût amicale ou forcée, ne pouvait manquer d'avoir les plus tristes résultats pour tout le monde, et devait constituer mes créanciers non-seulement *dans la perte totale de leur créance*, mais encore dans celle des frais qu'ils m'avaient faits si mal à propos.

En effet, mon actif, qui s'élève à 16,000 fr., en admettant une vente forcée, ne produirait pas au maximum. . . . . 4,000 fr.

A déduire pour priviléges conservés par la loi : Savoir :	1° du propriétaire,	restant dû sur ce loyer...	8°0		1,900
		Indemnité en cas de résiliation....	1,000		
	2° Impôts de l'année...........		100		
	3° Reprises matrimoniales de ma femme................. *Mémoire*				

Resterait donc, abstraction faite du troisième privilége, une somme de 2,100 fr., et comme je dois, outre ce troisième privilége, environ 20 ou 21,000 fr., il vous sera facile de calculer le dividende de chacun de vous. Non-seulement vous ne tirerez *pas un centime de votre créance*, mais encore les frais énormes qui m'ont été faits resteraient totalement à la charge de leurs auteurs.

Car, s'il est vrai que jusqu'à ce jour ma femme a bien voulu laisser sa dot pour le gage de mes créanciers, c'était sous la condition que cette dot leur profiterait; mais, dès l'instant où ils feraient si bon marché de leurs droits que de les abandonner aux hommes d'affaires, ma femme ne manquera pas de provoquer sa séparation de biens et d'exercer ses reprises conformément au jugement.

Voilà, Messieurs, la position que vous avez faite *et dont il s'agit de sortir d'une manière ou d'une autre*, mais *le plus tôt possible*, je vous en prie.

Quel que soit le préjudice que les poursuites nous aient causé, notre conscience nous fait un *devoir* de tenter *encore une fois* de vous éviter la catastrophe qui vous menace tous. Voici comment :

La première chose serait d'abord de *faire cesser tous frais;*

Et la seconde de nous accorder un *temps moral* pour pouvoir vous payer tous.

Or, dans la position où sont les affaires, il nous semble qu'un *délai de six années* ne serait pas exagéré.

Sous le bénéfice de ces conditions, ma femme s'engagerait solidairement avec moi, et vous n'éprouveriez ainsi d'autre perte que l'attente.

Seulement il est bon de vous dire dès à présent qu'elle ne veut cautionner aucun frais. Comme nous n'avons jamais manqué (elle plus particulièrement encore que moi) de prévenir ceux qui nous poursuivaient des dangers auxquels leurs actes les exposaient, ce qui provoquait de nouvelles rigueurs, elle ne veut absolument pas en entendre parler. Cette perte, qui ne sera du reste *qu'une bagatelle pour chacun,* serait en quelque sorte ruineuse pour nous.

Les adhésions qui nous ont déjà été adressées sur notre résolution définitive, par nos plus forts créanciers, nous font espérer, Messieurs, que de même qu'eux vous vous empresserez de les accepter. Il s'agit ici, en effet, d'*être* ou *de ne pas être payé* et de rendre en même temps le calme à des jeunes gens qui sont, croyez-moi, plus malheureux que coupables.

Dans l'attente d'une réponse, recevez-en, Messieurs, mes bien sincères remerciements et l'expression de notre plus entière reconnaissance.

GÉRARD.

Troyes, le... 18...

Le Receveur général du département à MM. Th. et Cie.

Messieurs,

J'ai eu connaissance, par M. Demeufve, mon mandataire, des arrangements intervenus entre M. Moine et ses créanciers; j'ai su aussi que M. Demeufve avait été verbalement chargé d'assurer l'exécution du traité souscrit; c'est donc un devoir pour moi, qu'il représente, d'éveiller votre attention sur la nécessité de faire prendre à cette affaire une marche plus convenable à l'intérêt général.

J'ai la certitude que M. Moine est poursuivi par l'un de ses créanciers; et qu'une transaction annoncée comme faite pour la rétrocession des usines de Châteauvillain est loin d'être terminée; enfin, on ne s'est point encore occupé de la vérification des créances.

Nous avons tous le plus grand intérêt à empêcher des poursuites qui compromettent l'actif de notre débiteur, sans profit pour lui ni pour ses créanciers; tous nous devons insister pour que la rétrocession du bail des usines de Châteauvillain soit consommée.

20

Enfin, il est pour nous de la plus haute importance, que la **convention** qui constitue Mme Moine notre obligée solidaire reçoive son exécution.

M. Demeufve a répondu à la confiance que vous lui aviez témoignée en .aisant tout ce qu'il pouvait faire; dans mon intérêt personnel, il eût pu agir plus activement, mais cet intérêt, comparé à celui de la masse, est d'une faible importance et, avant de poursuivre seul avec chaleur mes idées et mes résolutions, j'ai cru devoir vous soumettre mes idées.

Je pense, Messieurs, que tant que la masse entière n'aura pas un mandataire spécial chargé de presser l'exécution du traité intervenu entre M. Moine et ses créanciers, ce traité ne sera point exécuté ou le sera mal; c'est ce qui arrive tous les jours dans des affaires de cette nature, quand l'un se repose sur l'autre de ce qu'il conviendrait de faire.

Il est, selon moi, de la plus haute importance pour la marche chirographaire, de se réunir encore une fois à l'effet d'assurer, par le moyen que j'indique ou par tout autre, l'exécution du traité avec M. Moine; cette réunion aurait, en outre, l'avantage d'activer la vérification des créances qu'il importe si essentiellement de terminer.

Si vous partagez mon opinion sur la nécessité d'une **nouvelle réunion**, je vous serai obligé de me le mander de suite, et de m'autoriser à provoquer en votre nom, comme au mien, une assemblée générale, des créanciers, dans le cas où le conseil de M. Moine se refuserait à le faire lui-même.

Nos intérêts étant communs, j'espère, Messieurs, que vous approuverez le motif de ma démarche, et j'ai la confiance que vous voudrez bien en donner connaissance aux créanciers de votre ville, en les engageant à signer votre réponse en forme d'adhésion.

J'ai l'honneur, Messieurs, de vous saluer avec la considération la plus distinguée.

MARCOTTE.

Lyon, le... 18 ..

Monsieur,

J'ai l'extrême regret de vous annoncer la faillite de MM. T. et Cie, qui viennent de déposer ce matin leur bilan; leur passif s'élève à une somme énorme; je m'y trouve malheureusement compris pour une somme toujours trop considérable; comme vous y figurez aussi pour quelque chose, je crois devoir vous donner sans perte de temps ce triste avis, afin que vous puissiez prendre des mesures convenables.

Il y a, je crois, lieu pour vous, à revendication.

Comptez sur mes soins et mon amitié, à vous tenir au courant des suites de cette malheureuse affaire.

Recevez, Monsieur, mes bien affectueuses salutations.

LÉONARD.

Rouen, le... 18..

Monsieur Jacques-Gabriel C., à Paris.

La lettre que j'ai eu l'honneur de vous écrire le 28 septembre vous exposait ma position, et le besoin absolu que j'avais de disposer encore sur vous de fr. 140,000, pour satisfaire à une partie des engagements que j'avais contractés. Votre lettre du 29 septembre, à laquelle j'ai eu l'honneur de répondre il y a huit jours, me laissait entrevoir vos dispositions favorables, dans le cas où les échéances de mes traites tomberaient dans le courant de l'année prochaine; je me décidai donc à en profiter, et j'autorisai MM. Mondolfi et Fereni, de Florence, à disposer sur vous pour mon compte de fr. 40,000. Je disposai moi-même de fr. 40,159, pour M. Dominique Di Pietro, dont fr. 20,159, à 75 jours de date, et fr. 20,000, à 90 jours, suivant le détail ci-après. Mais votre lettre du 12, qui me parvient après que toutes ces opérations ont été consommées, me jette dans le désespoir.

Dans l'impossibilité où je me trouve de retirer mes traites, il ne me reste d'autre espoir que dans votre amitié, et je veux me persuader que vous voudrez bien m'en donner une nouvelle preuve, en ne laissant pas en souffrance ces dispositions

Dans le moment actuel votre créance sur moi s'élève à environ 200,000 fr.; je vais cesser toute opération jusqu'à ce que vous soyez entièrement remboursé, soit par les versements qui vous seront faits par la marine, soit en disposant, si vous le voulez encore, sur M. di Pietro.

L'intérêt que vous avez toujours eu la bonté de me témoigner, m'est un sûr garant que vous adhérerez à cette demande et que vous ferez un bon accueil à mes traites.

Dans cet espoir, et l'attente de votre réponse, j'ai l'honneur de vous saluer bien amicalement.

Paul CARNEVALI.

Orléans, le... 18...

Monsieur J.-G. Caccia, à Paris.

Je reçois votre lettre du 13 courant, m'accusant réception de ma remise de fr. 8,300.

Je suis satisfait d'apprendre que vous êtes sans intérêt dans les mauvaises affaires de notre place ; mais je vous annonce avec douleur que mon malheureux fils aîné vient d'en augmenter le nombre. Dimanche soir il m'en prévint, et depuis ce temps sa pauvre mère et moi nous en sommes anéantis ; c'est un homme laborieux, plein d'intelligence et de sagacité dans son état de raffineur. Il m'avait succédé dans ma raffinerie que je lui avais louée ; mais, pour son malheur, il s'en est trouvé une autre à vendre à peu de distance de la Loire, où il prétendit qu'il aurait de grandes économies sur les transports de ses matières et de ses combustibles, car il voulait travailler à la vapeur ; je lui observai en bon père que les innovateurs et inventeurs de nouveaux procédés (tout estimables qu'ils soient), s'y ruinaient ordinairement ; il a persisté dans son projet, et a dépensé des sommes énormes dans cet établissement qui faisait l'admiration des connaisseurs, tandis qu'un instinct secret me faisait de temps en temps frémir sur les résultats ; au point que, malgré ses instances, je n'ai point voulu l'aller voir une seule fois ; et je lui répétais sans cesse : Réussis-tu bien ? Ton procédé te donne-t-il de bons résultats ? Il m'a toujours répondu qu'il se félicitait de plus en plus de l'avoir entrepris, que tout le monde en était dans l'admiration et que son crédit en était sans bornes ; c'est aussi ce que des courtiers me confirmaient.

Au mois d'octobre dernier, en arrivant de mes vendanges, il vint me trouver pour me dire qu'environ 80 mille francs de remboursement allaient lui revenir, mais qu'il ne perdrait rien ou très-peu, et il me pria de lui prêter 25 à 30 mille francs, qu'il devait me rendre en janvier ; je profitai de cette circonstance pour le questionner sur tous les points, il me dit qu'il ne faisait que de bonnes affaires, que son usine lui donnait régulièrement 4 à 5,000 fr. de bénéfices tous les mois, mais que sa santé s'altérant d'un aussi pénible travail, il se retirerait dans quelques années avec un bel avoir, en cédant son établissement ; je lui prêtai vingt mille francs qu'il ne m'a pas rendus, ni ne me rendra jamais dans sa malheureuse position.

Ses créanciers sont venus me dire qu'avec une fortune comme la mienne l'on était convaincu que j'allais apaiser cette affaire ; je leur ai répondu que si je n'avais qu'un ou deux enfants je le ferais de grand cœur, mais qu'en ayant huit, mes devoirs de père s'y opposaient impérieusement.

Toutes ces mauvaises affaires ont jeté notre place dans une consternation telle que n'importe qui ne trouverait pas un écu à emprunter, ni moi-même, malgré mes 3 millions 1/2 de propriétés, pour lesquelles je paye plus de 13,000 f. d'impositions. Jamais crise semblable n'a eu lieu, aussi suis-je bien décidé à tout liquider et à vendre quelques propriétés ; mais comme ce projet ne peut se faire que lentement, je compte sur vous, Monsieur, pour m'aider à passer ce moment critique, soit au moyen de traites, soit au moyen d'espèces.

Croyez à la sincérité de tout ce que je vous dis, et que vous ne pouvez obliger personne de plus sûr et de plus solide que moi, car, pour que je manque, il faudrait que la terre elle-même manquât sous mes pieds.

Veuillez agréer mes salutations bien sincères.

LIGNEAU GRANDCOUR.

Bordeaux, le... 18..

Monsieur J. G., à Paris.

Nous avons reçu, Monsieur, la lettre que vous nous avez écrite le 17 de ce mois, renfermant celle que vous nous avez adressée pour Monsieur Monribot jeune, à qui nous l'avons remise.

Nous nous sommes présentés chez lui pour lui demander la livraison des vins qu'il vous a donnés en garantie ; il nous a dit qu'il ne pouvait nous les livrer, parce qu'ils avaient été portés dans son actif, mais que d'un autre côté il vous avait rangé parmi les créanciers privilégiés pour être payé des premiers fonds qui proviendront de la réalisation de tout l'actif.

Cet accord, ainsi que l'état de situation sur lequel vous figurez comme privilégié, a été généralement signé par tous les créanciers ; ainsi votre situation nous paraît beaucoup plus convenable que celle où vous seriez, en vous embarrassant de vins que vous réaliseriez avec peine dans ce moment.

D'après ce qui précède et sur votre autorisation, nous avons cru ne pas devoir faire protester votre traite sur Monsieur Monribot, et pour ne pas laisser cet objet en suspens jusqu'à ce que le payement en soit effectué,

Nous vous débitons de

Fr. 7,588 15 sur Monribot, 21 octobre, avec prière d'en faire l'écriture de conformité et sauf à vous en créditer en temps et lieu.

Nous sommes toujours disposés à vous être utiles ou agréables et vous assurons de nouveau de notre entier dévouement.

Il n'y a rien encore de nouveau pour l'affaire Otard.

Nous vous saluons amicalement.

P. PORTAL et Cie.

CHAPITRE XXI.

—

DE LA COMPTABILITÉ.

C'est surtout dans le haut commerce qu'une bonne comptabilité devient indispensable et d'une grande importance.

En effet, le transport de propriété de valeurs considérables s'opère par de simples articles d'écritures ; et d'ailleurs, comment le chef d'une grande maison ou le gérant d'une vaste entreprise pourrait-il se guider au milieu de cette foule de faits accessoires qui surgissent de toutes parts, et de cette multitude de transactions se renouvelant sans cesse, s'il n'était éclairé par une comptabilité bien organisée, qui introduit l'ordre partout, et lui présente constamment sa situation de compte avec chacun de ses correspondants, le tableau du mouvement d'entrée et sortie des valeurs sur lesquelles il opère, les engagements auxquels il doit faire face, ses dépenses progressives ou ses pertes partielles, ses gains dans chaque branche, enfin son bilan ou état général de situation à la fin de l'année, faisant connaître le bénéfice net ou je déficit résultant de l'ensemble de ses opérations ?

Nous l'avons dit ailleurs (1), c'est la comptabilité en partie double qui peut seule atteindre un but aussi multiple et qui

(1) Dans le *Traité de comptabilité générale* de l'auteur,

seule peut fournir, avec ordre et régularité, des résultats aussi complets, par les comptes généraux qu'elle crée ingénieusement pour les *choses* comme pour les *personnes;* par cette méthode précieuse, on peut, à son gré, multiplier les comptes pour y comprendre les plus minutieux détails, ou les réduire à un petit nombre, n'offrant que des résultats sommaires ou généraux.

Dans ces derniers temps, où l'industrie a pris un si grand essor, où tout, à l'aide des compagnies par actions, s'est opéré dans les proportions les plus vastes, la partie double n'a pas fait défaut à ceux qui en possèdent l'esprit. On a su créer des ressources de comptabilité, des expédients d'écritures pour répondre aux exigences des entreprises nouvelles et satisfaire complétement à leurs développements excessifs. Ainsi compagnies anonymes par actions, chemins de fer, usines de tous genres, exploitations agricoles, en un mot, toutse les industries les plus dissemblables ont obtenu chacune sa comptabilité spéciale, parfaitement adaptée à ses besoins.

Cette fois l'impuissance a tenu à l'écart ces teneurs de livres médiocres, qui en savent assez pour continuer une comptabilité déjà organisée, mais qui sont tout à fait insuffisants pour imaginer un nouveau système bien approprié à des industries d'exception.

Cependant, nous ne voulons pas dire par là qu'on ne rencontre plus dans certaines entreprises importantes, où l'on compte même par millions, des écritures qui ne soient pas tenues d'une manière déplorable; cela se voit encore, parce que les gérants, hommes de science d'ailleurs, n'entendent rien à l'administration ni à l'art du comptable, et confient aveuglément au premier teneur de livres que le hasard leur présente, le soin difficile d'organiser leurs écritures. Les conséquences en sont graves, et ne se font pas attendre longtemps.

Toutefois, c'est le petit nombre. Les banquiers notamment ne négligent rien pour la bonne organisation première de leur comptabilité, et ils s'attachent, dans la suite, avec

un soin soutenu, à y introduire successivement les améliorations que l'expérience fait découvrir; tout ce qui tend à
diminuer le travail, à créer des contrôles, à présenter des
résultats précis, est l'objet de leur attention et de leurs
recherches assidues. Terminons ce chapitre en indiquant
deux moyens fort simples d'abréviations pratiques :

1° Il faut absolument reléguer les détails dans les livres
auxiliaires sur lesquels les opérations sont inscrites, à mesure qu'elles ont lieu ; et une fois inscrits, ils ne doivent
plus reparaître sur les autres livres;

2° Ces livres auxiliaires doivent être disposés de façon à
simplifier autant que possible le premier travail d'inscription, et surtout de manière à pouvoir additionner les
sommes et obtenir ainsi des totaux de même destination ou
de semblable origine.

Cela s'obtient surtout par l'emploi de colonnes à intitulés,
parce que d'abord on y classe les renseignements de même
espèce, sans besoin d'autre explication que l'intitulé de la
colonne, et qu'ensuite on peut y inscrire les sommes par
prevenance ou destination ; ce qui permet de les additionner et de ne porter que les totaux dans les grandes écritures
de la comptabilité centrale.

L'habile emploi des colonnes fait atteindre, pour les clas-
sifications, aux résumés les plus sommaires, et fait obtenir,
par les additions, les résultats les plus généraux.

C'est à l'aide du principe ci-dessus et du simple expédient
des colonnes, dont on verra plus loin quelques applications,
qu'on est parvenu à centraliser et réduire à des écritures
finales aussi précises qu'elles sont exactes, les comptabilités
des banques publiques, des grands établissements et des
administrations de l'État, qui sont cependant surchargées de
détails innombrables à leur point de départ.

Marseille, le. . 18..

Messieurs G. Caccia et Cie.

Nous sommes très-reconnaissants, Messieurs, de l'obligeant accueil fait à notre circulaire, et de vos offres de bons offices dans toutes les occasions où nous aurions, dites-vous, à les réclamer.

Encouragés par ces offres, nous venons dès aujourd'hui, Messieurs, solliciter vos conseils sur un objet d'administration intérieure, fort important pour la bonne gestion de notre nouvelle maison de banque.

Il s'agit du choix que nous voulons faire du système de comptabilité le plus convenable à notre genre d'affaires.

Notre associé, spécialement chargé de surveiller les écritures, nous propose une comptabilité d'après les principes ordinaires; mais notre sieur Abrial, de son côté, insiste pour que nous lui préférions un autre système qui abrégerait, selon lui, considérablement les écritures en partie double, et présenterait en outre d'autres avantages essentiels; il veut parler de la méthode de tenir les livres par le moyen d'un seul registre, dite du *Journal grand-livre* et surtout *d'une manière très-simple de tenir les comptes courants*.

Il paraîtrait qu'on y remplace le grand-livre simplement par des colonnes placées sur le feuillet droit, en regard du journal, qui est tenu sur le feuillet gauche, et qu'on évite, à l'aide de quelques modifications aux livres auxiliaires, opérées par de simples colonnes, la majeure partie du travail qu'occasionnent, sur le journal et le grand-livre en partie double, les écritures relatives aux comptes courants des correspondants.

Précisément, dans la maison dont nous prenons la suite, il existe une quantité considérable de comptes courants destinée encore à s'accroître indéfiniment; le travail qui en résulterait serait donc immense par la méthode ordinaire, et si nous ne trouvons pas un expédient pour y remédier.

A ce point de vue, l'innovation dont il s'agit nous serait précieuse et conviendrait parfaitement à nos vues de simplifications.

Notre sieur Abrial croit se rappeler que ce genre de comptabilité était en usage dans la maison que l'un de vous, Messieurs, dirigeait autrefois au Havre. — S'il est vrai que cette méthode, qui diffère de celle généralement adoptée, vous soit connue par sa pratique, nous vous serions très-reconnaissants de nous dire votre sentiment sur ses inconvénients et ses avantages.

Votre avis, éclairé par l'expérience, sera d'un grand poids à nos yeux pour fixer notre indécision et nous guider dans le choix définitif qu'il nous reste à faire.

Ce serait ajouter au prix du service que vous allez nous rendre par vos bons avis, en nous les transmettant aussitôt que vos affaires vous le permettront.

Dans cette attente, et désirant que notre demande ne vous semble pas trop indiscrète, nous vous prions d'agréer, Messieurs, la nouvelle assurance de nos sentiments dévoués.

ABRIAL et Cⁱᵉ.

Paris, le... 18.

Messieurs Abrial et Cⁱᵉ, à Marseille.

Nous nous empressons, Messieurs, de répondre à la lettre que vous nous avez fait l'honneur de nous écrire le 7 du courant, réclamant nos conseils sur le choix d'une comptabilité nouvelle que vous vous proposez d'organiser dans la maison de banque dont vous venez de prendre la suite.

Vous nous demandez notre opinion sur les inconvénients et les avantages que pourrait présenter un mode abrégé de tenir les livres par le moyen d'un seul registre : le journal grand-livre, et sur une *manière très-abrégée de tenir les comptes courants.*

Nous vous dirons d'abord, Messieurs, que dans notre maison nous avons cru devoir suivre la marche ordinaire, et tenir un journal et un grand-livre séparés, sans prétendre à une économie de temps et de commis trop sévère. Nous avons pensé que l'étendue de nos affaires et surtout l'importance de nos comptes courants, moins nombreux que considérables par les sommes élevées qu'ils comprennent, ne nous permettaient pas d'abandonner la méthode généralement adoptée.

Il est bien vrai que beaucoup de grandes maisons de commerce anglaises ont des systèmes de comptabilité très-variés, et nous dirions presque de fantaisie ; à ce point que les uns ont des journaux sans grand-livre ; d'autres ont des grands-livres sans journal, auquel ils suppléent en rapportant directement des mains courantes au grand-livre ; ils ont enfin divers autres procédés toujours dans le but d'abréger le travail de la tenue des écritures. Mais nous n'en avons pas saisi les avantages assez nettement pour nous décider à abandonner la marche universellement usitée.

Quant à la méthode française par le moyen d'un seul registre, déjà répandue dans le commerce de Paris, elle est régulière et présente des avantages réels dans les maisons surchargées de détails et de comptes courants. Il est bien certain qu'elle y introduit une économie notable de travail, et par conséquent de commis dans la tenue des écritures relatives aux comptes courants, qui est, sans contredit, la partie la plus développée et la tâche la plus onéreuse d'une comptabilité. Cette abréviation provient de ce qu'on rapporte directement aux comptes des correspondants les articles qu'on extrait des livres auxiliaires tenus par les commis subalternes, qui peuvent eux-mêmes effectuer ce travail de report sans le besoin des livres en partie double ni le concours des teneurs de livres de la comptabilité centrale.

C'est là un grand avantage parce qu'on évite des travaux qui deviennent excessifs lorsqu'on a des correspondants nombreux, et que les écritures des comptes particuliers sont tenues sur le journal et le grand livre en partie double.

Telle est, Messieurs, notre opinion rapide sur cette méthode; et pour remédier à ce qu'elle pourrait vous laisser encore de vague dans l'esprit, nous avons invité notre chef de comptabilité, qui l'a pratiquée lui-même, à vous adresser directement toutes les instructions qu'il croira devoir vous intéresser.

Nous terminerons, Messieurs, en vous remettant, sous ce pli, la note des livres auxiliaires que nous avons adoptés dans notre maison de banque; c'est sur ces livres que les affaires sont inscrites à mesure qu'elles ont lieu.

Vous le savez, Messieurs, lorsque ces livres premiers sont disposés avec intelligence, ils contribuent puissamment à la précision de la comptabilité centrale en partie double.

Nous désirons que vous y trouviez quelques notions qui vous soient utiles, et nous vous prions d'agréer nos bien affectueuses salutations.

G. CACCIA et Cie.

LIVRES AUXILIAIRES D'UNE MAISON DE BANQUE.

1° *La copie des lettres.* — Toutes les lettres y sont copiées dans l'ordre de leur date, et si l'on fait usage d'une presse, les épreuves doivent être rangées dans l'ordre chronologique et reliées tous les mois, plus ou moins.

On classe aussi les lettres qu'on reçoit par ordre alphabétique, selon l'initiale du nom du correspondant dans un casier; et toutes celles du même correspondant sont rangées entre elles par ordre de date.

2° *Le livre d'inventaire.* — Il est prescrit par le Code, et doit être timbré, coté et paraphé.

3° *La caisse.* — Ce livre, tenu par entrée et sortie, et par ordre de date, peut être divisé en deux livres : l'un de *Recettes* et l'autre de *Payements*, ce qui permet à deux employés d'y travailler à la fois.

Chacune de ces mains courantes se subdivise en deux, l'une des jours *pairs* et l'autre des jours *impairs*, afin que les teneurs de livres puissent se servir des livres de la veille, tandis que ceux du jour restent à la disposition des commis qui les tiennent.

Dans les moments de presse ou de surcroît d'opérations, on peut démembrer une branche de recette ou de payement à laquelle on affecte un guichet particulier et une main courante spéciale.

A la fin du jour toutes ces feuilles particulières et ces mains courantes sont remises à la comptabilité centrale qui en passe écriture en partie double, comme s'il n'y avait qu'un seul livre de caisse.

Dans une maison très-importante, le caissier principal a un seul livre par recette et dépense, présentant le solde en caisse à la fin de la journée.

Ce caissier remet à la comptabilité :

1° Des feuilles de *recettes* du jour avec des bordereaux à l'appui, qui sont exigés de ceux qui viennent verser ou payer.

2° Des feuilles de *payements* du jour avec pièces justificatives.

D'après ces feuilles de caisse, la comptabilité dresse le *journal des recettes* et le *journal des dépenses* dont il sera parlé plus loin.

Quant aux titres de caisse, l'archiviste classe : 1° ceux de recettes dans un paquet portant la date du jour.

2° Ceux de payements, qui sont beaucoup plus nombreux, sont classés alphabétiquement en deux paquets, l'un de A à K, et l'autre de L à Z, selon l'initiale du correspondant débiteur.

4° *Le livre des comptes courants et d'intérêts.* — C'est la copie littérale ou plutôt l'original des extraits de compte envoyés à chaque correspondant.

Ce livre n'est autre chose que la répétition, avec détails, des comptes ouverts sur le grand-livre ; il existe entre eux cette différence qu'au grand-livre les remises et les explications sont portées très-sommaires, tandis que sur le livre auxiliaire, l'arrangement est différent à cause du calcul des intérêts qui nécessite des colonnes spéciales d'échéances, de jours et de nombres ; mais ces comptes courants, si différents par la forme de ceux du grand-livre, doivent cependant concorder exactement, par le solde, avec ces derniers.

Nota. Dans la méthode abrégée du *Journal grand-livre*, le double emploi ci-dessus des mêmes comptes au grand-livre et au livre des comptes courants, disparaît. On n'ouvre pas de comptes de correspondants sur le grand-livre en partie double ; un seul compte général intitulé *comptes courants*, les représente tous. Mais les écritures relatives aux comptes courants des ayants-compte sont extraites directement des livres auxiliaires pour être rapportées sur le livre des comptes courants et d'intérêts, sans l'intermédiaire des livres de la partie double. On verra plus loin que ce rapport direct s'opère avec des contrôles satisfaisants.

Ce *livre des comptes courants et d'intérêts* est divisé en quatre livres, plus ou moins, où les comptes sont classés alphabétiquement par l'initiale du nom des correspondants, par exemple de A à D de F à L, de N. à R et de S à Z. Il est clair que ces divisions du registre des comptes courants pourraient être plus nombreuses et se subdiviser autant qu'on le voudrait.

Quant au calcul des intérêts, on y suit la méthode des intérêts négatifs, autrement dite des intérêts *rétrogrades*, généralement adoptée, et rendue encore plus prompte à l'aide des nouvelles tables d'intérêt (1) où les *nombres* et les intérêts se trouvent tout calculés.

On ne calcule plus les intérêts par *nombres* maintenant dans certaines maisons ; et l'on chiffre en francs et en centimes les intérêts calculés par la voie des parties aliquotes (2).

Voici la disposition de ce livre qui est divisé en colonnes : la 1re celle des dates ; la 2e des sommes totales ; la 3e intérieure des sommes ; la 4e, très-étroite, du taux des commissions et changes ; la 5e du produit desdits ; la 6e, large, des explications ; la 7e des échéances ; la 8e du nombre des jours, et la 9e des *nombres* ou, si l'on veut, des intérêts exprimés en francs.

La même disposition et le même nombre de colonnes existent au crédit.

5o Le *livre d'entrée des effets*, appelé quelquefois *livre des numéros*, sur lequel on enregistre immédiatement, par ordre de date, toutes les valeurs qui entrent. Chaque effet reçoit un numéro d'*entrée*, et doit être décrit par la désignation succincte qu'on en fait dans les colonnes intitulées : *dates de création, tireurs d'ordre, cédants, payeurs, lieux de payement, échéance, sommes.*

Quelques maisons font copier textuellement les effets ; c'est un soin dont on ne reconnaît l'utilité que rarement.

Les dispositions de ce livre occupent les deux feuillets en regard ainsi qu'il suit :

Outre les colonnes intitulées comme ci-dessus que nous supposons au nombre de six seulement ; car les cédants sont mis en vedette, en tête de chaque remise, composée de plusieurs effets ; il y a :

a. Une étroite colonne pour placer le *nombre* d'effets de chaque remise ;

b. La colonne, intitulée *sommes*, pour les y inscrire en détail ;

c. Une autre pour y placer le *total* des sommes précédentes composant chaque remise.

(1) Tables ou calculs tout faits d'intérêts, à tous les taux usités, pour toutes les époques et toutes les sommes, depuis 1 franc jusqu'à 30,000 et même 3 millions, avec les *nombres* ou produits de la multiplication des capitaux par les jours, *du même auteur.*
(2) On a l'aide des tables déjà citées ; voir *Arithmétique commerciale et pratique.*

Ces deux deinières colonnes se contrôlent mutuellement et doivent donner la même somme.

Enfin à la suite et comme complément, il y a des colonnes ci-après relatives à la sortie des effets qui viennent d'entrer :

d. Une colonne intitulée *à qui cédés;*

e. Une étroite colonne des *folios* de sortie;

f. Une colonne des *sommes* où doit être répétée la somme de l'entrée

g. La dernière colonne où l'on place l'un sur l'autre les nets produits et l'agio de la remise pour faciliter le rédacteur du journal.

Sont occupés à ce livre essentiel, un *coteur,* 8 employés pour enregistrer les effets et deux *pointeurs* pour inscrire au livre d'entrée la sortie des effets.

Ce livre d'entrée des effets sera divisé en quatre livres, plus ou moins, où les remises seront classées alphabétiquement, par l'initiale des *cédants* ou correspondants, de A à E, de F à K, ainsi de suite.

De plus, il y a des séries désignées par lettres, et enfin chacun de ces livres se *subdivise* en jours *pairs* et *impairs.*

Quelquefois même, dans certains jours, comme les 15 ou 31, il y a des employés qui viennent en aide, et qui inscrivent sur des feuilles supplémentaires. Elles sont reliées à la fin du mois.

6° Le *livre de sortie des effets,* où sont inscrits par ordre de dates toutes les valeurs qui sortent. On donne à chaque effet un numéro d'ordre de *sortie* en encre *rouge* ; on décrit l'effet en l'inscrivant par des désignations sommaires dans les colonnes comme à l'entrée, mais moins nombreuses.

Toutes les divisions par entrée et sortie, par ordre alphabétique, par jours *pairs* et *impairs,* sont employées pour le livre de sortie, comme pour le livre d'entrée précédent.

Ces deux livres auxiliaires correspondent exactement par les additions, l'entrée avec le débit du compte d'effets à recevoir au grand-livre, et la sortie avec le crédit de ce compte.

On place les numéros d'ordre de sortie d'un effet à côté de son numéro d'entrée ; il en résulte que tous les effets qui n'ont pas, à côté de leur numéro d'entrée celui *en rouge* de sortie, sont ceux qui restent dans le portefeuille.

7° Le *livre de rentrée des effets à payer.* — Ce livre est tenu dans le même système que l'entrée des effets à recevoir; chaque valeur acquittée reçoit un numéro de *rentrée.*

8° Le *livre de sortie des effets à payer.* — Sur lequel on enregistre, au moment même où on les souscrit, les effets ou les acceptations, et dès qu'on reçoit l'avis de mandats ou de traites, en donnant à chacun des effets à payer un numéro d'ordre, et les décrivant succinctement dans des colonnes avec des intitulés à peu près semblables à ceux des précédents auxiliaires, pour l'entrée et la sortie des effets à recevoir. On échange également les numéros d'entrée et de sortie, comme aux effets à recevoir.

Ces deux livres d'entrée et de sortie des effets à payer peuvent être, en certains cas, réunis en un seul, et dans d'autres, où la nécessité du travail l'exige, ils sont, au contraire, susceptibles de toutes les subdivisions indiquées pour les effets à recevoir.

Ce livre auxiliaire doit concorder parfaitement, pour les sommes, avec le débit et le crédit du compte général ouvert sur le grand-livre en partie double, aux effets à payer.

9° *Le livre de dépenses et bénéfices.* — On peut tenir une main-courante ou journal spécial dans lequel on classerait les dépenses de toute nature, telles que, appointements, loyers, ports de lettres, etc ; et d'un autre côté les gains, provenant d'escomptes, commissions, etc.; ce livre qu'on peut diviser en deux, *dépenses* d'une part et *bénéfices* de l'autre, se subdiviserait encore au besoin. Mais dans tous les cas il correspondrait pour les résultats avec le compte de pertes et profits du grand-livre.

Nous avons supprimé cet auxiliaire, les comptes généraux de la partie double en tenant lieu suffisamment.

9° *bis.* Le *Mémorial de Correspondance ;* toutes les écritures qui ne proviennent pas des feuilles de caisse, des livres d'entrée et sortie des effets à recevoir et à payer et qu'on extrait de la correspondance, sont portées sur ce livre ; toujours divisé en jours *pairs* et *impairs*, il donne lieu à une subdivision du journal appelé *Journal de Correspondance.*

10° Le *livre* ou *carnet d'échéances.* — Ce livre d'ordre important doit être partagé en autant de divisions qu'il y a de jours d'échéance dans l'année. Dès qu'un effet est inscrit sur un des livres d'entrée ou de sortie des effets à recevoir ou à payer, il faut le rapporter à son jour d'échéance, avec sa description sommaire faite dans des colonnes qui y sont pratiquées, et intitulées à peu près semblablement aux livres dont ils proviennent.

Il peut y avoir le carnet d'échéances à recevoir, et un autre d'échéances à payer ; mais on peut, en certains cas, réunir ces livres en un seul, et cela sans aucun inconvénient, puisque c'est simplement un livre d'ordre, d'arrangement, d'où l'on ne tire aucun article d'écritures.

11° *Le livre des renseignements.* — On écrit sur ce livre les renseignements recueillis sur chacun des ayants-compte, afin qu'en l'absence du chef, son suppléant puisse l'interroger au besoin et se diriger d'après les notes qu'il renferme.

On peut tenir en outre un *livre des signatures.*

12° *Le livre des bilans.* — Dans certaines maisons et aux époques où les affaires prennent des développements considérables, on tient un livre de *bilans*, où le chef de la comptabilité établit l'état de situation générale chaque semaine, chaque quinzaine, tous les mois.

REGISTRES DE LA PARTIE DOUBLE.

13° *Le journal.* — Comme un seul commis ne peut pas tenir les écritures qu'il nécessite, surtout lorsqu'on ouvre les comptes des correspondants sur le grand-livre, il faut diviser le journal en plusieurs parties, sous les noms de *Journal de caisse, Journal des effets à recevoir, Journal des effets à payer, Journal de correspondance,* etc.; de plus on peut subdiviser chacun en deux parties; journal des *recettes* et journal des *dépenses,* journal d'*entrée* des effets et journal de *sortie,* et ainsi de suite; enfin en journaux pour les jours pairs et les jours impairs, par le motif déjà énoncé, qu'une partie des employés écrivent sur les livres pairs, tandis que l'autre partie des employés travaillent d'après les livres impairs.

14° *Le grand-livre.* — Un seul registre ne suffit pas; on le divise, si l'on veut, en autant de parties différentes qu'il y en a au journal; en général on peut se contenter d'un grand-livre pour les comptes généraux et d'un autre pour les comptes des correspondants; mais on subdivise ce dernier en quatre registres, plus ou moins, de A à E, de E à K et ainsi de suite, selon le plus ou moins de comptes à ouvrir.

Chaque compte est classé alphabétiquement d'après l'initiale de son nom. L'ensemble de ces comptes s'appellent quelquefois le *petit grand-livre.*

Telle est la série des livres que la nécessité ou les exigences du travail nous ont conduits à créer; ils sont combinés ou subdivisés de manière à faire opérer sans trouble et sans embarras un immense travail par une grande quantité de commis qui ne restent jamais dans l'inaction.

Mais, dans une maison qui embrasse moins d'affaires, au lieu de subdiviser ces auxiliaires, on peut au contraire les concentrer et en réunir plusieurs, jusqu'à ce point de n'en avoir qu'un seul; ainsi dans certaines maisons, opérant en grand, mais exemptes de détails, on fait usage de l'*auxiliaire général* (1) qui, au moyen de colonnes, remplace tous les autres livres que nous venons d'énumérer.

(1) Voir le livre déjà cité, paragraphe 328, ou page 220.

13º (bis) *Le Chiffrier* (nous avons omis en son rang ce livre d'aide). Ce sont des feuilles divisées en colonnes par débit et crédit, sur lesquelles, au fur et à mesure qu'on rapporte les articles au grand-livre, on inscrit une seconde fois seulement la somme dans la colonne du débit ou du crédit du chiffrier.

A la fin de chaque jour, on fait la balance des sommes qui y ont été rapportées ; si elle n'est pas juste, on trouve facilement l'erreur dans un intervalle aussi court ; et l'on comprend que ce travail journalier assure l'exactitude de la balance de vérification à faire chaque mois ou au moins chaque trimestre.

———————

Marseille, le... 18...

Messieurs J. C. Caccia et Cte

Nous sommes très reconnaissants des précieuses indications que le sieur Caccia a pris la peine de tracer de sa propre main dans la lettre que vous nous avez fait l'honneur de nous adresser le 21 du mois courant et de la note sur les auxiliaires qui y était jointe.

Nous voudrions pouvoir adopter la méthode suivie par vous et qui convient parfaitement à une maison comme la vôtre, et qui n'a qu'un nombre limité de comptes importants.

Mais, bien loin d'être dans les mêmes conditions, notre maison est appelée à tenir une quantité illimitée de comptes pour des affaires sans importance qui se renouvellent chaque jour.

Il nous faudrait une légion d'employés, si nous n'avons pas recours à un système abrégé, mais régulier, tel que celui dont vous nous entretenez dans votre dernière lettre ; à la première vue et sur ce que vous nous en dites sommairement, il nous parait devoir répondre à nos vues, sous le rapport de l'économie de temps et de commis, économie que la nature de nos affaires nous commande de rechercher par tous les moyens.

Nous apprenons donc avec plaisir l'invitation, par vous faite au chef de notre comptabilité, de nous adresser un exposé de ce système ; vous nous rendez, Messieurs, un véritable service.

Nous serons reconnaissants des renseignements que votre chef de comptabilité prendra la peine de nous donner avec développement, sur un sujet qui nous intéresse à un si haut degré.

Agréez, Messieurs, la nouvelle expression de toute notre gratitude.

ABRIAL ET Cie.

———————

Paris, le... 18...

Messieurs Abrial et Cie, à Marseille.

Messieurs T. et Cie m'ont fait connaître que vous désiriez avoir quelques renseignements sur le système de comptabilité en partie double, par le moyen d'un seul registre. Je dois avant tout vous prévenir, Messieurs, qu'il en est parlé dans divers auteurs, que notamment l'inventeur en a fait l'exposition avec un certain développement dans son livre (1).

Au surplus cette innovation, qui n'en est plus une aujourd'hui, puis-qu'elle est répandue dans le commerce, ne repose que sur une idée fort simple, et que voici :

Le journal et le grand-livre sont en regard sur le même registre ; le journal est tenu selon les règles ordinaires, sur le feuillet gauche, et le grand-livre est remplacé par des doubles colonnes pratiquées sur le feuillet droit, en nombre égal à celui des comptes généraux figurant au journal ces colonnes doubles, c'est-à-dire partagées en débit et crédit, portent chacune l'intitulé d'un compte dont elle tient lieu, de manière qu'on n'a besoin de rapporter dans ces colonnes que les sommes de l'article du journal, sans aucunes explications, puisqu'elles sont en entier sur la même ligne dans le feuillet du journal.

Le travail du report au grand-livre disparaît donc ici presque entiè-rement ; mais ce n'est encore là qu'une abréviation secondaire.

Le plus grand format d'un feuillet de registre ne pouvant tout au plus contenir que de 10 à 12 colonnes, on est forcé de restreindre le nombre des comptes généraux à ce nombre limité, qui suffit par la raison qu'outre les cinq comptes généraux, de caisse, effets à recevoir, effets à payer, marchandises générales, de pertes et profits, qui sont le plus souvent indispensables, on se contente d'ouvrir :

Une *sixième* colonne intitulée *comptes divers*, dans laquelle sont con-fondus et rapportés les articles des autres comptes généraux, fort courts, tels que capital, balance d'entrée, etc., qui n'ont ordinairement qu'un seul article dans le courant de l'année.

Et enfin une *septième* colonne, qu'on intitule *comptes courants*, à l'aide de laquelle s'accomplira l'abréviation la plus importante ; en effet, elle est destinée à remplacer tous les comptes particuliers des correspon-dants ou des ayants-compte, quel qu'en soit le nombre. On y rapporte, au débit et au crédit, en bloc et par totaux, tous les articles qui doivent aller au débit ou au crédit des comptes particuliers.

(1) *Traité déjà cité.*

Il faut tenir à part, bien entendu, un livre de comptes courants, où l'on ouvre un compte particulier, indispensable, à chaque ayant-compte, par débit et crédit, sous son nom propre, et qu'on tient constamment à jour, comme il sera expliqué plus loin, en y rapportant directement les articles extraits des autres livres auxiliaires.

Il suffirait donc à la rigueur de 7 colonnes, et il en resterait 4 à 5 disponibles pour ouvrir les comptes qu'on veut tenir isolément, tels que effets publics, usines spéciales, navire, propriété, ou tout autre qui peut intéresser particulièrement.

Cet expédient de n'ouvrir en partie double qu'un seul compte général pour tous les comptes des correspondants, permet de passer en un seul article fort simple, la recette en argent opérée dans le jour, la semaine ou le mois, de plusieurs centaines de correspondants; ainsi :

CAISSE A COMPTES COURANTS fr. 30,260 reçus de divers dans le **jour, la** semaine ou le mois, dont détail à l'entrée de la caisse f°   .

On passe un article analogue de COMPTES COURANTS A CAISSE, pour les payements, deux autres pour l'*entrée* et la *sortie* des effets à recevoir, deux pour les effets à payer et ainsi de suite pour les auxiliaires.

On comprend qu'on parvient ainsi au plus haut degré de simplification des écritures en partie double, le journal et le grand-livre ne présentant plus que des totaux sommaires et des résultats généraux; toutes les écritures relatives aux comptes courants, en ont presque entièrement disparu et sont tenues, sans le concours de la partie double, d'après les livres auxiliaires, avec un contrôle qu'il nous reste à expliquer.

Ce contrôle s'opère simplement à l'aide d'une colonne intitulée *comptes courants* qu'il faut ajouter dans chacun des auxiliaires, d'où l'on extrait les articles du débit et du crédit des comptes. Cette colonne une fois pratiquée, lorsqu'on inscrit les articles sur l'auxiliaire, après avoir placé la somme d'abord dans la colonne ordinaire, il faut avoir le soin de l'inscrire une seconde fois dans la nouvelle colonne dont nous venons de parler, intitulée *comptes courants*, pour, de là, être rapportée au débit ou au crédit du compte particulier qu'elle concerne.

Il en résulte nécessairement que les additions de **ces** colonnes intitulées *comptes courants* doivent concorder exactement avec les additions des comptes du livre auxiliaire qu'on fait tous les mois; car RIEN N'EST RAPPORTÉ A CE LIVRE QUI NE SOIT EXTRAIT DE CES COLONNES : tel est le contrôle qu'on obtient mensuellement et qui remplace la balance de la vérification ordinaire.

Cette manière de tenir les comptes courants réduit sans contredit infiniment le travail. On peut la suivre dans la méthode ordinaire, sans adopter le journal-grand-livre et en conservant un grand-livre séparé du journal. Il suffit de pratiquer une colonne dans chaque livre auxiliaire, et d'ouvrir un seul compte général des *comptes courants*.

Je désire, Messieurs, que vous trouviez dans ces renseignements rapides, des notions suffisantes pour vous guider dans le choix de l'organisation de votre comptabilité; vous pouvez en outre avoir recours à l'ouvrage déjà cité; et, dans tous les cas, je me tiens à votre disposition pour éclaircir les points obscurs ou aplanir les difficultés d'exécution que vous pourriez rencontrer.

J'ai l'honneur d'être, avec un entier dévouement, Messieurs, votre très-humble serviteur.

BENIS.

Marseille, le... 18...

Messieurs J. Caccia et Cie,

Nous vous remercions des renseignements que vous nous avez donnés et fait donner par votre chef de comptabilité sur le système d'écritures qui avait attiré notre attention. Nous ne sommes pas certains qu'il soit, en entier, parfaitement applicable à la nature de nos opérations.

Mais nous emprunterons probablement à chacune des deux méthodes une partie de ce qu'elle a d'avantageux pour en composer un système mixte suffisamment abrégé, et qui ne s'éloignera pas trop de l'usage admis.

Ainsi, nous adopterons l'abréviation relative à la tenue des comptes courants sur les livres en partie simple, parce qu'elle offre trop d'avantages pour être négligée, et qu'elle n'exige, pour être applicable, que quelques modifications de colonne, aux livres auxiliaires quels qu'ils soient.

En ajoutant à l'entrée et sortie de nos auxiliaires une colonne intitulée *comptes courants*, pour y placer la somme de chaque article et la rapporter ensuite directement au débit ou au crédit du compte particulier, ouvert sur le livre auxiliaire des comptes courants, nous obtiendrons le contrôle recherché, c'est-à-dire la concordance qui doit exister entre les additions du livre et celles des colonnes.

Ce qui nous plaît, c'est que les commis subalternes suffiront pour tenir constamment à jour le compte courant de nos ayants-compte et que les écritures en partie double de la comptabilité centrale se trouvent réduites à fort peu de chose, puisqu'au lieu de milliers de noms à débiter et créditer, et sur le journal et sur le grand-livre, on ne débite ou crédite que le seul compte de comptes courants · c'est là la grande abréviation.

Voilà, si nous l'avons bien compris, à quoi se réduit le mécanisme nouveau et les simplifications principales qu'il introduit.

Quant à nos comptes généraux du grand-livre, ils sont trop nombreux et trop intéressants à nos yeux, pour ne pas les tenir, avec quelques détails, sur un grand-livre séparé, selon la méthode ordinaire. Nous nous arrêterons donc sans doute à ce terme moyen, sans user du journal-grand-livre.

Nous adoptons aussi pour le calcul des intérêts, la méthode des intérêts négatifs ou rétrogrades qui est si commode, et à mesure qu'on rapportera les articles à l'auxiliaire des comptes courants, on placera de suite, dans leur colonne respective, le chiffre des jours, les nombres ou les intérêts que nous trouvons tout calculés dans les tables d'intérêts que vous nous avez indiquées; ceci nous évitera encore des lenteurs, beaucoup de travail et des erreurs.

Agréez de nouveau nos remerciements sincères, et les témoignages réitérés de notre gratitude.

J. ABRIAL et Cⁱᵉ.

MODÈLE DE LETTRE DE VOITURE.

ALEX. GARNIER ET Cie,

NÉGOCIANTS-COMMISSIONNAIRES, RUE DE GRAMMONT, A PARIS.

En cas d'avaries ou manque de marchandises, exercer les premières formalités contre le voiturier.

Voiture.			
Remboursement.			
Timbre.			
Total			

ROULAGE

Paris, le   18

COLIS.	MARQUE.	Nos.	POIDS.

A la garde de Dieu et sous la conduite de

il vous plaira recevoir

marqué et numéroté comme en marge, et pesant   *kilogrammes.*

  Ledit colis reçu bien conditionné en   *jours, sous peine de tous dommages et intérêts et de la retenue du tiers du prix de la voiture, vous payerez au voiturier*   *par cent kilogrammes, et lui rembourserez en outre soixante-quinze centimes pour timbre de la présente.*

A M

Vos dévoués serviteurs,

ALEX. GARNIER et Cie.

NOTA.

La marchandise voyageant aux risques et périls du demandeur, toute contestation à l'occasion du transport doit être vidée entre le destinataire et le voiturier. — Toute rature ou surcharge non approuvée sera nulle.

MODÈLES DE CONNAISSEMENT

ou

RECONNAISSANCE DE CHARGEMENT.

J. A.

A la Rouanne.

N°⁵ 1 à 8.

Je D. L...., maître, après Dieu, *du navire* nommé la *Bonne Mère de Famille*, de *Dunkerque*, à présent devant *Bordeaux*, pour, au premier temps convenable, suivre mon voyage, sous la garde de Dieu, jusqu'au devant de la ville de *Dunkerque*, où sera ma décharge, confesse avoir reçu dans mondit navire, et sous le franc-tillac d'icelui, de vous,

Messieurs F. et Cⁱᵉ :

Deux tonneaux vin rouge de Bordeaux, pour passer debout à M. J.-A. *à Lille* — avec deux congés n°ˢ 10 et 11, le tout plein, bien conditionné, et marqué de la marque ci à côté, que je promets délivrer en même forme, sauf les périls et fortunes de la mer, à M. E..., *à Dunkerque.....* où à son ordre, en me payant pour mon fret la somme de *cinquante francs, et deux francs de chapeau par tonneau* . . . . en outre les avaries, suivant les us et coutumes de la mer ; et, pour l'accomplissement de ce que dessus, j'ai obligé et oblige par ces présentes, ma personne, mes biens et mondit navire avec les dépendances d'icelui : en foi de quoi j'ai signé *quatre* connaissements d'une même teneur, l'un desquels étant accompli, les autres demeureront de nulle valeur.

Fait à *Bordeaux*, le 25 du mois de *janvier*, l'an 18..

D. L.

T.

N°ˢ 1 à 225.

Je, *Kluin*, demeurant à....., maître du navire nommé *Henrietta Johanna*, du port de..... tonneaux ou environ, étant de présent au port du Havre, pour, du premier temps favorable, aller en droite route à Anvers, reconnais avoir reçu et chargé dans le bord de mondit navire, sous

le franc-tillac d'icelui, de vous, Messieurs L...-A... frères et D................, *deux cent vingt-cinq sacs café, pesant ensemble seize mille cinq cent soixante-treize kilogrammes, ci.* . . . . 16 573 kil.
Le tout sec et bien conditionné, marqué et numéroté comme en marge, que je m'oblige porter et conduire dans mondit navire, sauf les périls et risques de la mer, audit lieu d'Anvers, et délivrer à Messieurs J. C... et B..., en me payant pour mon fret la somme de *dix florins courant de Hollande, du tonneau de neuf cents kilogrammes, et quinze pour cent d'avarie et chapeau.* Et, pour ce tenir et accomplir, je m'oblige corps et biens, avec mondit navire, fret et apparaux d'icelui. En foi de quoi j'ai signé *quatre* connaissements d'une même teneur, dont l'un accompli, les autres deviendront de nulle valeur.

Fait au Havre, ce... 18..

E. KLUIN.

MODÈLES DE CHARTE-PARTIE.

Entre les soussignés *J.-H. L.*, *négociant à...*, y demeurant, rue..., et *N. M.*, capitaine du navire *le Voltigeur*, du port de *trois cents* tonneaux, actuellement en station au port du *Havre*, appartenant à M. *T. D.*, propriétaire, demeurant à..... rue..., ont été faites les conventions qui suivent :

Moi, N. M., en ma qualité de capitaine du navire *le Voltigeur*, pour et au nom de M. *D.*, loue et donne loyer à M. *L.*, pour les temps lieux et prix dont il va être question, et je promets et m'oblige de tenir tout prêt pour le 10 *du présent mois* ledit navire, de le faire calfater et mettre en bon état, de le pourvoir et munir de matelots, de mousses, de soldats, de munitions, de *vingt pièces* de canon, et de tout ce qui convient et peut être nécessaire pour la défense et le service, afin que M. *L.*, qui par ces présentes le prend à loyer, puisse le charger en entier de marchandises, et l'expédier pour *Saint-Dominque*, où son intention est de le faire conduire et de le ramener ensuite chargé en entier *au Havre.*

Et *moi J.-H. L.*, loue et prends à loyer du sieur *N. M.*, capitaine, ledit navire *le Voltigeur*, pour le charger en entier des marchandises qu'il me plaira, l'expédier pour *Saint-Domingue*, seul lieu où j'ai l'intention d'aller et le ramener charger *en entier au Havre*.

Le vaisseau partira au plus tard *du Havre le premier mai prochain*, et y sera de retour le *premier décembre suivant ;* ainsi la location pour l'aller, la décharge et le retour sera de *sept mois*.

Le prix du loyer pour tout ce temps est fixé *à sept mille francs*, indépendamment des droits d'avarie et de pilotage, suivant les us et coutumes de la mer.

Si par événement, *moi, J. II. L.*, n'avais pas vendu entièrement mes marchandises à *Saint-Domingue*, et avais besoin *d'un mois de plus*, je pourrais garder le navire pendant *ledit mois*, et payerais pour le retard *mille francs par mois*, n'étant tenu d'aucune autre dépense que de celle de ma nourriture dans le navire.

A l'arrivée du navire *au Havre, moi, J. H. L.*, aurai *vingt jours entiers* de planche sans y comprendre les dimanches et les jours de fêtes légales, pour décharger les marchandises dudit navire. Le déchargement à ce port, ainsi qu'à *Saint-Domingue*, sera fait par les gens de l'équipage. Pour ces deux déchargements, ainsi que pour les chargements, je payerai aux gens de l'équipage, mais après le dernier déchargement achevé *au Havre*, une gratification de *six cents francs* entre les mains du capitaine, qui m'en donnera quittance, ainsi que du prix du loyer.

Si j'étais obligé de faire faire les chargements ou les déchargements par d'autres personnes que les gens de l'équipage, je ne devrais aucune gratification.

Fait en double au Havre, sous signatures privées, le premier avril mil huit cent.....

       (Ici les signatures du capitaine et de l'affréteur.)

Je soussigné *P. Pruneau*, demeurant à l'*Ile-Dieu*, capitaine et maître, après Dieu, du bâtiment *brick-goëlette* nommé *l'Adolphe*, de *Nantes*, du port de *soixante-dix* tonneaux ou environ, actuellement à *Nantes*, bien étanché, gréé, équipé, et en état de naviguer, reconnais avoir frété mon susdit bâtiment à vous, *monsieur Prout fils*, aussi soussigné, négociant, demeurant à *Nantes*, pour me rendre incessamment avec mon susdit bâtiment à *Newport, canal de Bristol*, et y recevoir à mon bord, dans le temps ci-après stipulé, ma pleine et entière charge de *soixante-quinze mille kilogrammes* fer et autres marchandises énoncées par *votre signature*, pour, après avoir reçu mes expéditions définitives de la douane, et signé mes connaissements, et du premier temps convenable, partir, Dieu aidant, pour me rendre en droite route à *Nantes*, lieu de ma destination et décharge; et après mon heureuse arrivée audit lieu, et avoir livré fidèlement les marchandises de mon chargement aux correspondants de l'affréteur, ou aux porteurs des connaissements (sauf les risques, périls et fortunes de la mer, dont Dieu nous garde), il me sera par eux payé comptant, ou au porteur de mes ordres, au lieu de ma décharge, pour mon fret, en espèces sonnantes, et non autrement, la somme de *vingt-huit francs et deux francs de chapeau par chaque tonneau composé de mille kilogrammes.*

Le capitaine sera libre de charger à bord de son navire trois cents caisses de fer-blanc pour compte de son armateur, sans que pour cela l'affréteur puisse lui donner moins des soixante-quinze mille kilogrammes ci-dessus spécifiés, s'ils lui sont nécessaires.

J'accorde *dix* jours *courants* de planches pour mon chargement, et *dix* jours *courants* pour mon déchargement.

Ce délai expiré, il me sera payé, en espèces sonnantes, la somme de *quarante francs* par chaque jour de retard, et ce, jour par jour, soit pour charger, soit pour décharger. Les avaries grosses dont (Dieu nous garde) seront réglées et payées suivant les us et coutumes de la mer, au lieu de ma décharge. Tous les frais et droits relatifs à la cargaison seront supportés par le sieur...., affréteur et consignataire; et ceux concernant le navire, par moi, capitaine. La cargaison sera mise à bord, et reprise de même, aux frais et risques du sieur....., affréteur et consignataire.

Pour l'accomplissement des présentes clauses et conditions d'affrétement, les parties contractantes engagent mutuellement tous leurs biens présents et futurs, spécialement le sieur...., affréteur, la cargaison à charger; et le capitaine, son navire, agrès et apparaux.

Aux susdites conventions, *moi*, ..., affréteur soussigné, je promets de faire effectuer le chargement et déchargement sus-mentionné.

Fait et signé de bonne foi, sous les seings des parties et celui du courtier vers qui le présent original reste déposé, pour en délivrer expédition à qui de droit.

Nantes, le *treize octobre mil huit cent* ..... La minute demeurée en vos mains est signée *Pruneau, F. Prout fils.*

     Pour copie conforme,

               SOMMELIUS ET SENEULT,
                   courtiers jurés.

COMPTE DE RETOUR.

Compte de retour à une traite de deux mille francs, tirée par P., de Rouen, le premier mai 18.. sur T. et H., de Paris, échue le 9 juin, protestée faute de payement.

Savoir :

Capital....................................	fr. 2,000	»
Protêt.....................................	16	45
Timbres de la retraite et du présent.........	1	95
Courtage et certificat 1/4 p. 100............	5	»
Commission à 1/2 p. 100...................	10	»
Ports de lettres............................	2	»
	fr. 2,035	40
Perte à la négociation de la retraite à 1 p. 100..	20	55
	fr. 2,055	95

De laquelle somme de deux mille cinquante-cinq francs quatre-vingt-quinze centimes, je me suis remboursé sur M. B., à Rouen, en ma traite de ce jour, payable à vue, à l'ordre de D. M.

Paris, le... 18..

T. H.

Je soussigné, agent de change à Paris, certifie avoir négocié à M. D. M., à 1 p. 100 de perte, la retraite désignée au compte de retour ci-dessus.

Paris, le... 18..

A. D.

TABLE DES CHAPITRES.

Coulommiers. — Imp. PAUL BRODARD. — 175-96.

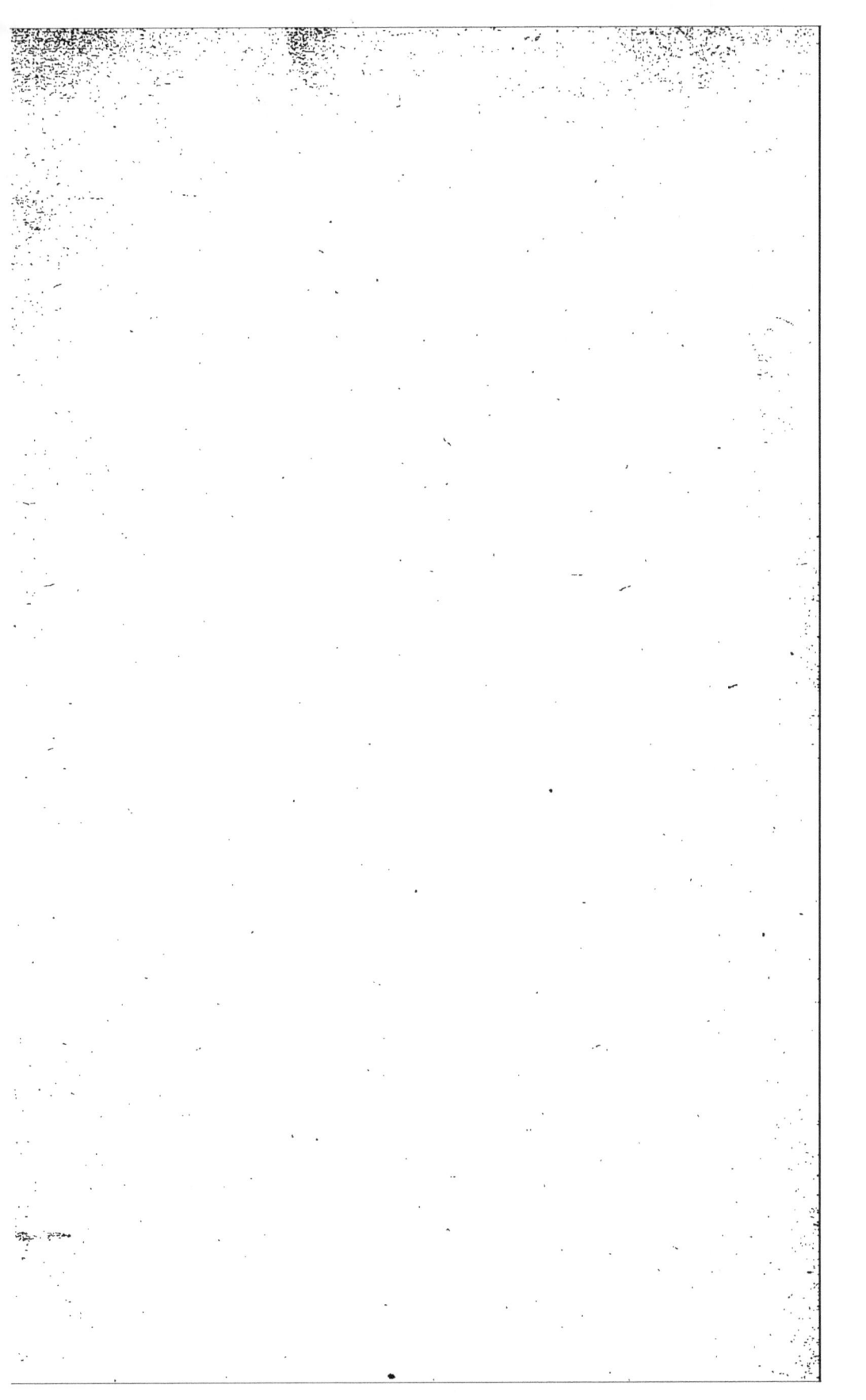

Ouvrages de M. EDMOND DEGRANGES

Qui se vendent à la librairie HACHETTE ET Cⁱᵉ

Arithmétique commerciale et pratique, divisée en deux parties : la première partie contenant un traité complet d'arithmétique réduite à sa plus simple expression ; la seconde partie contenant tous les développements utiles dans la pratique, les procédés nouveaux, les méthodes en usage dans le commerce, le système métrique développé, les règles de trois, de partage, de société, d'alliage, les logarithmes, les intérêts avec les diverses manières de les calculer, la théorie de la nouvelle équation arithmétique qui sert à résoudre des questions d'intérêts composés, d'annuités et d'amortissement ; 10ᵉ *édition.* 1 vol. in-8, broché.   5 fr.

La tenue des livres ou **nouveau traité de comptabilité générale,** en partie simple et en partie double ; 30ᵉ *édition.* 1 vol. in-8, broché.   5 fr.

Tables ou calculs tout faits d'intérêts, 1° à tous les taux usités ; 2° pour toutes les époques de l'année ; 3° pour toutes les sommes, depuis 1 fr. jusqu'à 30,000, et, en négligeant les centimes, depuis 30,000 jusqu'à *trois millions,* avec les *Nombres* ou *Produits de la multiplication des capitaux par les jours,* dressés d'après un plan qui simplifie le travail. 1 vol. in-4, relié.   10 fr.

Éléments de la tenue des livres, à l'usage des cours élémentaires et des écoles primaires. 1 vol. in-16, cartonné.   90 c.

Coulommiers. — Imp. P. BRODARD. — 175-96.

www.ingramcontent.com/pod-product-compliance
Lightning Source LLC
Chambersburg PA
CBHW050456270326
41927CB00009B/1767